刘邦

从泗水亭长到歌动大风

朱耀辉 著

北京理工大学出版社
BEIJING INSTITUTE OF TECHNOLOGY PRESS

版权专有　侵权必究

图书在版编目（CIP）数据

刘邦：从泗水亭长到歌动大风／朱耀辉著.
北京：北京理工大学出版社，2025.4.
ISBN 978－7－5763－4972－6

Ⅰ．K827=341

中国国家版本馆 CIP 数据核字第 20258CB355 号

责任编辑：杜　枝		**文案编辑**：杜　枝	
责任校对：周瑞红		**责任印制**：李志强	

出版发行 ／ 北京理工大学出版社有限责任公司
社　　址 ／ 北京市丰台区四合庄路 6 号
邮　　编 ／ 100070
电　　话 ／（010）68944451（大众售后服务热线）
　　　　　　（010）68912824（大众售后服务热线）
网　　址 ／ http://www.bitpress.com.cn

版印次 ／ 2025 年 4 月第 1 版第 1 次印刷
印　　刷 ／ 天津睿和印艺科技有限公司
开　　本 ／ 880 mm × 1230 mm　1/32
印　　张 ／ 12
字　　数 ／ 300 千字
定　　价 ／ 78.00 元

图书出现印装质量问题，请拨打售后服务热线，负责调换

序言

年少只知项羽勇,中年方懂刘邦难

对于刘邦的认知,最初源于他的那首《大风歌》。

第一次读到《大风歌》,是在十多年前的初中阶段。那时的自己在读到这首诗时,心中热血涌动,豪情万丈,对刘邦的见识和胸襟佩服不已。

多年后,当我在社会上奋斗打拼,几乎快被磨去棱角和锐气时,再一次读到这首诗,忽然很想哭。那一刻,我第一次触及了刘邦的内心世界。抛开胜利的欢喜和游子归故乡的荣耀,我看到了年迈的刘邦对于自己事业未尽的深深遗憾,这是一曲胜利者的人生悲歌!

那一刻,我忽然泪流满面。

从那一刻起,我决定重新认识一下这位汉帝国的开创者。

当我重新梳理他的历史时,却发现他身上掩盖着厚厚一层历史的尘埃,遮盖了他本来的面目。大龄晚婚、不务正业、游手好闲、贪酒好色、蹭吃蹭喝、满嘴大话,这些都构成了刘邦的人生底色,怎么擦也擦不去。

作为中国历史上少有的以布衣起家,最终成功登上九五之位的皇帝,难道这就是他的全部标签?这样一个满身缺点的泼皮无赖,为何最终能击败西楚霸王项羽?

事情一定没有这么简单。

怀揣着这样的目的,一个夜深人静的夜晚,我翻开了手头那部早已泛黄的《史记》,再一次穿越时光,回到了秦末汉初那段岁月。

这一次重读,我又发现了一个不一样的刘邦。

这个刘邦,虽然也是满身缺点,但我从他放浪的外表下,看到了一个任侠重义、领导能力突出、不拘小节的形象。

为了追随自己的偶像,成年后的刘邦来了一场说走就走的旅行,他孤身一人,远赴魏国大梁,想到信陵君门下做一名门客。

不巧的是,等他到大梁城时才得知,信陵君已经去世好几年了。

这时,有个叫张耳的人对他说:"走吧,跟我去外黄,包吃包住。"

刘邦就这样跟着张耳,度过了一段任侠尚义的游侠生涯,而这段经历也让他养成了崇尚自由、豁达大度的性格。

常常有人提出异议,为什么刘邦这样一个地痞无赖,却能驾驭各色人物?上到身为贵族的张良、县吏萧何,下到游士陈平、狗屠樊哙、落魄贵族韩信、车夫夏侯婴、强盗彭越,都心甘情愿为他卖命?他身上到底有何魔力?

这就要说到刘邦卓越的领导能力了。不得不承认,刘邦本身的文化水平确实不高。草莽出身的刘邦,没有专门学习过领导力之类的管理学课程,但他知人善任,给下属充分授权。刘邦作为统帅,知道把手下的人才放在合适的位置，让韩信带兵，让张良谋划，让萧何治国，让人才真正发挥自己的作用，是刘邦用人的核心。

汉王朝建立以后，在和臣僚探讨汉兴楚亡的得失时，刘邦曾经指出："夫运筹帷幄之中，决胜千里之外，吾不如子房；填国家，抚百姓，给饷馈，不绝粮道，吾不如萧何；连百万之众，战必胜，攻必取，吾不如韩信。三者皆人杰，吾能用之，此吾所以取天下者也。"

一个成功的领导者，不仅要维护权力、运用权力，还需要适时适度通过各种方法把自己的权力放给自己的下属，让他们充分施展个人能力去完成某一个方面或某一个领域的任务，从而达到自己的战略目的。

在此过程中，刘邦虽然经历了鸿门宴的屈辱妥协、彭城之战的惨败、荥阳突围的狼狈以及与项羽对阵时中箭的凶险，但他凭借着身边的这群哥们儿弟兄和永不服输的精神，居然挺了过来，在最后一战中击败项羽，夺得天下并建立了大汉王朝。他用自己的实际经历证明，人生，没有最晚的开始！

然而，在光芒万丈的功业后面，我却看到了一颗孤寂的心灵。

年少只知项羽勇，中年方懂刘邦难。即便贵为皇帝，刘邦依然有很多的无可奈何。

在登上皇位后，他的人生关键词依然是忙碌。那些分封的异姓王在封国并不安分，时不时地出来捣乱。他不放心，一次又一次地领兵出征，到各地去灭火。后来他也想过派太子刘盈领兵出征，但是所有人都说太子不行，连皇后吕雉也哭哭啼啼地说："上虽苦，为妻子自强。"无奈之下，刘邦只能强撑病体，再次踏上征程。

面对自己心爱的戚夫人和幼子刘如意，刘邦本想改立太子，不料却遭到了群臣的一致反对。在吕后的安排下，太子甚至请来了刘邦也请不到的"商山四皓"，为太子站台。年迈的刘邦猛然发现，太子一党早已根深蒂固，而那个相濡以沫的妻子吕雉，也表现出了对权力的极度渴望。面对这一切，刘邦无能为力，他甚至想到，自己身为天子，却可能保护不了最心爱的女人！

晚年的刘邦猜忌之心日重，他甚至不相信与自己从小玩到大的朋友卢绾，也不相信自己的妹夫樊哙。他不惧死亡，但在权力中浸淫多年的他，早已被权力吞噬，愈发变得患得患失，最终落得个孤家寡人的下场。

我们在书中能看到刘邦的崛起和荣光，也能看到他的归途，你会发现，原来，命运对所有人都是公平的。

目录

第一章 草泽"龙种"

人生没有最晚的开始 /001

龙的传人 /004

榜样的力量是无穷的 /007

识人是用人的前提 /010

人生始于立志时 /014

大言欺人却得娇妻 /018

三尺剑,斩白蛇 /022

第二章 帝国余晖

帝国的合法性焦虑 /027

懂政治更要懂人心 /030

胡亥,大秦帝国的掘墓人 /035

王侯将相,宁有种乎 /038

第三章　沛县起义

待机而动，进退有方　　　　　　　　　／042

顺从民意做沛公　　　　　　　　　　　／046

亲密战友雍齿叛变了　　　　　　　　　／050

张良：从侠客到帝王师　　　　　　　　／054

第四章　风云初涌

伯乐对一个人到底有多重要　　　　　　／059

项羽的志气：彼可取而代也　　　　　　／063

楚虽三户，亡秦必楚　　　　　　　　　／067

陈婴：名利面前克制自己　　　　　　　／070

第五章　刘项合兵

仁心才是硬道理　　　　　　　　　　　／075

打出旗帜很重要　　　　　　　　　　　／079

别让自信变自大　　　　　　　　　　　／082

伎俩面前，用实力"打脸"　　　　　　　／088

破釜沉舟，百二秦关终属楚　　　　　　／093

第六章　沛公西征

别人看不见的，才是机会　　/ 100

格局决定结局，态度决定高度　　/ 105

入秦关，谋江山　　/ 110

约法三章　　/ 115

民心，还是民心！　　/ 121

下属的意见，领导必须斟酌采纳　　/ 123

第七章　鸿门之宴

论"危机公关"的重要性　　/ 128

化被动为主动　　/ 134

鸿门宴上，项羽输在哪儿了？　　/ 139

学会管理自己的情绪　　/ 143

第八章　霸王分封

利益分配是个技术活儿　　/ 149

组建核心团队很重要　　/ 153

弯下腰做汉王　　/ 155

韩信：不与烂人烂事纠缠 / 159
萧何月下追韩信 / 166

第九章　还定三秦

君以国士待我，我必国士报之 / 171
高位审视，才能找到突破点 / 175
明修栈道，暗度陈仓 / 178
彭越：规则意识很重要 / 181
适当示弱，巧妙转移火力 / 184

第十章　楚汉争雄

留住人才：以真心换真心 / 188
用人要疑，疑人也要用 / 191
得道多助，人心是事业的基石 / 195
彭城之战，刘邦为何一败涂地 / 198
实施股权激励，向刘邦看齐 / 203
外交谈判是门艺术 / 207

第十一章　韩信北伐

先得人心，再得天下　　　　　　　　　　/ 212

知己知彼，方能百战不殆　　　　　　　　/ 216

张耳、陈馀的塑料兄弟情　　　　　　　　/ 220

"聪明过人"必将自食恶果　　　　　　　 / 223

教条主义要不得　　　　　　　　　　　　/ 225

上兵伐谋，其次伐交　　　　　　　　　　/ 228

第十二章　生死突围

格局决定高度　　　　　　　　　　　　　/ 233

信任毁了，人心就没了　　　　　　　　　/ 237

战略比战术更重要　　　　　　　　　　　/ 241

快速掌握主动权　　　　　　　　　　　　/ 245

小不忍则乱大谋　　　　　　　　　　　　/ 249

人心不是靠武力征服，而是靠宽容征服　　/ 252

第十三章　龙战于野

郦食其：一人之辩强于百万之师　　　　　/ 256

争功的韩信 /260

狮子也会败给狐狸 /264

齐国封王,刘邦第一次动了杀机 /267

面对三分天下的诱惑,韩信犹豫了 /270

第十四章　垓下悲歌

刘邦耍起无赖,项羽也无可奈何 /276

项羽前脚刚走,刘邦就撕毁了盟约 /280

韩信和彭越的心思 /283

性格决定命运 /285

为什么最后赢的是刘邦 /289

第十五章　君临天下

有一份坚守叫作道义 /296

与其亡羊补牢,不如防患于未然 /298

"劝进"是门技术活儿 /302

有等级才会有秩序 /306

一个好汉三个帮 /310

第十六章　翻云覆雨

田横：气节比性命更重要　/ 314

季布：你的宽容必定会有回报　/ 318

丁公：如果没有忠诚，能力无足轻重　/ 323

韩信：成在疆场，败在官场　/ 325

第十七章　北疆忧患

懂得隐忍，见得月明　/ 330

玩什么都别玩自负　/ 334

学会选择，懂得适时放弃　/ 339

第十八章　未央风云

管理者如何稳定人心　/ 344

韩信：锋芒太盛遭人妒　/ 347

张良：前半生拿得起，后半生放得下　/ 352

唯有不懈奋斗，才是人生的常态　/ 355

借力者强，借势者智　/ 360

人生需要永不言败　/ 364

第一章 草泽"龙种"

人生没有最晚的开始

如果要搞一场投票,评选中国历代帝王中,谁的人生堪称逆袭的典范,你会选谁?

平民出身的刘秀?卖草鞋的刘备?被贩卖的奴隶石勒?私盐贩子朱温?还是乞丐皇帝朱元璋?

不可否认,这些帝王确实有着跌宕传奇的经历。他们在当时风起云涌的大时代,从底层一步一个脚印,历经千难万阻,击败了无数强大的对手,最终登上了帝王的宝座,在史书上留下了浓墨重彩的一笔。

历史貌似很客观,其实很主观。都说"一千个读者就有一千个哈姆莱特",其实,读历史也是如此。即使隔了数千年的风霜雨雪路,我们依然可以从同一本泛黄的书卷中,在字里行间描摹出自己心目中的历史人物面貌，在思辨中获得独属于自己的那份快乐。

如果要评选我心目中逆袭的典范，我会把票投给他——刘邦！

没错，就是那个沛县的小混混，前半生堪称失败者的浪荡少年。

中国这么多历史故事，如果只挑一个最重要的，我认为是——刘邦的逆袭。

自古至今，皇帝不可谓不多，但是自草莽而起，一步步终登九五之尊的却屈指可数。

他，出身寒微，却遍挑群雄，成就帝业；他，知人善任，善于借势，有过人的领导才能。苏东坡在他的《晁错论》中曾说过这样一句话："古之立大事者，不惟有超世之才，亦必有坚忍不拔之志。"在血雨腥风的年代，在艰难的境况下，刘邦始终屹立不倒，一步步走向成功，并非凭借运气。是对人心的深刻洞察，是不拘一格使用人才，成就了他的伟业。刘邦是中国历史上第一位平民皇帝，他以一介布衣，逐一打败了那个时代所有的竞争对手，迈着一双泥腿子，实现了人生的逆袭。

他的成绩，举世无双，他一手开创的大汉王朝，无论从治理框架还是格局气度上，都是历史上任何一个王朝所无法比肩的。

以最卑微创最伟大，这样一个人，是怎么实现这一切的呢？

在大众眼里，刘邦不过是一个因人成事的龌龊之徒，年过四十，依然游手好闲、不务正业，整日里只会跟一群狐朋狗友厮混，总被老爹鄙视。毕竟，无论是他的出身、相貌、才能，还是性格，都很难引起大众的敬畏，被别人立为偶像。相比之下，他的对手项羽和属下韩信，则以无双的勇气和罕见的才能，赢得了无数后人的追思和感怀。

刘邦真的一无是处吗？

第一章 草泽"龙种"

如果真如上面所说的这样，为什么刘邦能在短短的七年间，从一介亭长一路逆袭，成为那个时代最大的赢家？

仔细分析历史，我们会发现，事情的真相往往没有这么简单。

刘邦与秦始皇其实是同辈人，秦始皇是公元前259年生人，刘邦是公元前256年生人，只比始皇帝小三岁。

嬴政以渺渺之身，振六世之余威，席卷海内，翦灭六国，完成了一百五十年来秦国六代先王的遗愿，为秦人统一天下的事业画上了完美的句号。

秦始皇去世时，只有四十九岁，当他完成自己的历史使命时，他的同辈人刘邦却还在沛县游手好闲、混吃混喝，过自己逍遥快活的日子，一点也看不出有天子的气象。

但是不要紧，因为有一个词，叫大器晚成，有一句话，叫人生没有最晚的开始，一切都还来得及。

对于一个真正有所追求的人来说，生命的每个时刻都应该是年轻的，别总说年龄渐长，一切太晚。

无数的事实证明，只要你愿意去做，任何时候都不算晚。

刘邦出来创业时，已经四十七岁了。

彼时的刘邦，已近知天命的年龄，在那个普遍寿命都不高的年代，四十七岁堪称高龄了，他的人生即将步入迟暮之年，他的牙齿开始松动，头发开始花白，气血和力量已开始衰退，脑力、记忆力也大不如前。而他最大的敌人西楚霸王项羽，以及韩信、彭越、英布、韩王信（当时有两个人叫韩信，一个是天下闻名的战神韩信，一个是被封为韩王的韩王信），正值当打之年，血气方刚，无所挂碍，洪荒之力充沛，正愁无处施展。

在那个风起云涌的英雄时代,年老的刘邦一眼望去,面对的正是这样一群雄心勃勃的年轻对手。

可是,面对这样一种局面,刘邦没有要求重新洗牌,或是干脆亮牌认输,他依然坐上牌桌,拿起了手中这副普遍不被看好的牌。

人生就像打牌一样,每个人都会抓到一些牌,有时候我们的牌面不好,但不要灰心气馁,将手中的牌经营好,把它打好,说不定你可以胜过那些拿到好牌的人。

灯光亮起,牌局开场。

龙的传人

让我们把时间的指针拨回到他初生时的那一刻。

传说,公元前256年的某一天,家住秦泗水郡沛县丰邑的平民刘太公见证了一件怪事。

这天傍晚,刘太公回家,发现妻子去田间干活未归,眼看着天边乌云滚滚,似有一场大雨将至,刘太公心中惦记妻子,便带了雨具出门寻找。到了大泽,突然雷声阵阵,电闪雷鸣,前方浓雾弥漫,刘太公上前一看,就看见了惊心动魄的一幕:一条龙趴在妻子的身上,若隐若现。

等到雨收云散,刘太公上前扶起妻子刘媪询问,不料刘媪却对刚才发生的事情茫然无知,只说是走路累了,在大泽边歇息,梦见神人云云。

刘太公无奈,只得扶了妻子回家。十个月后,刘媪生下一子。

第一章 草泽"龙种"

神话故事先讲到这里。好了,想必大家已经猜到了,这个孩子就是我们接下来的主人公——刘季,后来的汉高祖刘邦。

创造奇迹的人,自身往往极其简单。

然而,史书永远不会这样简单,它总会为这个人物的出现做各种夸张的渲染和粉饰。

有一个有趣的现象:大凡中国古代的帝王出生之时,总会伴有某些异象,什么天上星星闪啦、地上冒红光啦、到处冒香气啦之类的,这一点就连秉笔直书的司马迁也不能免俗。

《史记》中记载了商、周、秦先祖的起源传说。

相传,帝喾的妃子简狄吞玄鸟蛋生契,契成为商族的祖先,这便是《诗经》里记载的"天命玄鸟,降而生商";姜嫄到野外去,看见巨人的足迹,她十分兴奋,踩踏了巨人的足迹,受孕生下了弃,而弃就是后来周王朝的先祖;嬴秦始祖的出生,也是吞了"玄鸟之卵"的结果:"秦之先,帝颛顼之苗裔。孙曰女脩。女脩织,玄鸟陨卵,女脩吞之,生子大业。"所以《春秋公羊传》说:"圣人皆无父,感天而生。"

有趣的是,希腊人在追溯自己的家族谱系时也会相应地整理出一套神的谱系,因为希腊人相信作为祖先的英雄们必定有一个神的起源。在希腊人眼里,神与神的后裔是神,而神与人的后裔则是英雄,这些英雄往往又被当作王者的始祖。可见,从将祖先神圣化这一面来讲,中西方是相似的。

翻开史书,古代帝王无一不是造势炒作的高手,对自己的出生倾全力地神化,譬如刘邦,为了表明自己是龙的儿子,不惜给自己的父亲戴上了"绿帽子"。在今天看来,他们的这些神化手段往往有些滑稽可笑，但古代帝王及身边的史官依然挖空心思编织五花八门的谎言，大有前仆后继之势。

行文至此，有一个疑问冒了出来：古代皇帝为何偏爱编织各种神奇的"符瑞征兆"，用神话来包装自己的出身？

中国古代自先秦以来就非常重视天人关系问题，且主流一直崇尚"天人合一"，这一思想反映到政治上，就变成了帝王总要表明自己是受命于天，民众普遍相信"天"会派遣人来治理他们的国家，这个人传达"天"的意旨，那么显然这个人必定不是"凡人"。

换一个角度来看，在古代中国，一个人要想成为统治者，他就必须让人民相信他不是常人，而是代表"天"的意旨，是由天派来治理这个国家的人。自己乃是上天之子、命世之君，老百姓必须老老实实、俯首帖耳地服从其统治。对于每个帝王尤其是开国的皇帝，如何使人民相信这点便是他们所要思考解决的问题。

换句话说，在面对如何论证自己统治的合法性这一重大问题时，神化自己往往是古代帝王最直接、最有效的解决方案。鼓吹"君权神授"是封建帝王宣扬统治合法性的最佳选项，异象作为其重要佐证之一，在正史中占据着独特地位。

名不正则言不顺，秦始皇作为一代强人，在统一天下后，还觉得自己名不够正言不够顺，特意跑去泰山搞了个封禅大典，诏告天下自己是受命于天。

刘邦也存在这个问题。他是农民出身，即使翻遍家谱，也找不出有名的先祖，跟夏商周三代的天子和诸侯更是扯不上半点关系。如何让天下百姓相信刘邦也是受命于天，是史家修史时绕不过去的一个难题。

第一章　草泽"龙种"

基于以上原因,《史记》和《汉书》中刻意记载这个故事的意义也就不言自明:为刘氏天下正名!

榜样的力量是无穷的

一个孩子的出生,当然不会引起时人的太多关注。风起云涌的战国时代,一天到晚都不知道要降生多少孩子,谁会去理会他?

在刘邦之前,刘太公已经有了两个儿子,老大刘伯,老二刘仲,后来还有一位小儿子刘交,与三位哥哥不同母。

刘邦生来就与常人不同。《史记·高祖本纪》记载:"高祖为人,隆准而龙颜,美须髯,左股有七十二黑子。"用通俗的话来说,就是鼻梁高挺并且上额突起,颈很长,面貌有龙相,还留有一部漂亮的五绺长须。更奇特的是,他的左腿上竟然生有七十二颗黑痣!

虽然生在农家,年轻时的刘邦却是个不事生产的主儿,整天游手好闲,是一个好吃懒做、好财贪色的不良典型。家里的活全被刘老汉、刘老太和大哥包了,他从来都不去关心,也不肯下地干活。眼看着都快四十岁了,大哥二哥都已娶妻搬出去住了,只有他还赖在父母家里,过着既没有老婆,也没有工作的"啃老族"生活。

要说《红楼梦》中的贾宝玉做富贵闲人那还说得过去,毕竟人家有的是家财;可刘邦要做他们家的闲人那就说不过去了!刘老汉家非官非富,全家上下也就靠着那一亩三分地儿过活,遇上个洪涝旱灾还得靠喝粥度日,家里可养不起这样一个闲人!

刘邦的这种行为简直就是无赖、流氓。村里人没少说他,刘老爹也经常训斥他为"无赖",而且常常拿他与二哥刘仲相提并论,说老二勤劳诚恳,会经营,很早就挣下了一份家业,再看看刘邦,除了混吃混喝还会干什么?

然而,不论是邻人的苦心劝说还是父母的动辄打骂,刘邦却依然是我行我素。不过,刘邦的充耳不闻并不代表他没有将这些话放在心上。多年以后,成为皇帝的刘邦在未央宫建成后大摆宴席宴请群臣,邀请了被尊为太上皇的刘太公。

在向父亲敬酒时,刘邦一脸得意:"早年太上皇经常指责我是无赖,不能治产业,不如二哥刘仲勤劳。现在我成就的功业,和二哥相比怎么样?"

刘老爹一脸尴尬。

尽管上面罗列了一大串刘邦的不良记录,但有一点是无可否认的,刘邦是一个交游广阔的人。

刘邦不喜欢读书,不喜欢干活,却喜欢交朋友,他渴望的是水浒英雄人物的生活方式,走江湖路,会八方友。这种过于外向张扬的个性,决定了他不可能安心做一个普通的农民,他有更高的理想和追求!

在四处游荡厮混中,刘邦也总结出了一套混江湖的经验,黑白两道都有朋友。不难看出,刘邦是一个精通"关系学"的高手,他能够左右逢源,广交天下英雄,上至达官豪杰,下至贩夫走卒,他都能够迅速熟络,与其成为朋友。所以在最危急的时候,刘邦总能找到可以帮助自己的人,一次次化险为夷。

刘邦人生中的第一个偶像是魏国的信陵君。可以说,信陵君对于刘邦的影响,是从少年时开始贯穿终生的,信陵君是光照世界的灿烂明星，刘邦是蛰居乡下的狂热粉丝。刘邦家在楚国的沛县丰邑，沛县是楚国和魏国的边县，多有信陵君好贤养士、窃符救赵的事迹在流传。

刘邦钦慕信陵君的谦谦君子风，也赞赏信陵君的任侠重义。如同今天的年轻人迷恋偶像明星一样，成年后以游侠自任的刘邦为了追星，生平第一次出门远行，他孤身一人涉千山、过万水，远赴大梁城去拜访自己的偶像。

遗憾的是，当刘邦开始游侠生涯时，信陵君已经去世，张耳接续了信陵君的遗风，在外黄广交天下豪杰，以英雄后人自任，疏财仗义，网罗游士。

在张耳门下，刘邦与张耳相谈甚欢，结为挚友，共同度过了一段意气风发的岁月。

秦灭魏后，秦军接管了外黄县，张耳被通缉。张耳逃离魏国，刘邦也结束了自己的游侠岁月，回到了故乡沛县。

在那个闭塞的年代，增长一段阅历、多读一本书、多认识一个朋友，就足以在人生的赛道上超过很多人。

这个道理，现在同样适用。

这段外出游历的时间虽然不长，却对刘邦的性格养成有极大的帮助作用。正面的偶像带给刘邦的激励是巨大的，信陵君打破门第、以贤能结交天下英才、任侠重义的气质深深地影响了刘邦，并在此后得到了体现。

为什么要崇拜偶像？如果你去问刘邦，他会指着信陵君告诉你，所谓偶像就是，他从来不曾让你失望，他站在那里，就像信仰一样，让你情不自禁地想要靠近，成为他的样子。

识人是用人的前提

回到沛县后的刘邦内心以信陵君自许，在他的身边，慢慢聚集了一帮朋友，跟着他到处生事闲荡。身边整天围拢着这么多狐朋狗友，请客吃饭总是难免的，但刘邦没有太多的钱下馆子，怎么办？

两个字：蹭饭！

刘邦的大哥刘伯死得早，留下大嫂和儿子刘信单独生活，刘邦时不时带一群死党去大嫂家吃饭。刚开始，大嫂还热情款待，但随着次数的增多，大嫂也吃不消了，对刘邦这群狐朋狗友产生了厌烦心理。

一天，当刘邦一伙人又吆三喝四地跨进大嫂家院门时，他们没有看到丰盛的饭菜，却听到从厨房里传来勺子猛刮锅底的刺耳声音——锅里没饭了。

刘邦的朋友们见此情景，都知趣地离开了刘伯家。刘邦进到厨房一看，饭刚做好呢！他认为大嫂在自己的朋友面前给自己难堪，心里那个气呀，但又不好发作，一气之下离开了大嫂家，从此再也不上大嫂子家吃饭了，心中暗暗记恨，一直未能释怀。

不要看不起任何一个人，他现在混得不好，不代表将来就不好，你混得好，不一定你永远都这么好，世界一直在变，人生的起落沉浮谁都无法预料。

虽然刘邦平时以游侠自居，但在村民眼中，他依然是一个整天好吃懒做又爱喝酒的无赖。这样的失败者，谁家愿意把姑娘嫁给他？所以刘邦到了四十多岁都没有结婚。

虽然没有结婚，但史书记载，刘邦在村里有一相好的，还给刘邦生了个儿子，即后来的齐王刘肥。关于刘邦的这个情人，我们只知道她叫曹氏，关于曹氏是什么情况，年龄多大，后来怎样，今人已不可知。她又为什么没有和刘邦结婚，是那时候刘邦太穷，还是曹氏已经是别人的妻子，他们只是偷情，同样不可知。从刘邦后来把全国经济最发达、最繁荣的地区齐国分给刘肥，我们可以隐约猜到，刘邦对曹氏是很有感情的，而且应该是真正的患难夫妻。

谁也不会相信，就是这样一个流氓地痞后来会乘势而起，只用了七年的时间就荡平天下，建立了自己的王朝。

有必要介绍一下刘邦身边的一众朋友。

卢绾，与刘邦同乡，又是同年同月同日生，他俩出生时，乡亲们还带着酒肉去两家祝贺。等到长大后，两人又在一块读书。刘邦还没发迹时，多次犯事被官吏缉捕，东躲西藏，卢绾总是陪在左右。刘邦在沛县起兵时，卢绾以宾客的身份相随，到汉中后，担任将军，后来被封燕王。

萧何，时任沛县主吏掾。他平时勤奋好学，心思机敏，对历代律令颇有研究。对于这位沛县人尽皆知的小流氓刘邦，萧何却极为欣赏。刘邦在外没少惹事，隔三岔五地就有人上门举报他，而萧何凭着职权多次保护他，为他开脱。

曹参，时任沛县的狱掾，即管理监狱的小吏，在沛县很有知名度。生性豪迈的曹参与同样任侠好义的刘邦一见如故，二人惺惺相惜，结下了很深厚的友谊。对于刘邦的一系列不法行为，曹参也没少为他开脱罪责。

樊哙，在乡间以屠狗为业，为刘邦的豪气所吸引，尊他为大哥，跟着刘邦混，是刘邦集团的头号猛将。

夏侯婴，人称滕公，早年在沛县县衙养马驾车，是县府的一名司御，和刘邦关系不错。还在和平年代时，夏侯婴就认定了刘邦，当时他是"司机"，刘邦还是泗水亭的亭长，夏侯婴每每送领导出境，都要有意无意从刘邦的辖区绕过，和刘邦摆龙门阵，一摆就是一整天，把这个亭长看得比县长还重要。刘邦起兵后，有一次打了败仗，与老婆逃亡的路上遇到了一双儿女，刘邦把他们带上车一起逃命。眼看后面的楚骑追上来了，刘邦嫌车速太慢，将一子一女都踹下马车，幸亏夏侯婴不顾情势危急，将这对子女又抱上马车，使得刘邦的子女免于丧命，这让刘邦和刘盈感念不已。

多年以后，这些乡里的好哥们儿组成了他的领导班子。与项羽的贵族集团比，乍一看，刘邦的这个领导团队基本上全部是底层民众，有屠户，有丧事吹鼓手，还有"司机"，最多也就是县里面的牢头，但一旦给他们机会，把他们推上历史舞台，个个精神抖擞，无论是当将军还是当宰辅都不含糊，个个青史留名，连见多识广的司马迁也感到惊诧："吾适丰沛，问其遗老，观故萧、曹、樊哙、滕公之家，及其素，异哉所闻！方其鼓刀屠狗卖缯之时，岂自知附骥之尾，垂名汉廷，德流子孙哉？"

偏偏，就是这样的领导团队，打败了项羽的贵族集团，为什么？

有人说，刘邦会用人。我告诉你，这个答案不全对。

刘邦的确会用人，这一点无可辩驳，但会用人的一大前提是，你得知道他是人才，有一技之长。可是从眼下看，无论从任何方面，你都无法看出这些哥们儿弟兄有治国平天下的才能。

要我说，刘邦身上还有一个比会用人更难得的优点：能识人，了解他的才能和性情，进而激发他的长处。

没错，是识人。

普通人，只要找到自己非凡的一面，并将其体现出来，就会立即成为显赫的明星。

很多事情，看似隔行如隔山，但隔行不隔理。比如，打天下建立政权同经营企业，二者有很多相似之处，无论是打天下，还是经营企业，都是一个创业的过程，而这个过程都是由领袖带领追随者完成的。

樊哙，一个卖狗肉的莽夫，一身血腥气。刘邦却从他身上看到了勇武和果决，给了他上阵杀敌的机会，樊哙显然也没有辜负刘邦的信任，领兵作战时总是身先士卒，在血与火的拼杀中，逐步成长为一代名将。

萧何，底层的小吏一枚，手无缚鸡之力，整日埋头于案牍之中，给领导写写材料。刘邦却从他平日的沉默寡言中发现了他的见识与格局，以及运筹帷幄的能力。在楚汉相争的艰难岁月里，刘邦与项羽在前线对峙，大后方完全交给萧何掌管，而萧何也不负刘邦的信任，勤勤恳恳、兢兢业业完成刘邦交代给自己的任务，堪称古今第一经理人。

人是可以改变的，可以强大无匹、气势如虹，也可能是卑微懦弱、愁苦悲凉，这取决于你希望激发出自己的哪一面。

刘邦是一个善于激发者，普通的人在他手中稍加点拨，就可以立即呈现出明星效果。

随着年岁渐长，刘邦内心的焦虑也越来越重。游侠生活固然潇洒，但作为社会属性的个人，还是得有一份安身立命的正经工作的。

好在刘邦人脉广,在萧何和曹参的帮助下,刘邦顺利担任了泗水亭长一职。刘邦一生的事业也由此而始。

人生始于立志时

有人要问了,这泗水亭长是个多大的官儿?

这里我先对"亭长"做个介绍。

亭长是秦汉时期的一种官名。秦帝国实行郡县制,从上往下依次是郡、县、乡、里。乡里设有管理治安的亭,每亭设有亭长。亭主要设置于交通要道处,是秦汉时代朝廷的末端组织之一。

毫无疑问,这是一个最底层的小吏,工资低不说,还要受到各方的冷眼和掣肘。对于任侠重义、散漫惯了的刘邦而言,这无疑是个牢笼。

可是,刘邦没有嫌弃职位低微,他不仅做了,还做得很好。

亭长主要负责辖区内的社会治安工作,迎来送往过路的官员,肩负着驿馆的重任。由于地处偏僻,来往的官员并不多,工作倒也清闲。精于交际的刘邦很快就和单位的同事拉上了关系,融入了他们的圈子中。在这里,刘邦知道了不少官场上的事情,也对帝国的行政体系有了初步的了解。正是这些人和事,慢慢打开了刘邦的眼界。

有人曾说,如果工作没有意义,那就形同终身监禁。幸运的是,刘邦很喜欢这份工作,也充分享受工作带给自己的成就感。虽然在别人眼里,刘邦的职位低微,看不到晋升的希望,但刘邦并不在乎这些。想成功,就要有一种从底层做起的精神,不断积累经验,不断磨炼意志，提高自己的能力，才能稳扎稳打，能上能下。

当刘邦在亭长的职位上任劳任怨的时候，外面的世界已发生了天翻地覆的变化。

统一天下后的秦始皇雄心勃勃，征发民众修长城、建宫殿、筑陵寝、开边戍守，正如贾谊在《过秦论》里所写的："南取百越之地，以为桂林、象郡；百越之君，俯首系颈，委命下吏。乃使蒙恬北筑长城而守藩篱，却匈奴七百余里；胡人不敢南下而牧马，士不敢弯弓而抱怨。"

秦始皇坚信，天下在他的手中一定会长治久安，他要开创一个盛世，要让皇位永远由他一家继承下去，后继者称二世、三世乃至万世。

远在沛县的刘邦当然无法知晓秦始皇的宏伟蓝图，他所能直接感受到的是，百姓的赋税徭役一天天增加了，村里越来越多的年轻人都被征调去戍边服役，只留下一些孤寡老人守护着自家的田园。每次看到上面发下来要求征发百姓服徭役或增加赋税的文件，刘邦的眼前总是会浮现出乡邻们那悲愤孤苦的脸庞。

每当这个时候，刘邦也会为百姓们所遭受的苦难而愤懑不平，继而又是摇头叹息。自己只是沛县一个芝麻大点儿的小小亭长，能改变什么呢？连自己这个基层小吏也要时不时地被调去服徭役，更何况无权无势的百姓呢！

想起那次去咸阳服徭役的经历，刘邦的眉头舒展开来，面上也露出了喜色。那是刘邦一辈子都难以忘记的一次经历，时至今日仍记忆犹新。就在咸阳城里，他遇到了他这一生中想都不敢想的一个人。

事情的经过还得从头讲起。

秦朝当时的法令规定，凡年满十七岁的成年男子，都有服劳役和兵役的义务，每年在户籍地服役一个月，这是常年都有的徭役。除此之外，每个男性的一生中，还有两年集中的徭役：一年在本郡本县服役，一年在外地服役。

刘邦虽然是基层小吏，但也无法逃避徭役。他曾以官吏的身份到咸阳服役，临走之时，同僚按照常例送他三百钱作为盘缠，唯独萧何送他五百钱，对他格外关照。

事实证明，萧何这多出来的二百钱没有白出，他将在今后获得巨大的回报。

刘邦就这样跟随着贫苦百姓踏上了去往咸阳的路途。

在咸阳城，刘邦有幸遇到了一位令他永生难忘的人物。

这一天，刘邦走在咸阳城的大街上，正好碰到秦始皇出巡，远远望去，只见乌黑发亮的骏马开道，玄色的猎猎旌旗遮天蔽日，如黑云垂空，华贵的銮舆、副车，如一派流动的宫室，好不壮观！

秦始皇的威严气势与浩大排场深深震撼了刘邦，也点燃了刘邦胸中的热血和欲望，他感到体内有一股洪荒之力，几欲喷薄而出，不由脱口而出道："嗟乎！大丈夫当如此也！"

能够说出这样的话，已经表明刘邦非同寻常的志向，他内心对未来是有强烈憧憬的，毕竟这样一个从沛县到咸阳服徭役的人，能够敢于这样表达，也体现出他不同寻常的一面。

从那时起，刘邦就在心里暗暗下定决心：等着吧！总有一天我也会干出一番大事业的！

论身份，刘邦只是一个小小的亭长，在秦朝的官职中，是上不了台面的级别，与始皇帝比，一个在天上，一个在地下。依照秦帝国的官僚体制,从理论上分析,刘邦可以在体制内不断奋斗,进而跻身为朝廷高级官僚阶层中的一员。但这种职场始终有一层天花板,无论他如何努力,永远也不可能达到秦始皇的地位。

即便如此,面对威风凛凛、霸气侧漏的同辈人秦始皇,刘邦依然发出了自信的感叹。这声感叹,不是自怨自艾,而是一种发自内心的向往,是刘邦对权力的崇拜和信仰,对荣华富贵的渴望和追求!

当很多人回望人生,悲叹自己一事无成的时候,常常会埋怨命运不公、时运不济、环境不好,可是有几个人能够真正找到原因呢?

我们常听人说"成名要趁早",其实,立志也须趁早。

人生之所以迷茫,归根结底主要是没有远大的志向和为之奋斗的明确目标。没有人生的目标,只会停留在原地;没有远大的志向,只会变得慵懒,只能听天由命,叹息茫然。

王阳明有句话:志不立,天下无可成之事。

立心就是立志,立下志向,心也就有了方向。

"夫志,气之帅也",对个人而言,不患才不及,而患志不立。这句话对我们每个人都是一种警醒。你的志向有多高,那你的路就有多远。事实证明,一个人的志向如何,直接影响着将来取得的成就,只有为志向执着付出,才能不断抵近心中的理想抱负。

但是,眼前的刘邦还只是一人吃饱全家不饿的赤裸裸的光棍儿。

不过,刘邦并没有对此事担忧太久,因为很快,好运就撞到了他的头上。

大言欺人却得娇妻

一天,刘邦到樊哙的狗肉摊上"照顾"他的生意,忽然听得旁边有人在嘀嘀咕咕谈论着什么。刘邦凑过去一打听,这才知晓,原来沛县来了位吕公。

这位吕公是名门望族,家里有钱又有地位,还是沛县县令的好朋友。吕公原来住在单父县,后来和别人结了仇,估计仇家比较厉害,吕公为了避仇只好搬到沛县来。而今天则是沛县县令大摆宴席,给老友接风洗尘的日子。

刘邦听完后心里泛起了嘀咕,今日这五脏庙还没祭呢,要不我也去光顾一下?

旁边的人看出了他的心思,不禁笑道:"你就不用想了!赴宴吃酒席是要给红包的,你有钱吗?"

如果换作一般人,恰好身上没带钱,听到这种嘲讽,肯定就放弃了,毕竟厚着脸皮去蹭饭,一般人还真拉不下这面子。

可是,刘邦不是一般人,他决定要挑战自己,做一件从未做过的事!

做从未做的事,叫成长;做不愿做的事,叫改变;做不敢做的事,叫突破。

有一种人习惯在做任何事情之前先三思,优点是理智、不易冲动,缺点则是想得太多,瞻前顾后,反而裹足不前。

当时,主持接待客人的是萧何。因为来的客人太多,为了解决座位安排问题,萧何就宣布了一条规定:凡是贺礼不到一千钱的人,一

第一章 草泽"龙种"

律请到堂下就座。

刘邦站在门外，看到县衙内的官吏那一张张趋炎附势的笑脸，气就不打一处来。他平日里就瞧不起这群官吏，正准备离开，抬眼看到门口迎宾的是萧何，心中立时就有了主意。

此时的吕公正在堂上与宾客们谈话，门外一个声音忽然响起："沛县刘季，贺钱一万！"

整个客厅瞬间安静下来。

吕公闻言一惊，急忙起身出门相迎。堂上堂下的众宾客也都循声望去，只见一位鼻梁高挺、貌有龙相、颔下留有一部漂亮的五绺长须的汉子，面带微笑向客厅走来，步伐沉稳而有力，目不斜视，身体笔直，头微抬，眼神中充满自信！

吕公连忙恭请刘邦入座。这可把萧何给急坏了！他赶紧给吕公解释道："刘季这人一向喜欢吹牛皮，做事没个分寸，还请您不要和他计较了，我这就让他出去。"

不料吕公却拉着刘邦的衣袖，径直将他带到了堂上。刘邦也不谦让，大大咧咧坐了上座。这下堂上堂下的宾客们可都傻眼了！这刘邦一个市井无赖，他有何德何能敢安然坐在上座？

宴会热闹非凡，推杯换盏，觥筹交错，一道道精美菜肴被呈了上来，刘邦估计是好几天没吃饱饭了，哪还顾得上什么吃相，拿起筷子就是一阵狼吞虎咽，期间还不忘与邻近的宾客假意谦让一番。吃饱饭，刘邦抹抹嘴，开始与宾客高谈阔论起来。

吕公则是目不转睛地盯着刘邦，不时点点头，一脸笑意。酒宴快结束时，吕公以目示意刘邦，刘邦心领神会，酒席结束后找个借口留了下来。

待客人全部散去，吕公对刘邦说："我年轻时，喜欢给人看相，相过很多人，没一个有你这样的贵相，希望你保重自己。我有一个女儿，想许配给你，做你执箕帚的妻子。"

此时的刘邦这才相信，原来这世上真有从天而降的馅饼，还恰巧砸到了自己头上！当他确信吕公不是在开玩笑后，当即一口应承了下来。

两个人都很高兴，可是有一个人不高兴。

酒宴结束后，吕公把女儿许配给刘邦一事告诉了夫人。吕老太一听就不乐意了："先前，您常想把这个与众不同的女儿嫁给贵人。沛县县令与你关系那么好，求娶女儿，你都不答应，怎么随随便便把女儿许配给了刘邦？"

面对夫人的不解和疑问，吕公只是淡淡地说了一句："这不是你们女流之辈所能懂得的。"

旁人说刘邦脸皮厚，对他指指点点，但社会经验丰富的吕公一眼就看出，刘邦此人性格豁达，手段不凡。面对众人的质疑，刘邦不卑不亢，内心安然处之，谈笑如常。内心没有足够的定力，还真不能如他这般淡定。如此人物，一旦社会格局发生变化，定然会掀起一片惊涛骇浪来，至于成就多大的功业，就看历史发展大势了。

直到此时，刘邦才坚信，很多事情不是真的难，而是自己的心太难。只有越过自己内心的恐惧，才能迎来更宽广的世界。

一直以来，"厚脸皮"都是一个贬义词，而"脸皮薄"却变成了我们的一种优秀品质。为了保持这种品质，我们常常会牺牲某些机会，当我们面对失败时，常常会安慰自己："谁让我脸皮薄呢？"当某人获得成功后，我们在心里羡慕的同时，又会在心里对自己说：

"谁让他脸皮那么厚,无所畏惧呢?"你看看,成功竟然变成一件丢脸的事情了!

一个残酷的现实是,在你还没成为"某号人物"时,面子一文不值。在一个弱肉强食的世界里,没有谁会可怜脸皮薄的人,你为了面子而放下的机会,一瞬间就会被别人捡走。

有人说过:"当你放下面子赚钱的时候,说明你已经懂事了。当你用钱赚回面子的时候,说明你已经成功了。当你用面子可以赚钱的时候,说明你已经是人物了。当你还停留在那里喝酒、吹牛,啥也不懂还装懂,只爱所谓面子的时候,说明你这辈子也就这样了。"

厚脸皮的人是不怕被拒绝、羞辱的,不怕失败、挫折,他们目标坚定,锲而不舍,无论如何一定要达到目的,即使要做许多在别人看来是很丢脸的事情也在所不辞。

这么说,并不是要你丢下面子去做些损人利己的事,而是教会你在恰当的时候为自己主动争取机会,在弱肉强食的社会里不吃不必要的亏,不受不必要的罪。死要面子,你只会越混越差。

历史将会证明,吕公的眼光没有错。

吕雉早年称得上是贤惠女子,嫁给刘邦时,生活并不富裕,刘邦时常为了公务及应酬,三天两头不见人影。吕雉不仅包揽了家里所有的农活,还给刘邦生了一双儿女,女儿就是后来的鲁元公主;儿子叫刘盈,即后来的孝惠帝。

吕雉的勤俭持家解决了刘邦的后顾之忧,结婚后的刘邦小日子过得有滋有味。什么叫家?屋里有个女人才叫家!刘邦对这句话有着很深刻的感受。赶上闲暇的时候,刘邦就到地里去看看妻子和儿女。

要说这刘邦,其实并非一个只会整日骗吃骗喝四处闲逛的街头无赖，他也有自己的理想和抱负，只是他生性慵懒，身边正缺少一个能督促他实现胸中抱负的人，而吕雉正是这样一个绝配。

据传说，有一次，吕雉带着两个孩子在田间劳作。一个老头路过讨水喝，吕雉将水罐端过去，又给老人一点儿干粮。作为报答，老头免费帮吕雉看了面相，叹道："夫人的相貌，是贵人之相啊！"

吕雉很开心，心想，这老头真会说话，又让老者看看两个孩子。老者看看男孩，说："夫人之所以能大贵，就因为这个男孩的关系！"又看了眼女孩，也说是贵相。

老头刚走，刘邦就回来了，吕雉把老头的事情说了，刘邦对此产生了浓厚的兴趣，问老头在何处？吕雉说刚走，应该不会走远。

刘邦赶紧去追，追上后询以相面之事，老者惊叹道："我刚看过你的老婆孩子，果然是一家子，你的面相简直贵不可言！贵不可言啊！"

刘邦一听大喜，向老者道谢："如果真如先生所料，这相面之恩绝不敢忘。"言毕，撒丫子跑回家了。

三尺剑，斩白蛇

随着秦始皇大规模地征发徭役修建骊山墓，远在沛县的刘邦也接到了一次外派任务，以亭长的身份为沛县押送徒役到骊山，为秦始皇修筑皇陵。

几乎所有人都知道，修皇陵是个苦差事，搞不好这一去就回不来了，所以途中有许多劳工趁机脱逃。走着走着，一不小心跑掉一个，走着走着，一不小心又跑掉一个。走到半路上，刘邦心知此行已经不可能顺利完成任务，等到了骊山，民夫估计早跑完了。

怎么办？

这天傍晚，刘邦在丰西泽休息，备下酒肉请大伙儿大吃大喝一顿，借着酒意对众人说道："眼下的处境大家也都知道，我也不难为诸位了，大家尽管吃饱喝饱，各自逃生去吧！我也准备跑路了。咱们就此别过，后会有期！"

民夫们听到刘邦的宣布，如遇大赦，个别不地道的拔腿就跑，剩下的人也大多无处可去，其中有十几个青壮年主动留下来，说我们干脆跟着你干吧！

刘邦在冒险！但他并不怕！

别看刘邦平时是个大老粗，他的度量是很大的，敢作敢为，关键时刻敢于豁得出去。凡是成大业成大事的人，一定是能豁得出去的。

说到底，想好了就豁出去，意味着一种冒险，但是它能开创出一片新的天地，没有冒险，何来生命中的大喜悦、大收获？

想好了就豁出去，并不意味着一种盲目，相反，是审时度势之后的理智选择。少年时的游侠经历，使得此时的刘邦热血上涌，他心中十分感动，危难时刻还坚定追随自己的，才是真正的朋友！刘邦自始至终都有一帮贴心的"兄弟"，虽一败再败，但终难"亡"。

就这样，本来等着光荣退休的刘亭长，摇身一变，成了土匪头子。

可是天下虽大，他们能去哪里呢？

刘邦把目光投向了西南。他记得，芒、砀两县一带林木茂盛，周围沼泽密布，是个落草的好去处。酒足饭饱之后，刘邦带着十余人向着芒砀地区出发。

刘邦的身上有一个潜质,他很善于推销和包装自己,"斩白蛇起义"就是一个经典案例,我们不妨回顾一下。

在去往芒砀地区的路途中,刘邦遇到了一件怪事。

刘邦带着醉意,与几个人趁夜色抄小道穿过一片沼泽地,前方探路的人神色慌张地跑了回来。刘邦毕竟是带头大哥,当时问道:"何事如此慌张?"

那人结结巴巴答道:"前面有大白蛇挡住了去路,咱们还是回去吧。"

刘亭长喝的酒起了作用,热血上涌,加之本身豪气冲天,便对那人说道:"大丈夫走路,有什么可怕的!"

说话间,刘邦拨开众人,仗剑前行,果然看到路途正中横卧着一条白色巨蛇。刘邦趁着酒意,拔剑将大蛇斩作了两段,这就是后世常说的刘邦斩白蛇起义。

刘邦在丰西泽斩蛇,唐朝诗人胡曾来此凭吊,留下《咏史诗·大泽》一诗:

> 白蛇初断路人通,汉祖龙泉血刃红。
> 不是咸阳将瓦解,素灵那哭月明中。

由刘邦斩白蛇还诞生出了一个神话故事,即"高祖斩蛇,平帝还命"。

传说刘邦斩蛇前,白蛇忽然开口说话了:"你今天欠下的账总有一天要还的。你斩了我的头,我就篡你的头;斩我的尾,我就篡你的尾。"刘邦一剑把白蟒从正中间斩为两段,所以西汉传到平帝时,白蛇转世的王莽篡汉为新。后经光武中兴,灭了王莽,才又恢复了汉室王朝,而东西汉恰巧各传两百余年。当然了,此乃小说家言,不足为信。

刘邦斩蛇之后,继续前行,走了数里后,酒劲上涌,醉卧道旁。后面的人经过斩蛇之处,看见一个老妇人在哭泣,大家很好奇,决定去问个究竟。

众人问道:"老人家,您为什么哭啊?"

老妇人道:"我儿子被人杀了。"

众人问道:"是谁杀的?"

接下来,神话般的回答出现了。

老妇人道:"我儿子本是白帝之子,在此化蛇挡道,却被赤帝之子杀了。"

有这等奇事?众人纷纷不信,有一名壮汉耐不住性子抡起拳头就要打,那老妇人忽然不见了。

这可吓坏了众人,赶紧跑过去找刘邦。刘邦听后暗暗高兴,赤帝之子,这不就是在说我吗?愈发觉得自己不平凡。

刘邦斩白蛇这个营销方案真令人拍案叫绝,为刘邦问鼎中原做足了势。如果认真追究起来,也只是普通的政治谶语而已,大概和现代的灌水炒作宣传没什么两样,什么龙种、赤帝之子都是瞎吹而已。它的政治意义在于,让老百姓相信刘邦乃真命天子,为刘邦造反寻了一个名正言顺的理由。

刘邦就这么带着一众兄弟,到芒砀山泽间落草为寇。对于未来,刘邦并没有太多规划和把握,但刘邦并不迷茫。他坚信,采取多大行动，才会有多大的成功，而不是知道多少，就会有多大的成功。只有勇于冒险的人才可能成功。看起来成功概率很小的事件，不去冒险试一下怎么就能断定一定会失败呢？

但常言说得好：跑了和尚跑不了庙，刘邦可以一走了之，吕雉却为此而受了不少罪——她被下狱了。

监狱生活不好过，而更让吕雉难以忍受的是，沛县监狱中的狱卒还经常虐待侮辱她。幸运的是，有一个叫任敖的狱卒，平日和刘邦关系很好。他看见狱卒虐待吕雉后，教训了那名狱卒。这一下子，沛县监狱的狱卒再也没有人敢欺侮吕雉了。一直在设法营救吕雉的萧何、曹参等人便趁此机会说服县令，把她放了出去，恢复了吕雉的人身自由。

出狱后的吕雉一心挂念着刘邦的安危，曾多次赴芒砀山泽间为刘邦送衣送饭，而且每次去都能很快找到他。刘邦有一次就故意问她："我每次躲的地方都不一样，你是怎么找到的？"

吕雉配合着答道："夫君你所在地方，上空经常有云气，我每次都是循着云气找着你的。"刘邦听后大喜。这段夫妻两个唱的双簧戏居然不胫而走，沛县子弟皆认为刘邦是真龙天子，纷纷投到了他的麾下。

刘邦就这样带着这些人藏匿于芒、砀一带的深山湖泽之间，他在等待，等一个乱世之中一展身手的机会。

而此时的秦国，一场前所未有的乱世序曲也即将拉开序幕。

第二章　帝国余晖

帝国的合法性焦虑

公元前221年,经过秦国数代国君的奋斗,嬴政以极大的魄力,逐一击败了韩、赵、魏、楚、燕、齐六国,建立了中国历史上第一个大统一的中央集权国家。嬴政用行动告诉天下人,他已经是天下之共主,即使是当年的周天子,也无法与他的功业相比拟。

三十九岁的秦王嬴政终于完成了秦国历代先君的宏愿:一统天下,横扫六合!这种巨大的历史成就感让嬴政无比自豪,他在大殿上俯视着群臣,开始夸耀起自己横扫六合的丰功伟业,从灭韩,一直讲到灭齐,激昂的声音回荡在大殿的每一个角落:"寡人以眇眇之身,兴义兵诛暴乱,靠的是祖宗的神灵护佑,六国君王都依他们的罪过受到了应有的惩罚,天下已定。现在如果不改名号,无法将我的功业传之后世,众臣拟个新的帝号吧!"

嬴政的意思很明白，一统天下的伟业，几百年来，唯独我一人能够完成，如今天下大定，我作为天下共主，岂能继续称秦王？"王"的尊号已经无法和自己的功业相匹配，名号必须换。

于是，更换名号的任务迅速指派给了丞相和御史大夫。

李斯心领神会，秦王嬴政之所以要更改名号，目的无非是两点：一是"称成功"，二是"传后世"。

所谓"称成功"，就是要彰显自己的赫赫功勋，如果继续称秦王的话，如何彰显我大秦的强盛，又如何显示我嬴政的尊贵？

所谓"传后世"，就是要建立一个传之万世的伟大帝国，让后世之人都能记住我嬴政的伟大功业，让子孙后代都来传承我的名号。

廷尉李斯等人接诏后，不敢怠慢，协同众多博士开始了激烈的讨论，最后形成了一个较为统一的意见：泰皇！

应当说，"泰皇"的名号不可谓不尊贵，然而，嬴政是一个完美主义者，他对"泰皇"的名号仍然不满意。要说原因也很简单，"泰皇"的称号虽然也是尊贵无比，但这毕竟是别人用过的称呼，这就相当于是一个二手货。二手货再好，终究也是二手货，嬴政要的是一个崭新的称号。

嬴政稍作沉思后，重新做出批示："泰皇"除去"泰"字，留用"皇"字；再用上古"帝"位的号，并称"皇帝"！

自此，"皇帝"的称号应运而生，并且被后世沿用两千多年。

在确立称号之后，嬴政追认自己的父亲秦庄襄王为太上皇，同时，自称"始皇帝"，后世以数计，二世、三世，直至万世。

从现在开始，请不要再称嬴政为秦王了，他是始皇帝，是独一无二的秦始皇。

然而，此时摆在嬴政面前的，还有一个亟待解决的难题：周室虽然衰微，但好歹也是享国八百载的王朝，你嬴氏家族夺了周王室的天下，如何证明你政权的合法性？

为了让天下人心服口服，必须给大秦取代周室找到一条政治正确的理论依据，堵住六国的悠悠之口。

政治合法性涉及政治学的一个最古老也是最基本的问题，那就是，如何使政治统治取信于民。只有得到大多数民众的认可，嬴政一手建立的大秦帝国才能赢得民众的拥戴，反之，如果无法证实政权的合法性，无法取信于民，那么民众自然就有理由取而代之了。

《左传》中说："国之大事，在祀与戎。"这里的"祀"即祭祀神灵，"戎"即武力或军队。掌握一定的军事力量，抵御外来侵略、维持国内治安，是政权得以存在、统治得以施行的现实手段。而祀天拜祖，则为政权提供了不可缺少的合法性基础。

对于嬴政而言，也面临着一个如何"正名"的问题。不过很快，他就找到了一条为自己正名的理论依据：五德终始说。

所谓"五德终始"学说，是战国时期齐国人邹衍首创的一种天命循环学说，它的基本理论依据是中国传统思想中的五行学说。邹衍把五行相克的观念与社会历史变迁相联系，创立了一套解释朝代兴衰的理论，认为朝代的更替是受五行相克的规则支配的。

"五德终始说"作为一种改朝换代的理论工具，自创立之日起，就受到了历代新王朝建立者的信奉。秦始皇一统天下之初，便有人对他说：夏朝是木德，商朝是金德，周朝属火德，现在秦朝代替了周朝，按照这种推理应该属于水德。

可是，如何才能充分论证秦朝确实属于水德呢？

领导的烦恼就是自己的烦恼。为了想嬴政之所想，急嬴政之所急，李斯等人绞尽脑汁，查遍资料，终于找出了一条"证据"。

陛下，您难道忘了，五百年前，秦文公打猎时，曾经俘获过一条黑龙？

嬴政一听，脑中飞快地回忆着祖辈的事迹，先祖打到过一条黑龙，自己怎么没有印象？既然大臣们众口一词，想来那应该是有吧？

陛下，那就是证据啊！

嬴政恍然大悟，为李斯点了个大大的赞！

紧接着，嬴政还配套颁布了一系列政策。

第一，将黄河改名为"德水"。

第二，以十月作为岁首。在五行中，水对应的季节是冬季，冬季是从十月开始的。

第三，色尚黑。黑色为王朝正色，服饰、旌旗一律用黑，一股"黑色旋风"开始在全国流行。

懂政治更要懂人心

秦灭六国，尘埃落定，封国和独立王国长期的混战局面已经过去。嬴政以极大的魄力，第一次在中国实现了车同轨、书同文；一座座烽火台在边疆拔地而起，各国的长城连接成了一体；号称"千八百里"的秦直道，从关中一直修到了漠北；帝国的武装一分为二，一支北上抵御匈奴，一支南下征服百越……

一生的宏图霸业完成了，按理说，嬴政应该是没有遗憾了。可是，嬴政仍不满足。在人生的后半段岁月里，嬴政开始追求人类的终极梦想：长生！

为了获得长生不老的仙药，秦始皇开始宠信方士，派出了大批方士四处访求。在中国古代历史上，长生不死是每个帝王内心的愿望，汉武帝、嘉靖皇帝等都曾经极度痴迷于此，其中又以嬴政最为典型。在追求长生不老的过程中，嬴政多次上当受骗，屡屡受挫，但越挫越勇，誓把迷信进行到底。

始皇帝已经老了，两鬓白发渐生，他迫切希望寻到长生药延续自己的生命。李斯是聪明人，他明知这是一个骗局，却不说破，只因为那是嬴政的唯一希望，他不能戳破这个梦。

当刘邦还在感叹自己亡命江湖的时候，远在千里之外的沙丘，一个惊天大阴谋正在酝酿之中。

这一年，嬴政最后一次到南方巡游。出巡车队到了沙丘平台，秦始皇病倒了。

秦始皇痛恨人们说"死"，群臣谁也不敢提醒他安排后事。直到病逝前夕，始皇才命中车府令赵高，代理起草赐给长子扶苏的诏书："与丧，会咸阳而葬。"

秦始皇驾崩在外，丞相李斯担心各位皇子在京城争权，便将始皇已死的消息严格封锁，秘不发丧。为了妥善安置秦始皇的尸体，李斯命人做了一辆特制的"辒辌车"。这种车关上车门，放下窗帷，外面的人什么也看不见。车厢上有排窗，闭之则温，开之则凉。他和赵高商量，指定几个贴身的宦官驾车、陪乘，每天照常往车上送膳供物，与平常无异。百官奏事则由陪乘宦者收受，悄悄交由自己裁决可否，再假托秦始皇的名义发出，一切安排等回到咸阳再从长计议。

然而，赵高却从这个间隙中嗅到了机遇。

这一日，当车队停留下来的时候，赵高揣着秦始皇的遗诏独自来见少子胡亥，鼓动胡亥篡位。

面对至高无上的皇位诱惑，胡亥心动了。但他也担心丞相李斯，没有李斯的同意，光凭他二人是绝对无法扭转乾坤的。

赵高说，这个好办，我去说服他！

对于说服李斯，赵高早在心里演练了很久，他有绝对的信心！

赵高："丞相，陛下还未留下遗诏就撒手离开，所以定谁为太子，只在丞相和我一句话了，这件事您看怎么办好？"

李斯："你怎么能说出这种亡国乱政的话呢！定谁为太子这种事，不是你我做人臣的所应当议论的！"

赵高暗骂一声老狐狸，终于祭出了大杀招，他向李斯抛出了一连串问题：您的才能和蒙恬相比怎么样？您的功劳和蒙恬相比怎么样？您的谋略和蒙恬相比怎么样？您的人气和蒙恬相比怎么样？您与扶苏的关系和蒙恬相比怎么样？

狱吏出身的赵高思路清晰，问的这五个问题个个见血，直指李斯要害。才能、功劳、谋略、人气、与扶苏的关系，李斯和蒙恬相比究竟如何呢？

李斯沉默了。他不得不承认，在这些方面，自己确实不如蒙恬。赵高很有说客的潜质，几句话就命中了李斯的死穴！

李斯陷入了深深的思索之中……

经过一番痛苦的抉择，李斯终于被赵高说服，加入了胡赵联盟。

大秦帝国的丧钟就此敲响。

为什么李斯会在沙丘变节？

后人在分析这段历史时，往往将原因归结为一个"贪"字：李斯贪恋已得的权势富贵，为了保住自己的相位，不得不违心地与赵高为伍。理由很简单，李斯的辉煌人生起于"厕中鼠"与"仓中鼠"之悟，他一生兢兢业业，所求的也不过是做一只"仓中鼠"而已。而在司马迁的巨著《史记》中，人们看到的也是一个追名逐利、趋炎附势、鼠目寸光、利欲熏心的李斯，一个道德败坏者、典型的小人形象。

这可真是大大地冤枉了李斯！李斯在人生的最后阶段，他何苦要以大逆不道、背叛先帝的巨大代价，换一个没几年干头的相位？

其实，只要稍稍考察一下秦国的政治制度和官场生态，就不难发现，赵高所言，不是没有道理的。

李斯和扶苏在政见上是有分歧的。扶苏一直推崇儒家思想，也就是王道。他曾多次劝谏始皇帝要注意休养生息，"天下初定，远方黔首未集，诸生皆诵法孔子，今上皆重法绳之，臣恐天下不安"。这也是始皇帝贬斥扶苏的原因。

而李斯是推崇法家的，法家强调严刑峻法，打击儒生以古非今，修长城、建宫殿、筑陵寝、开边戍守，哪一样没有李斯的参与？如此不爱惜天下百姓的行为，怎能获得扶苏的支持？可以肯定的是，如果扶苏掌权，第一个要收拾的就是李斯！不光收拾李斯，还会推翻法家在秦帝国的根基，更有甚者，后世"罢黜百家、独尊儒术"的局面很可能会提前出现！

李斯不甘心！

大秦帝国统一才十四年，百废待兴，李斯不甘心就此退出历史舞台，他还有很多事要做，还有很多计划等着去实现，他无法像历史上的那些谋臣一样在功成名就之后飘然隐退，那不是他李斯的理想和追求！

眼下最重要的，是要保证大秦帝国法治的道路不改变，只有这样，才能震得住天下，才能让这驾帝国马车不改变它的路线，平稳向前，才能根本地止住可能发生的危险！

这是李斯的苦衷，也是李斯的命门。

赵高出身低微，为了往上爬，他刻苦学习钻研大秦律法，最终成了律法专家，也改变了自己的命运。赵高的第一份工作是中车府令，负责皇帝的车马，亲自为皇帝驾车，总算在嬴政面前混了个脸熟。

这之后，凭借着对律法的熟稔和写得一手好字，赵高又被安排掌管印玺，这个职位类似于明朝的掌印太监。在嬴政的提携下，赵高逐渐成为他身边的近臣、宠臣。

在嬴政身边的日子里，赵高一直奉行勤勤恳恳、少说多做多看的职场规则，每当有官员来向嬴政汇报工作，赵高总是站在适当的位置，向他们微笑点头示意，记住每位官员的名字，默默观察他们在嬴政面前的反应。

他必须看清自己，也必须看清嬴政的圈子是个什么圈子，这圈子里除了智者就是能人，李斯、蒙恬、蒙毅，随便拿出一个来就是天下顶尖的精英。

在这种政治氛围的熏陶下，赵高迅速成长为一个善于观察的高手，他熟知朝中大臣们的底细，也了解他们的心思。李斯懂政治，但赵高更懂人心，说到底，欲望是最大的沟壑，人心才是最大的政治！

懂政治的李斯败给了懂人心的赵高。

第二章　帝国余晖

胡亥，大秦帝国的掘墓人

出巡的车队返回咸阳后，李斯才对外公布了秦始皇的死讯，而胡亥则顺理成章地成了大秦帝国的新一任掌门人。

而此时，远在上郡的扶苏和蒙恬也收到了一份诏书，展开一看，两人的心顿时凉了半截。

朕巡天下，祷祠名山诸神以延寿命。今扶苏与将军蒙恬将师数十万以屯边，十有余年矣，不能进而前，士卒多耗，无尺寸之功。乃反数上书直言诽谤我所为，以不得罢归为太子，日夜怨望。扶苏为人子不孝，其赐剑以自裁！将军恬与扶苏居外，不匡正，宜知其谋。为人臣不忠，其赐死，以兵属裨将王离。

蒙恬就这样被解除了兵权，而扶苏见到印有国玺的假诏书毫不怀疑，痛哭之后，坚决要死，他企图以爱以仁感召天下的理想彻底破灭。蒙恬对此还有疑虑，劝扶苏弄清楚情况后再做决断。然而，嬴政多年的积威已经压垮了扶苏抵抗的欲望，他放弃了上诉的机会，选择了屈从。

剑锋滑过，扶苏的脖颈处飙出一股鲜血，身躯一晃，倒在血泊里。

蒙恬拒绝自裁，被监禁起来，最后也落了个吞药自杀的结果。

那么蒙恬的弟弟蒙毅呢？

为了报一己之私仇，赵高又开始在胡亥面前灌迷魂汤。其实先帝很早就想立您为太子,让您继承皇位了。可是蒙毅却在先帝面前说您没有足够的才能治理国家,不应该立您为太子,还说扶苏比您强多了,他才适合做太子。如果他明知道您贤明而故意拖延不让册立,那就是既不忠实又蛊惑先帝了。以我之见,不如除掉他!"

在赵高的蛊惑下,蒙毅被囚禁在代郡,随后也被赐死。

擦干手上的血迹,赵高狞笑一声,把屠刀对准了嬴姓宗室皇族。

赵高的理由也很简单:胡亥登基后,朝中大臣多有不服,诸多兄弟姐妹及宗室贵戚也常常跳出来反对指责胡亥的一系列行为,长此以往,如何维护帝王的权威性?

于是,屠刀举起,十多位兄弟姐妹倒在了血泊中。

恐怖和迫害像瘟疫一样扩散开来,群臣人人自危,就连宗室也惴惴不安,个个闭门不出,唯恐哪天屠刀会降临到自己头上。

与此同时,胡亥也模仿着秦始皇当年的气派,开始了自己的东巡之旅。

秦灭六国,关东子弟多有不服,始皇帝之所以要东巡,旨在彰显武力,压服群雄。而二世皇帝的东巡,表面上说是体察民情,实际上却是贪玩性子在作怪。

上一次东巡之时,胡亥只是一个什么都不用负责的皇子,在父皇的庇护下,他领略了三楚大地的风景美色,见识了各色人物,这让久居深宫的他流连忘返。而另一方面,父皇却督促他看那些枯燥乏味的奏章,这对生性顽劣的胡亥来说简直比杀了他还难受。

这一次,胡亥是以新皇帝的身份外出巡游的,再也没有人对他指指点点了,取而代之的是所到之处万民臣服,莫敢仰视。胡亥的虚荣心得到了极大的满足,他心花怒放,想去哪儿就去哪儿,想干什么就干什么。每到一处,胡亥就忙着搜罗钱财珠宝,百姓们的疾苦从来都不在他的考虑之中。

当初始皇帝巡视各郡,每到一处都会调查当地的吏治,审查每年的赋税,替百姓们解决一些重大问题,以保证帝国的基业不动摇,保证皇位能够永久地传承下去。而胡亥的东巡之旅则是轻松无比,没有奏章没有公文,有的只是葡萄美酒和夜夜笙歌……

应该说,上天不是没有给过胡亥机会,贾谊在《过秦论》中这样写道:

今秦二世立,天下莫不引领而观其政。夫寒者利裋褐,而饥者甘糟糠,天下嚣嚣,新主之资也。此言劳民之易为仁也。

嬴政在世之时,北逐匈奴,南取南越,连年征伐。胡亥接手后的帝国,民力疲敝,百姓困苦,怨声载道,水深火热,百姓们盼望着能有一位仁君出现,获得休养生息的机会。

应该说,普通劳苦大众的要求其实是很低的,只需一件短衣,就可让寒者感激涕零;只需一把糟糠,便能令饥者高呼万岁。

可惜的是,胡亥没有把握好展示自己的机会。经过这次东巡,百姓们终于认清了这位新皇帝的面目。这位只顾吃喝玩乐的新皇帝没有始皇帝的博大胸襟与远见卓识,也不能给他们艰难的生活带来新的希望,反而会让寒者更寒,饥者更饥。

换句话说,嬴政攒下的信任,被胡亥的一系列倒行逆施的行为挥霍一空。

信任就像人品一样，需要慢慢攒，嬴政十三岁登基，二十二岁亲政，三十九岁时完成了统一中国的大业，对内压制各种不服，对外逼退匈奴和南越，通过一系列措施和政策，稳定了国内的局面，民众对帝国的新政由原来的不信任逐渐转为拥护，帝国的权威逐渐得到了民众的认可。

信任作为一种社会资本，具有生产性和可积累性。与之相对应的，信任的存量也可以被消耗、被切割。信任裂痕一旦产生，短时间是难以修复的，因此，消费信任比生产信任更容易。而胡亥，显然辜负了民众对他的信任，也辜负了帝国对他的期望。

民众从希望到失望，从失望到绝望，从绝望到彻底放弃。沉默的大多数人中，已经有人将手臂高高举起。

赵高扶胡亥上位后即诛杀了大将蒙恬、郎中令蒙毅、右丞相冯去疾、御史大夫冯劫、左丞相李斯等秦朝栋梁，并怂恿胡亥杀光始皇帝的所有儿女。

由此，大秦帝国失去了核心管理层，外无大将镇边制乱，内无辅宰能臣守成，乱亡只是时间问题。

王侯将相，宁有种乎

帝国建立的第十二个年头，也就是秦始皇死后的第二年，一支九百余人的戍卒队伍，在两名秦吏押送下，日夜兼程赶往渔阳（今北京密云西南）。

不巧的是，在走到蕲县大泽乡（今宿州）时，天降大雨，道路被洪水冲断，无法继续前行。他们已经在路上耽误多时，很难按约定的日期赶到渔阳了。而按照秦朝的律法，如果不能按期到达，整个队伍都是要被处斩的。

一边是严苛的秦法，一边是瓢泼大雨冲断的道路，怎么办？

这支戍边队伍的中层领导中，有两个人比较有想法，一个叫陈胜，一个叫吴广。

这一日，两人在队伍中交头接耳。

一个说，我们已经赶不上到达渔阳的期限了。按照秦法，这是死罪，我们现在已经是死刑犯了。而如果我们逃跑，抓回来也是死罪。横竖都是死，不如造反干一场！

另一个说，天下人受暴秦的压迫已经很久了，现在的秦二世是秦始皇的小儿子，我听说，长子扶苏才是真正的皇位继承人。当年我们楚地抗秦的时候，也曾经出过一名叫项燕的将军。这两个人现在都不知所踪，很多老百姓都认为他们还活着，只是躲起来了。如果我们打着这两人的旗号举事，肯定能得到很多人的响应。

面对未卜的前途，他们决定为那个遥不可及的目标奋斗一把。

陈胜振臂，喊出了那句流传千古的豪言壮语："壮士不死即已，死即举大名耳！王侯将相，宁有种乎！"

陈胜这一嗓子，惊醒了无数梦中人。戍卒们纷纷响应号召，杀掉两名秦吏，"斩木为兵，揭竿为旗"，在大泽乡举起了反秦的大旗。

翻开陈胜的简历，我们会发现，他从来就不是一个安分的人。

陈胜年轻的时候，跟一帮朋友给地主做佃农，负责耕地。炎炎烈日，别人都在埋头干活，陈胜却跑到田埂旁，若有所思地看着远方，一边远眺一边唉声叹气。过了好一会儿，陈胜忽然愤愤不平地说了一句："苟富贵，勿相忘！"

地里干活的人都面面相觑，愣了一下，然后不约而同地发出一阵大笑：我们都是底层的佃农，哪有什么富贵的机会呢？你赶紧地，下来耕地，别拖我们后腿了！

陈胜看了看他们，用非常不屑的口气说，你们这帮麻雀，怎么能理解鸿鹄的志向呢！

是啊，一只安于现状的小小麻雀，怎么能理解大雁的志向呢？

我们很多人做着安逸的工作，领着凑合的工资，过着还算欢快的周末，节假日还能外出去度个假，就这样轻易地满足于现状，还自觉得人生快意无比。然而，扪心自问，这就是我们的最终理想与追求了吗？

年轻人的血应该是热的，怎么能就这样冷却？

人这一生，会经历很多次抉择，很少有人能够勇于跳出舒适区，改变已有的现状。真正有大格局的人，非常明白自己真正想要的到底是什么，所以会心无旁骛地朝着目标前进，越是这样的人，越不会和烂人烂事纠缠，不因旁人的看法患得患失，不为现实的流言蜚语纠结。

唯有长久怀着不甘于现状的志向，陈胜才能在后来失期当斩的命运关头振臂一呼，带领九百多名戍卒反抗暴秦，改变自己的命运，也改变了历史的走向。

随着陈胜的一声呐喊，蠢蠢欲动的六国遗老、饱受压迫的贫苦百姓纷纷站了出来。

　　直到这一刻，陈胜才发现，原来造反是这么容易的；原来只要你敢走出第一步，前面的路豁然开朗。

　　人各有志，陈胜不信命；人各有命，陈胜不信天，他只信自己。

第三章　沛县起义

待机而动，进退有方

当反秦起义的烽火传遍九州时，沛县县令坐不住了。胆小怕事的他担心被反秦的怒火所淹没，为此召来县里的萧何和曹参商议。商议什么呢？

造反！

萧、曹二人都是县令手下的主要官吏，他们二人的建议是，县令作为秦朝的官吏，现在背叛秦朝，率领沛县的子弟起义，恐怕没有人会信服。不如将本县流亡在外的人召集回来，先行起义，一来可以增加力量，二来也可以取得民众的信任。

一句话：信誉度不够，找外援！

谁是那个外援呢？

刘邦！

第三章 沛县起义

可是，刘邦现在身在何处？

萧何和曹参相视一笑，这就不劳大人您操心了，我们肯定能找到他。

在萧何和曹参二人的授意下，樊哙迅速赶往芒砀山泽的深处，去寻找刘邦。

那么此时的刘邦，在干什么呢？

两个字：蛰伏。

芒砀地区秦时属于砀郡，今在河南永城市境内，是一片泽国，诸多河流纵横其间，周边全部是原始森林，郁郁葱葱。按照《史记》的记载，秦始皇听信方士之言，于死前一年巡游东南方，以镇天子气。刘邦也就是在那时解散犯人，带领众人到了芒砀山泽间的。

那时的秦始皇正雄心勃勃，带着浩浩荡荡的队伍在东南大地四处游历，勒石刻功，宣扬自己的伟大功业。刘邦虽早有反秦之心，但不敢太过招摇，只能隐匿在芒砀地区的山野水泽之间，当个逍遥快活的山大王。

那么刘邦在芒砀地区待了多久呢？不到一年。

当嬴政回到咸阳，中途暴毙的消息传来后，跟随刘邦一同上山的夏侯婴坐不住了。这支队伍自打上山后就一直谨小慎微，不敢公然举起反秦的大旗，无非是顾忌嬴政还健在，大秦的黑色铁骑还一如既往地凌厉雄壮。而如今嬴政已死，在胡亥一系列倒行逆施的政策下，各地民心思动，此时不举义旗，更待何时？

夏侯婴曾不止一次地对刘邦说："主公，时候到了，咱们反吧！只要您一声令下，我这就带人杀向县衙！"

每当这个时候，刘邦总会笑着安抚跃跃欲试的夏侯婴，轻轻说一句："再等等，还不到时候。"

夏侯婴很焦躁，什么时候才是时候呀？

刘邦告诉他，秦始皇曾说过，东南有天子气，我们先少安毋动，看看形势再说。再者，枪打出头鸟，刀砍地头蛇，不妨慢人一步，等待时机。

面对瞬息万变的局势，蛰伏也是一种策略，耐心等待恰当的时机才是聪明人的正确选择。

狼在冰天雪地中等待经过的羊群，所付出的是坚强的勇气和耐心。那些飞速奔跑的羊出现了，但如果不是最好的机会，狼会一直等待，直到那只又老又笨的羊出现，才腾身而起，抓住用等待换来的美食。

蛰伏不是沉寂，恰恰是爆发的潜台词。

为什么需要蛰伏？一为保存自己，二为等待时机。

你有才华和潜力，但是没能力和机会，这时乱出风头就很容易被消灭在萌芽状态，或者是来自别人的直接打压，或者是在困境中一蹶不振，所以《周易》中说："龙蛇之蛰，以存身也。"

古今中外，默默隐忍，蛰伏制胜的例子比比皆是。

春秋时期，越王勾践被吴国打败，带了五千残兵败将逃到会稽，被吴军围困起来。勾践很懊悔当初没有听范蠡的话，经过一番商议，派出了文种到吴王大营里去求和。

文种在夫差面前把勾践愿意投降的意思说了一遍，征得了夫差的同意后，勾践带着夫人和范蠡到吴国去，给夫差当马仔，几年以后被放归越国。

勾践回到越国后，立志报仇雪耻，他蛰伏二十年，终于灭掉吴国，成就了"苦心人天不负，卧薪尝胆，三千越甲可吞吴"的神话。

楚庄王即位时四个权臣专断，朝政大权不在自己手上，他根本无法施展自己的才华与抱负。为了自身和楚国的安危，楚庄王不得不忍住权臣的欺凌，等待夺权的最佳时机。

楚庄王收敛锋芒，三年不理朝政，待四大权臣自相残杀的时机到来，他一鸣惊人，外抵强敌，内清权臣，重振国家，成为楚国最有成就的君主，也登上了春秋时代的霸主地位。

而彼时的刘邦躲在芒砀山野水泽间，暗暗等待时机。每一个英雄人物的出场都离不开时代变革带来的机遇，如果没有这种机遇，英雄往往什么都不是。

刘邦的幸运是他遇到了一个乱世，一个所有准则和定义都可以被打破的时代。

当大泽乡陈胜吴广起义的消息传到芒砀山泽时，刘邦露出了一丝欣慰的笑容。他知道，自己等待已久的时机，终于来临了！

即便如此，刘邦依然没有带着队伍立即下山，冲进县衙。他还不确定沛县县城内的情况，以及父老乡亲对于举兵反秦的态度。这其中的不确定因素太多，他需要尽快与萧何、曹参取得联络，了解家乡的动态，在没有充分了解局势前，刘邦不敢孤注一掷。

不掌握所有事实就做出决策，要冒很大的风险。

面对山雨欲来、民心思动的混乱局势，刘邦不断地派出暗探，下山四处打探消息，了解各地的起义军动态和秦军的调动情况，并加以综合分析。同时，刘邦也在暗中与萧何、曹参二人书信联络，共同探讨眼下的局势。

有人说，人生中有两场最艰难的考验：等待时机到来的耐心和面对一切际遇的勇气。很幸运,这两点,刘邦身上都具备了。

很快,刘邦等到了属于自己的机会。

顺从民意做沛公

这一日,来了一位特殊的客人。

在众人的引领下,樊哙熟门熟路,找到了刘邦,将沛县即将举事的情形向他讲述了一遍,并带来了萧何和曹参二人最新的密信。

在看完萧、曹二人的密信后,刘邦心中的一块大石终于落地了。他知道,是时候出击了!机不可失失不再来,一番简单地收拾后,刘邦带着队伍,跟着樊哙往沛县赶。

然而,这边的县令在樊哙走后突然醒悟过来,不对呀,他们二人怎么知道刘邦的落脚处的?如果刘邦回来,反倒要胁迫或者杀我那可怎么办?这事儿怎么看都像是提前商量好的,就等着我往里跳呢!

搞事情,这是要搞事情嘛!想到这里,县令急忙命令紧闭城门据守,准备捉拿萧何和曹参。萧何和曹参是何等精明的人物——早有人给他们通报消息,二人闻讯迅速逃到了城外。

刘邦来到城下,看到紧闭的城门,心里直骂娘。不是说好了热烈欢迎吗?这又是什么意思?

骂归骂,强攻肯定行不通,毕竟都是乡亲父老。刘邦决定用心理战瓦解城内父老的敌对心理,他派人将书信射进城中,向沛县的父老乡亲宣称:天下百姓苦秦久矣!现在你们为县令卖命,听他忽悠,要是诸侯的军队来了,屠戮我们可咋整啊?不如杀掉县令,拥立一个可靠的人，响应诸侯，才可保全家小啊！"

看到这封信，沛县父老的心里也是七上八下。经过短暂的权衡，最终决定杀掉县令，迎接刘邦进城，推举他当带头大哥。

面对众人的邀请，刘邦却犹豫了。

他对众人说道："起义是件大事，如果安排人选不妥当，就会一败涂地。我不是顾惜自己的性命，只怕自己能力小，不能保全父老兄弟。你们还是另找贤人吧。"

可是除了刘邦，还能选谁呢？萧何、曹参二人都是文官，出出主意还可以，但缺乏独当一面的领袖气质。更何况，造反是一项高风险的职业，弄不好是要满门抄斩的，所以他二人极力地推让刘邦。城中父老也说道："平素听说你刘邦那么多奇异之事，必当显贵，而且占卜没有谁比得上你刘邦更吉利。"

刘邦摆摆手，还是再三推让。

为什么刘邦会一再拒绝众人的邀请？

这里面涉及一个风险与成本的问题。

我们常常有一个误解：如果A的智力高于B，那么A理所当然地就该领导B。但事实常常并非如此。

在组织意义上，要成为领袖，勇气或承担责任的重要性远远高于智力和经验。

举个例子：你在公司想推进一个项目，而你是一个基层员工，需要说服老板支持你。

对你们公司而言，如果这个项目做成了，自然皆大欢喜；对于你，会升职加薪；对于老板，也许又是一笔不菲的收入。

但是，假如一不小心失败呢？

对于支持你的老板而言，这个项目可能会耗尽今年搞来的所有投资，他之前奋斗的二十年也就白费了；对你而言，失败最多辞职，大不了换一家公司重新开始。

刘邦此时正面临着这样的处境。要知道，造反是一项风险极大的事业，从概率论的角度看，99%的造反者都失败了，只有那为数不多的1%历经艰难险阻，最终成为金字塔顶端的王者。而那成功了的1%的人，不仅需要勇气、智慧、天赋等，更需要星辰之外的那一点运气。

面对众人的吹捧和拥护，刘邦的内心也在做激烈的博弈。他知道，这一步踏出去，自己再也没有回头的可能了，要么成为万人之上的王者，受天下人敬仰，要么在某一场战争或阴谋中输给对手，身首异处。

那么刘邦敢踏出这一步吗？

当然敢！

刘邦昂然道："既然诸位父老乡亲如此看得起我刘季，那我就恭敬不如从命，勉为其难带领大家谋一条出路！"

刘邦顺从民意做了沛公，自称赤帝的儿子，领导民众在沛县举起了反秦大旗。

刘邦为什么敢迈出这一步？

抛开赌徒心态，刘邦之所以敢带领众人振臂一呼，是因为他敏锐地看到了天下的人心走向。

秦始皇以武力一统天下，严刑酷法，焚书坑儒，暴政不得人心，他在位时以其超强的执行力还算能压得住六国的反叛，但胡亥显然缺乏老爹的铁腕。胡亥继位的时候，天下苦秦已久，人心思定，渴望得到治理。只要胡亥能任用忠贤，臣主一心，励精图治，也能笼络人心,天下也可以得治。但二世不行此术,在赵高的忽悠下连出昏招,暴政比秦始皇之时更甚,百姓苦不堪言。即位刚一年,便爆发了陈胜、吴广的农民起义,这个由嬴政一手创立的铁与血的帝国已出现倾覆的征兆。

刘邦是个观察世道人心的高手,他知道秦立国不久,六国还有很多人对秦心怀不满,潜伏在各地蠢蠢欲动,现在举起反秦的旗帜,一定能顺应人心,吸引有志之士前来加入,只要筹划得当,一定能做出一番事业来!

这一年,刘邦已经四十七岁了。

年近半百的刘邦,终于开启了他真正的人生,他即将迎接命运发出的挑战。

在这里,我们来讨论一个问题:为什么这个昔日的混混、今日的造反头子刘邦能够获得民众的一致认可?

这是一个开放式问题,有人会说,因为刘邦为人豁达,朋友极广,在沛县的时候就和三教九流的人混在一起,有一定的群众基础;也有人会说,刘邦在芒砀地区潜伏的时候就已经拥有了一支造反队伍,拿下沛县靠的就是这群哥们儿弟兄,不选他当带头大哥,难道选你不成?

这些解释都有一定的道理,但我想说的是,刘邦身上有一种卓越的领导力,更确切地说,是领袖气质,英语叫作"Leadership"。

什么是领袖气质?

在任何一个团体中,总有某一个人充当着核心的角色,他的言行能够被团体认可,并指引着团体的某一些决策和行动。我们可以把这种人所具备的人格魅力称为"领袖气质"。一位优秀的领导者,必然具备超然于个人生存意志之外的自由的智慧，因此气质中自然地流露出大方、沉着、从容不迫。

简单来说就是，无论天涯海角，你去哪儿都会有人跟随你一起干，这就是领袖气质。

一个人能否掌控大局、是否具有领袖气质，是由多方面能力和品质决定的。对于身处职业高层的人来说，领袖气质是必不可少的魅力。这种魅力体现在：令人仰慕的自信、姿态和实实在在的态度，使得大众坚信他会是一个成功的带头大哥。

在这个世界上有两种人，一种是领导者，管理者；另一种是追随者，被管理者。

萧何和曹参天生属于追随者。这种人有能力，在面临问题时知道如何解决，但缺乏一种挺身而出、舍我其谁的魄力。

魄力并不是来自具体的工作能力，而是来自对全局的掌控和驾驭，敢于在关键时刻拍板决断，勇于担当，并善于发现追随者的潜力，让他们的能力在工作中得到最大限度发挥，并将他们配置到最佳位置，担起协调和统揽全局的责任。而这，恰恰是一名优秀的领导者必备的素质。

亲密战友雍齿叛变了

在众人的一致推举下，刘邦顺理成章成了沛公，也就是沛县起义队伍的带头大哥。沛县百姓把牲畜的血涂抹在旗鼓上，配合刘邦举行了盛大而隆重的祭祀黄帝和蚩尤的仪式。

有人会问了,为什么要用红色的血?

前面说了,刘邦斩白蛇起义,自称是赤帝之子,自然就崇尚红色了。

在众人的帮助下,刘邦召集了本县及邻县的年轻子弟,以萧何、曹参、周勃、卢绾、夏侯婴和樊哙等人为骨干力量,拉起了一支两三千人的起义队伍,正式宣布沛县独立,开始了扩张之路。

此等乱世,就让我刘邦来闯一闯吧!

在经过短暂的调整后,刘邦带着队伍将兵锋指向了北方的胡陵、方与等地,逐步扩张自己的地盘。

刘邦的这支起义队伍很快引起了秦军的注意,秦泗水郡郡监平领兵来攻,刘邦率领众人出城交战,大破泗水郡郡监平,郡监平撤回胡陵。

这一战极大地鼓舞了刘邦队伍的士气,他决定趁热打铁,乘胜追击,一举击溃秦军。

刘邦兴致勃勃,意气风发,萧何和夏侯婴却保持着难得的清醒。他们告诉刘邦:用兵之道,攻心为上,攻城为下;心战为上,兵战为下。

刘邦是大老粗出身,没读过几天书,听着他俩咬文嚼字,一脑袋糨糊:听不懂,说人话。

萧何告诉刘邦,这句话的意思就是说,用兵的原则,从心理上瓦解敌人,使对手投降是上策,强攻城池是下策;以攻心战为目标才是上策,以武力取胜是下策。

刘邦豁然开朗,眼下自己的造反事业刚刚起步,兵少将寡,确实不宜打硬仗。在夏侯婴与萧何的居中联络下,郡监平经过一番权衡后，选择了率军投降，并交出胡陵。

这是刘邦起兵的第一仗，以胜利告终。

这之后，刘邦决定再接再厉，向周边扩张势力。他让老乡雍齿留守丰县，自己领兵去攻薛地。战事很顺利，刘邦军杀死了泗水郡守壮，打下了薛地，将军队驻守在亢父（今山东济宁南）、方与一带。

就在刘邦扩张地盘，忙得不亦乐乎的时候，被田儋赶跑后拥立公子咎做魏王的周市看中了丰这块地盘。

丰是哪儿？

答：刘亭长的老家也，也是刘邦的大本营。

周市给雍齿写了一封信："刘邦一个小小的沛公，你跟着他能有什么前途？这里本来就是魏国的地盘，现在魏地基本平定，你如果来投降，我封你为侯继续镇守此地，要是不从，老子便屠了你，你是过来呢，还是过来呢？"

雍齿是地方豪强，家里有权有势，作为老乡，他对刘邦是知根知底的，打心眼里他就瞧不上刘邦这个小混混。雍齿本来就跟刘邦有矛盾，经周市这么威逼加上利诱，立刻倒戈叛变，投靠了周市。

就这样，周市兵不血刃，三言两语就拿下了丰县。

后院起火，这还了得？刘邦一个头两个大，赶紧回师攻丰，嘴里骂个不停："雍齿你个小人！老子那么信任你，给你兵给你粮，让你坐镇根据地，结果我前脚刚出丰县，你后脚就把老子踢了，你小子给我等着，看我回来怎么收拾你！"

刘邦带着自己的一队人马，气势汹汹赶到了丰县。然而，雍齿也不是吃素的，面对刘邦的攻城大军，不慌不忙，从容应对，愣是让刘邦吃了个闭门羹。

刘邦心里那个气呀,他怨恨雍齿与丰县子弟背叛自己,继续命士兵攻城。一连数日,队伍死伤过半,丰县岿然不动!

刘邦都快被气吐血了,他生了一场大病,是被雍齿给气病的。

对于一个领导者而言,冷静理智的决策是保证成功的第一要素,然而此时的刘邦却被雍齿的背叛冲昏了头脑,他执着于拿下丰县,发誓要抓住雍齿将他碎尸万段,即使死伤再多的人也在所不惜。

任何事情都是过犹不及。在日常的生活中,我们在做一件事情时,过于执着就会认死理、钻牛角尖,很容易陷入思维定式的状态,固守旧的方法和不现实的目标,即使撞到南墙也不回头。

古语说:"人挪活,树挪死。"过于执着于一念,可能会让我们的路越走越窄。而转换思维,放大格局,就能开掘出一个全新的视野,打造出一个广阔的舞台。

相传,非洲有一种异常强壮的野马,它扬起后蹄就可踢碎狮子的头盖骨。而当一种普通的吸血蝙蝠趴在它后背时,自信的野马会狂奔不止,甚至冲进悬崖,最终因失血过多死去!

科学家证实,蝙蝠吸的血其实很少,是"执着"的冲动使野马害了自己。

很多人和这种野马一样,执着地做着自认为正确的事,其实是在钻牛角尖而已。

这一日,萧何对刘邦说:"主公,雍齿拥兵自重,城内士兵远多于我们,这样耗下去我们肯定会被耗死。既然啃不下这块硬骨头,我们何不绕过他?"

刘邦恨恨道:"不行,不杀雍齿,我誓不为人!"

萧何只得对他说:"既然如此,我们何不到别处借兵,再来收拾雍齿？"

借兵？刘邦想了想，叹道："如今天下动荡，各处都在招兵买马扩张势力，谁能平白无故借给我兵力？"

萧何说："事情只有去做了，才能知道结果，我们可以去楚王景驹那里碰碰运气。"

反秦的首义者陈胜被车夫庄贾杀死后，没人敢立楚王，偏偏景驹挺不谦虚，他在秦嘉等人拥立下当上了楚王。

对于刘邦而言，管他真楚王假楚王，只要能借到兵就行。

张良：从侠客到帝王师

在路过下邳时，刘邦遇到了他生命中最大的贵人。两位伟大人物在此风云际会，为后世留下了一段君臣佳话。

此何人哉？留侯张良也。

有必要介绍一下这位秦汉风云的幕后"总导演"。

张良的出身与项羽颇有相似之处，他出身贵族，祖父和父亲在韩国做了五代国相。到了张良这一代，这位世家子弟还未来得及在政坛上一展身手，韩国就被秦国的黑色铁骑踏碎了。

公元前230年，秦灭韩，张良的心中就埋下了复仇的种子。年轻的张良曾像项羽一样血气方刚，对暴秦恨之入骨，他最初反秦的计划很简单，就是采取果断的暴力手段，直接行刺秦始皇。

为了报仇，张良弟死不葬，到东方拜见仓海君，散尽家财而求得一大力士相助，让他手持一百二十斤（约等于现在六十斤）大铁锤，埋伏在秦始皇东巡的必经之路上，刺杀秦始皇。

黄河北岸的博浪沙，辚辚车马迤逦而来，出现在张良和大力士的视野中。就在秦始皇的车队靠近时，一只巨大的黑色铁锤发出尖利的破空之声，闪电般飞来，将最中间那辆最豪华的辇驾击得粉碎。

也许是秦始皇命不该绝，大铁锤击中的是副车，原来秦始皇因多次遇刺，早有防备，时常换乘座驾，张良很难判断哪辆车中是秦始皇。

车队骤停，一阵短暂的慌乱之后，四周的卫士立即展开追捕，结果只抓到了那个大力士。愤怒的秦始皇将他斩首示众，而张良则改名更姓，巧妙地躲过了这一劫。

那时的张良还只是一个血气方刚的豪侠人物，如同项羽一样精光外露，有仇必报。那一次的失败也促成了他的成熟，他不得不四处藏匿，等待时机。

博浪沙的惊天一击，已经证明了张良的血气之勇，接下来是该磨砺深谋远虑本事的时候了。

刺秦失败后的张良，在下邳隐居下来，这一蛰居就是九年。

《周易》云："君子藏器于身，待时而动。"这九年间，张良每天都在反省自己，过起了韬光养晦的隐居生活。时间褪去了他身上的锐气，却没有抹去他的血性。经过一番修炼，张良将自己的血性收敛于内，看起来一团和气，而不是杀气。

张良终于脱胎换骨了。从这一刻起，他就有别于项羽的至刚至强，成为一位风度翩翩的柔弱书生。只是，这位看似柔弱的书生却比外貌魁梧的大汉更有力量。

很快，张良遇上了一位奇怪的老人。

司马迁在《史记》中详细描述了整件事情的经过。

这一天，张良在下邳的一座破桥上遇到了一个仙风道骨的老者。那老者故意把自己的旧鞋甩到桥下，然后挑衅似的对张良说："小子，去捡鞋！"

张良很想将这老者暴揍一顿，但一想对方是个老头，只得强压怒火，帮老者把鞋子捡了回来。谁知老者得寸进尺说："帮我穿上！"

张良想，既然已经替他把鞋捡了上来，那就帮他穿上吧。老人伸出脚来，看着张良乖乖地给自己穿鞋，脸上流露出欣慰的表情。老人含笑离去，把张良晾在了桥上。

没过多久，老者又返回，对张良说道："你是个好孩子，看你资质还不错，五天后的拂晓，到这里见我。"

五日后的鸡鸣时分，张良准时出现在了桥头，可没有想到老人故意早到，还呵斥张良："与老人约，为何误时？五日后再来！"说完转身离去。

又一个五天过去，张良再去时还是晚老人一步，等到第三次，张良索性半夜就站在桥头等待，总算没迟到。

他的诚恳感动了老人，也通过了老人的考验。在暗淡的星光之下，老者如同变戏法一样拿出了一部书，对张良说："我看你还有些天分，此书是奇书，只要你熟读这本书，完全可以当帝王师。我料定你十年以后会有大的发展。小伙子，好自为之吧！"最后，老人还留下了一句话："十三年后，别忘了到济北见我，我就是谷城山下的那块黄石。"

张良十分惊喜，拿起书一看，封面上写着《太公兵法》。

苏轼在其《留侯论》中认为，这位圯上老者乃是秦代的一位隐居君子，他惋惜张良的才能，不去做伊尹、姜尚那样深谋远虑之事，反而只学荆轲、聂政行刺的下策，所以出山试探考验张良，故意羞辱他，挫一挫他的少年锐气，使他明白韬光养晦的道理。唯有如此，方能成就大功业。

懂得谦和低调及忍辱负重，才能磨炼出最有韧劲的性格。只有那些能沉得住气，容得下事的人，才能用平和的态度和得体的言谈举止让他人信服。

苏轼还认为，圯上老人的真正用意并不在于授给张良兵书，而在于使张良能忍小忿而谋大业，"且其意不在书"。我们无法判断苏轼的这个论断是否正确，但从后来的发展来看，这次奇遇是张良一生之中的转折点，使他走上了与项羽截然不同的复仇道路。

鲍鹏山先生将之后的张良比作一柄绵软的剃刀，我认为是十分恰当的，他在《风流去》中"张良篇"这样写道：

> 他在暗处成长，磨炼他的天才。这过程也是时机一步步成熟的过程。在耐心等待时机时，他沉稳地、不急不躁地铸他之宝剑：抿唇不语，不疾不徐。他所铸的宝剑，就是他自身的才具性情，就是他的那种从容、优游。深夜里熔炉中的火焰在闪烁，在不被人注意无人觉察的寂静僻远的山野，这铸剑之光先照亮了一些野花的茎和瓣。这些脆弱娇柔的生物为之战栗不已，这些脆弱敏感的生物在天下之先感觉到了切透纤维的杀气——而此时的世界对此毫无觉察，即将被打碎的世界如暗夜中当道的瓷瓶，自以为深藏安然且自怜自爱——咸阳深宫中的秦皇及其股肱们，他们的梦中可曾出现过一个风度翩翩的柔弱书生的影子？

孟子曰："天将降大任于斯人也，必先苦其心志，劳其筋骨，饿其体肤，空乏其身，行拂乱其所为，所以动心忍性，曾益其所不能。"其实，不只是那些成就大业或肩负重大使命的人，生活中我们每个普通人都需要一块磨刀石来磨炼自己的心性，这块磨刀石可以是某一个人，也可以是某一件持之以恒的事。

刀没有磨刀石，无法持续锋利；人没有磨刀石，没法持续提升。

对于张良而言，那位老人就是他的磨刀石。

曾国藩在年轻的时候身上有很多坏习惯，他乐于交往、喜欢热闹，经常走东家串西家，酒食宴饮，穷侃雄谈，下棋听戏，导致没时间读书，心静不下来。不仅如此，由于少年科第，所以他一度顾盼自雄，为人傲慢，修养不佳。因脾气火爆，曾国藩到北京头几年与朋友还打过两次大架。

不过，三十岁是曾国藩一生最重要的分水岭，这一年他立下了"学作圣人"之志，此后的他开始有了脱胎换骨的变化。

他是怎么做到的？

说来其实也不复杂，首先是立坚定不移之志，通过超强的执行力，对自己进行全方位的磨炼和改造。比如，从三十二岁开始，曾国藩重新梳理自己的生活习惯，给自己规定了以下基本学习日程：每日楷书写日记，每日读史十页，每日记茶余偶谈一则。而每天雷打不动坚持写日记，也成了他磨炼心性的手段，换句话说，日记就是曾国藩的磨刀石。

第四章　风云初涌

伯乐对一个人到底有多重要

九年后,秦始皇暴崩,二世无道,反秦的怒火席卷宇内。张良知道,时机成熟了!

在陈胜吴广揭竿而起之时,张良最初的计划也是单干,他试图组建自己的武装力量。令人汗颜的是,张良大张旗鼓地吆喝了很长时间,也只忽悠来了一百多人。

在那个天下动荡的时代,如此势单力薄,要光复韩国,谈何容易?张良一没兵力,二没靠山,怎么办?

没有兵力,那就召集兵力;没有靠山,那就寻找靠山。

谁是那个靠山?代理楚王景驹。

公元前209年,张良前往投奔代理楚王景驹,不料中途碰到刘邦的队伍。

彼时的刘邦虽然经历了一场败仗,但好歹还有几千人,看到张良的队伍后,刘邦笑着说:"到哪儿不都一样,赶紧入伙吧,跟我一起干。"

"打工仔"张良在人潮中寻寻觅觅,他在找寻一位靠谱的老板,更确切地说,他在寻找他的伯乐。生活中有很多像张良这样的人,他们身怀绝技,他们能力超人,但是他们缺少平台,缺乏赏识自己的伯乐。

乱世之中,萍水相逢就是缘分,既然刘邦有意相招,张良于是顺利加入了刘邦的队伍。

从一开始,张良就不是刘邦的原始团队的核心成员,他只是韩王成的代表,为了复国,短暂地投靠了刘邦集团。所以刘邦可以对萧何、樊哙这些铁哥们儿随意捉弄开玩笑,却始终对张良礼遇有加,不敢稍有轻慢。

我们常说,千里马常有,而伯乐不常有,但其实,伯乐更需要千里马来辅助自己成就大业。在加入刘邦的创业团队后,张良其实也在观察刘邦,是否是一个合格的领导者。如果发现刘邦不是他心目中的领导者,他会随时离开,去寻找下一家。

那么刘邦是不是那个赏识他的伯乐呢?

张良熟读《太公兵法》,所以经常给刘邦出点子,而刘邦总能领会其中的奥妙,大为赞赏,马上实施。这领悟能力,这通透劲儿,让张良很是好奇,因为之前他给别人出谋划策,别人要么是听不懂,要么根本不感兴趣,而同刘邦一讲,他立刻就能领会其中深意,还能在第一时间采纳。

张良不由得感慨道:"刘邦真是天纵奇才也!自己总算找对

了人!"

俗话说,压对牌赢一局,跟对人赢一生,这个道理放在职场上也是如此。

人这一生需要很多的奋斗,经历很多成功与失败。在这过程中,如果能够遇到贵人,将是人生一大幸事。所谓"贵人",实质上就是伯乐,就是真正看得起自己的人,更是非常乐意帮助自己的人。

"良禽择佳木"之理,古今相通。

好领导难求,亦如伯乐难遇。如果能在职场上遇到一个真正欣赏自己的人,请不顾一切抱紧他的大腿。反之,如果一个领导看不出你的才能,那你就有可能会被埋没,在这个时候,你只有两个选择,要么在工作中竭力展现自己的才能,要么主动选择离开。

百里奚年轻时家境甚贫,颠沛流离到齐国,不被任用;又至周,仍不被任用;后来出游求仕,到虞国当了个大夫。

公元前655年,虞国被晋国所灭,百里奚和虞君都当了晋国的俘虏,成了奴隶。秦、晋两国交好通婚,晋献公把百里奚作为女儿陪嫁的奴仆送往秦国。百里奚不甘心做奴隶,半路上逃跑了,可不久又被楚人捉去,成了楚国的奴隶。

秦穆公是个有雄心壮志的国君,一直在收罗人才,他听说百里奚是个有才干的人之后,决心把他追回来。他怕用重金去赎会引起楚国对百里奚的重视,就按照当时奴隶的身价,拿了五张羊皮,并谎称:"我们有个奴隶叫百里奚,逃到贵国,我们想将他赎回。"

楚成王不知底细,答应了秦国使者的要求。这时候的百里奚已五十多岁了,头发花白,牙齿都脱落了,但秦穆公还是亲自接见了他,两人促膝长谈了三天,秦穆公对他大加赞赏,封他为大夫。后来，百里奚成为秦国一代名相。

很多时候，跟对人比埋头苦干更重要。一个人的成长，能力固然重要，但平台同样很重要，而遇到一个为你搭建平台的老板是人生一大幸事，是你走向成功的推动机和助力器。

我们都知道美国文学史上的三位巨匠——海明威、菲茨杰拉德、托马斯·沃尔夫，但你可能不知道，这三位文学巨匠都是被同一个编辑发掘的，他就是珀金斯。

海明威早期的作品不仅脏话多，还有强烈的男权倾向，作品中污言秽语和不堪的人物描述让很多编辑望而却步。珀金斯却不厌其烦地苦心劝导，甚至直接动手修改，维护海明威的公众形象。

菲茨杰拉德喜欢挥霍，往往存不住钱，珀金斯想尽一切办法，帮助菲茨杰拉德度过财务危机。当菲茨杰拉德因为自己的妻子患上精神分裂后酗酒成性，经纪人无法再为他担保时，珀金斯为了能让菲茨杰拉德坚持把长篇小说写完，一次性借给这位当时被人视作过气作家的老朋友三万美元，甚至亲自当他的财务管家、心理咨询师、精神按摩师、职业规划师……

至于沃尔夫，他的代表作《天使，望故乡》一开始被好几家出版社退稿，只有珀金斯发现了沃尔夫的写作才华。在审稿过程中，因为被珀金斯改动太多，甚至有很多人认为珀金斯才是这部书的第一作者，沃尔夫只能算作第二作者。

《西游记》中，沙和尚的智商和情商都堪称平平，却因缘际会，跟了唐僧和孙悟空，最终取得真经，混了个金身罗汉。假如他没有加入唐僧这个取经团队，没有去西天取经呢？答案也不难猜，他很有可能就在流沙河平平淡淡了此一生，一辈子也回不了天庭，永无出头之日。

如果没有遇见秦穆公，百里奚只能以奴隶的身份终老于山野间；如果没有珀金斯的鼎力相助和无私奉献，三位文学巨匠或许将永远默默无闻；同样地，如果不是因为遇见了刘邦，张良也只能继续奔波，为光复韩国而四处求人。

坏老板各有各的不好，而好老板都是相似的，那就是，让你遇见更好的自己。

项羽的志气：彼可取而代也

几乎就在同时，另一位年轻人接过陈胜的大旗，投身到了反秦起义的滚滚洪流之中。

这是一个注定要成为英雄的年轻人。他的出现，将反秦起义的斗争推向了高潮，深刻影响了未来天下之格局，也在中国几千年的历史画卷中留下了浓墨重彩的一笔。

他的名字叫项羽。

项羽的家世还得从秦灭楚之战说起。

公元前226年，秦将王贲轻而易举地攻破楚国十余城。嬴政被眼前的胜利冲昏了头脑，认为楚国不过尔尔，不听王翦以六十万大军全力攻楚的建议，遣新星李信、蒙武率二十万大军攻楚。

次年，李信、蒙武兵分两路向楚地进发。负责楚国军事防务的是名将项燕。他将主力军队隐藏起来，寻隙反击。李信没有找到楚军主力，转而与蒙武会师。结果秦军被楚人衔尾，暗中尾随三昼夜，李信军、蒙武军会师后被彻底击破，二十万秦军丢盔弃甲，一溃千里。

形势急转直下，秦王嬴政只好亲自跑到频阳请老将王翦出山。

公元前224年，王翦率军至平舆（今河南平舆北）。楚国立即进行全国总动员，项燕尽起国中之兵，两军形成对峙。

到达战场后，王翦下令所有人不得出战，全部转为施工队，每天的工作就是修建各种防御工事。王翦自己也跟士兵们同吃同住同劳动，就像来楚国边境度假旅游一样惬意，搞得对面的楚国军队不知所措。

这一天，王翦像平常一样询问军中日常，下面的人回报说，大家都憋着一股子劲儿没地儿发泄，天天在军营里比赛扔大石头。王翦听了老高兴了："士气可用矣！"

而此时，对面的项燕耗不下去了，下令部队开拔，楚军撤往蕲地。

王翦等的就是这个机会！

他以精锐士卒为前锋，跟着项燕军团一路追击，楚军大败，秦军乘胜攻占城邑。第二年，王翦、蒙武攻荆，破荆军，昌平君死，项燕自杀。亡国时，楚人发出最后的呐喊："楚虽三户，亡秦必楚！"

这句话其实也是许多楚国遗民的心声。套用《英雄本色》里小马哥的话来说就是：我们一直在等一个机会，就是为了告诉天下人，你们秦国从我们楚国拿走的东西，我们一定会拿回来！

楚国灭亡后，秦国大肆搜捕项燕的后人，项梁带着两个侄子项羽和项庄四处躲藏，最后流亡到了吴县（今江苏苏州）。

历史告诉我们，伟大人物往往在出生之时就与众不同。据史书记载，项羽身长八尺余，力能扛鼎，才气过人。《汉书》记载为八尺二寸，合1.89米。这样一个大汉在今天也是十分高大的了。更为神奇的是，史书上记载项羽目有重瞳！

所谓重瞳，就是眼珠内有两个瞳仁。相书认为，重瞳为奇贵，主圣德勤能，英明神武，为帝王之品。

目有重瞳者，中国史书上记载有八个人：仓颉、虞舜、重耳、项羽、吕光、鱼俱罗、李煜、高洋。仓颉是造字圣人；虞舜是禅让的圣人，三皇五帝之一；重耳是开创晋国长达百年霸业的霸主；吕光是十六国时期后凉王；鱼俱罗是隋朝名将；李煜是五代十国时南唐国君，著名词人、文学家；高洋是南北朝时期北齐政权的开国皇帝；而项羽则是旷古绝今的"西楚霸王"！

和今天的年轻人一样，年轻时的项羽也面临着如何选择自己的兴趣爱好的问题。

司马迁在《史记》中记载了一个故事。

项羽年少时，项梁教他读书，可年轻气盛的项羽对枯燥的文字根本不感兴趣，学了没多久便厌倦了。后又教他武艺，项梁心想，这应该符合项羽的性格了吧？可血气方刚的项羽没多久又不学了。

项梁很生气，你这小子，这也不学，那也不学，到底想干吗？项羽却说道："写字，能够用来记名字就够了。剑术，也只能对付一个人，我要学万人敌的本事！"

项梁心中微感讶异，索性就教项羽学习兵法韬略。项羽大喜，但略知兵法大意之后，又不肯钻研精熟，项梁也束手无策，徒唤奈何。

在职场中，寻找自己的兴趣，并围绕它开创一片事业，是我们每个人都要思考的问题。

现实生活中很多人都搞不清自己擅长什么，也不知道什么才是自己真正感兴趣的工作，有些人只相信别人对自己的判断，而不相信自己的直觉。年轻的项羽也面临这个问题，他不知道自己真正感兴趣的是什么，所以只能不断地尝试新鲜事物。

在一次次的尝试与学习中，项羽虽然表现出了对兵法韬略的兴趣，但也是浅尝辄止，并不能算精通。所以说，项羽并没有找到自己真正的兴趣爱好。

那么如何才能找到自己的兴趣，发自内心地去工作？

答案其实很简单：直面自己内心真正的欲望。

试想一下，你有没有过这样的体验：有一些事情，会让你废寝忘食，虽然工作量很大，却感觉不到疲劳；有一些事情，能深深地吸引你，激发你的激情，让你充满活力；有一些事情，过程十分艰辛，但就算没有报酬你也愿意干。

好好回忆下自己做过的事情，搞清楚自己的长处和短处，按图索骥，你总会有些收获的。若还是有些模糊，请不要放弃继续探索自己。

项羽不屑于读书，然而他的《垓下歌》却流传千古；不屑于学剑，却于千军万马中独杀几百人；不专心学兵法，却创造了巨鹿之战、彭城之战等以少胜多的经典，身经七十余战，未尝败北，这不能不说是一个奇迹。

与刘邦的经历相似，项羽在年轻时也曾亲眼看见过嬴政的风采。公元前209年，秦始皇出游，至浙江，过钱塘，大展排场，风光无限。年仅二十二岁的项羽在看到秦始皇出游那壮阔的景象时，雄心勃勃地说了一句："彼可取而代之！"项梁闻言，大惊失色："你不要命了？"连忙捂住了项羽的嘴。

一句话，将项羽年轻时的豪气与远大抱负表现得淋漓尽致！秦始皇有什么了不起？我项羽就可以将他取而代之！而与项羽有着同样远大志向的刘邦则低调得多，发出了"嗟乎！大丈夫当如是也"的慨叹。

司马迁特意写刘邦和项羽见到秦始皇时的反应，其实大可玩味。两人的反应是其身份的真实反映：项羽是贵族出身，所以脱口而出想取而代之；刘邦是平民，夏、商、周三代以来，从来没有平民做帝王的先例，所以刘邦只有徒叹羡慕的份儿。

楚虽三户，亡秦必楚

楚亡后，项梁带着侄儿项羽踏上了逃亡之路。项梁曾因杀人，有一次被栎阳县衙逮捕，好在有关系，托付好友曹咎向司马欣说情，才被放出来。

这之后，叔侄二人为避仇隐居到了吴中（今苏州）。项梁在吴中威信颇高，贤士大夫皆出其下，当地的大事全由他出面主办。项梁借此机会招兵买马、训练子弟，暗中等待机会。

当项梁还在等待机会的时候，机会先找上了他！

陈胜吴广起义后，各郡县百姓争相杀本地官吏以响应义军。会稽太守殷通迫于形势，也打算打起反秦的旗号，他知道项梁一直都在暗中准备，等的就是这个机会，就邀约项梁共商起义之事。

项梁敏锐地察觉到,成败在此一举!

殷通将项梁邀至府内,开门见山道:"大江以西全都反了,看来秦朝气数尽矣!做事占得先机便可控制别人,落后一步便会受制于人。我打算起兵反秦,邀请您和桓楚统领军队。只是桓楚逃往他处,不知去了哪里。"

项梁微微一笑,道:"无妨。桓楚的确是个将才,很少有人知道他的行踪,不过我侄儿项羽和这个人关系不错,必定知晓桓楚的藏身之处。如果让项羽去找桓楚,这事肯定能成!"

殷通听项梁这么说,大喜,双手一拍:"既然你侄儿知道桓楚身在何处,那烦请他把桓楚找过来吧。"

出了厅堂,项梁嘱咐项羽持剑在外面等候,悄悄耳语叮嘱一番,又进去面见郡守殷通。重新入座后,项梁开口道:"侄儿项羽正在厅外等候,我把他叫进来。"

一声召唤,项羽推门而入。殷通见项羽长得雄赳挺拔,大喜,不由得赞道:"好一位壮士,真不愧项君令侄!"却丝毫没有注意到项梁的眼中闪过一丝寒光。

就在殷通毫无防备之际,一旁的项梁给项羽使了个眼色,大喊一声:"还不动手,更待何时?"

话音未落,项羽一个箭步蹿到跟前,拔出腰间长剑就向殷通斩去。一道白光闪过,殷通的人头滚落在地,一股鲜血自殷通的颈中飞蹿起来,热腾腾溅了项羽一脸。

项梁手里拿着郡守的头,身上佩挂郡守的官印站在厅堂之中,突遭变故,郡府的侍从、护卫全蒙了,纷纷亮出兵刃,向着项梁叔侄二人杀去。这些侍卫哪里是天生神勇的项羽的敌手？剑锋所指之处，无不血肉横飞！

一场血斗之后，郡府的侍从、护卫死伤大半，地上横七竖八地躺着数十具尸体，整个郡府上下都吓得伏地不敢动。项羽浑身是血（当然是对手的血），模样甚是可怖，站在血染的厅堂之上宛如一尊战神！

这是项羽第一次向世人展现他的果敢、勇武，也是他的成名之战！

随后，项梁召集之前联络好的郡吏，号召大家起义反秦，派遣人员安抚地方，征调地方精兵八千余人，正式开始了复楚的征程。

故事讲到这里，有一个疑问想必大家都很好奇：殷通找来了项梁叔侄，给他们兵力起兵反秦，为什么项梁不仅不感激，反而还要杀殷通？

仔细分析，其实原因也不难理解。殷通的起兵目的与项家不一致，殷通身为一郡之首，他的起兵带有明显的投机性质，眼看形势不对，想倒戈以求自保。在某种意义上，殷通的反秦其实是一种投机，有种浑水摸鱼的味道。

项梁则不同，他是想复立楚国，而且殷通招项梁为将，是想自己挑头做老大，还期待着找到曾经的大将桓楚来制衡项梁的权力，这种安排显然不是项梁所期望的。

既然殷通阻碍了自己这支反秦势力的扩张，怎么办？

一句话：果断行动，除掉殷通！

项梁深知，行动才是最强大的力量。在成功的必备要素中，人们刻意强调机会的重要性，有很多人把自己的失败归结于没有机会。殊不知，机会固然重要，但是当机会来临时如果没有果断的行动力，也只能与成功擦肩而过。果断的行动力才是打开成功大门的钥匙。

一个人是否有果断的行动力，取决于他是否能迅速地看清问题的关键，在最短的时间内做出合理的判断，然后做出最后的决定，最终将决定快速地变为行动。此时此刻，项梁面临的就是这种需要决断的时刻。一旦大将桓楚被殷通找回来委以重任，那么项梁的势力必然会受到压缩，到那时候再想吃掉殷通，可就难于登天了！

说到底，大胆决断和果断行动，才是项梁能够一击成功的重要保证。

这一年，距离楚国灭亡已有十四年。

回首往事，那段久久不愿提及的故国记忆，再次浮现出来。

古剑腐锈兮悲鸣招魂。
纵横回首兮几度年轮？
遥望天际兮黄沙翻滚。
忆我国殇兮铁马凌云！
楚虽三户，亡秦必楚！

陈婴：名利面前克制自己

会稽夺权之变之后，项梁自任会稽将军，项羽为副将，率领部队向周边攻城略地。

项梁会稽起兵，也吸引了另一个人的注意。此人名叫召平，是陈胜的手下，陈胜派他攻打广陵（今扬州），结果愣是没打下来。而此时，章邯的部队已经在前来讨伐的路上，分分钟到达战场，前方妥妥地高能预警！

召平听闻项梁已经起兵，索性独自渡过长江，假借陈胜的号令去见项梁，他说："陈王封你做上柱国（类似于宰相），现在章邯来了，我们只有靠你了，赶快领兵迎战章邯。"

得到陈胜的"指示"后，项梁立即领兵渡江西进，顺带收获了两员大将：英布和蒲将军。也就在这个时候，项梁听说了东阳县在陈婴的带领下起义的消息，于是派了一名使者去见陈婴，希望能和他联手抗秦。

陈婴家族是东阳县的望族，好善乐施，深得百姓尊敬。陈婴本人是东阳县里的一位文吏，承继家风，一向忠信谨慎，广得人心，县里乡民都说他是位忠厚的长者。

秦朝末年政局动荡，群雄纷乱，统治政权已经岌岌可危，随着陈胜、吴广揭竿而起，天下四处响应，烽火连天，反对秦王朝的起义此起彼伏。东阳少年杀了县令，聚集了数千人，用青巾裹头，表示自己是新起的军队。大家想推举首领，苦于没有合适的人选，于是只得去请陈婴，让陈婴就地称王，谁知陈婴推辞说能力不够。众人再三恳求，陈婴有些动心，决定跟母亲商量一下。

孰料，母亲却给陈婴兜头泼了一盆冷水。

陈母说，自从我来到你们家，哪听说过自家有当过王侯的呢？自己称王，恐有违天意，不若归顺于项氏一族，还是个忠臣。

德不配位，必遭其殃。名利面前，难得有如此清醒智慧的母亲。

听完母亲的分析，陈婴微微发热的大脑立即清醒下来。他知道自己几斤几两，当王爷做皇帝肯定不行，倒不如听自己老娘的话，坚决不称王。

众人还待再劝，陈婴却始终把握住底线，决不称王。项梁、项羽叔侄决意与陈婴的部队联合反秦，为了表示诚意，项梁亲自写了一封信给陈婴。陈婴马上召集各位将领，说："项家是楚国世代的将军，项梁是将门之后，侄儿项羽有万夫不当之勇，要推翻秦朝，只能跟着项将军干。"

在陈婴的劝说下，众人投奔了项梁的军队，陈婴也卸掉了一大包袱。

在名利的诱惑面前，陈婴克制住了自己，在当时反秦起义的浪潮中，已经有很多人割据一方称王，吸引了周边地区的民众参与。但这样也有一个问题，当时的秦王朝主力兵力尚在，一旦称王，很容易引起秦军的注意，招来秦军正规部队的残酷打压。如果没有足够的底气和实力，最好的办法就是找个靠山，暗中积蓄力量。

《史记》云："天下熙熙，皆为利来；天下攘攘，皆为利往。"追名逐利乃人之天性，也是社会发展和实现个人价值的动力所在。然而，大多数人往往容易在这个过程中迷失方向，一味强调成功，追求显赫高位，难以控制不断膨胀的野心，最终跌入万劫不复之地。能够清醒地认识自我，追求与自己能力相匹配的地位，显得更加可贵。

此时的项梁正春风得意，凭借着项氏家族的威望和自己的不懈奋斗，他已经成为反秦起义队伍中的中坚力量，完成了一场华丽的转身。

尽管项梁的队伍正在不断强大，还是有人不买他的账。谁？秦嘉！

第四章 风云初涌

秦嘉与陈胜早有罅隙,起义爆发后,秦嘉斩杀了武平君畔,另立了楚国的贵族后裔景驹为王。

项梁得知秦嘉另立了楚王景驹,并驻兵彭城,挡住了自己的前路,不禁勃然大怒,对将士们说道:"陈王最先起义,仗打得不顺利,不知道如今在什么地方。现在秦嘉背叛了陈王而立景驹为楚王,这是大逆不道!"随即率大军向彭城杀去。秦嘉不敌,弃城逃走,项梁紧追不舍。秦嘉战死,景驹独自逃往魏国。

项梁再一次用实力证明了自己。在打败秦嘉后,项梁吞并了秦嘉的军队,驻扎在胡陵,准备率军西进。而此时的章邯军团也屡战屡胜,驻扎在栗(今河南夏邑县)。栗县在胡陵的西南方,项梁想一直沿着泗水西进,直接进攻三川,不想绕道,于是派朱鸡石和馀樊君两人率领一支军队去打章邯。

这两个虾兵蟹将哪里是秦将章邯的对手?一场仗下来,不出意外,馀樊君战死,朱鸡石吃了败仗,仓皇逃回胡陵。消息传到项梁处,气得他直跺脚,对于一个军士来说,战死沙场是至高的荣耀,而临阵脱逃是叛徒的行为。项梁率军进入薛,一刀咔嚓了朱鸡石。

与此同时,城父(今安徽蒙城)传来了陈胜已死的消息。项梁深知,随着陈胜、吴广相继失败,自己已不可避免地被推到了起义的风口浪尖上。为今之计,只有立一个楚王,竖起一面大旗,将楚地的人心凝聚起来,才有可能成事。搞起义不光要有军事力量,还必须要有强大的政治力量。

可是,立谁合适呢?

楚王这个位置,虽然看着风光无限,但其实如坐在火山口上,一不小心就有可能丢掉性命,成为别人的替罪羊。

项梁思考无果,决定在薛县召集各路豪杰商议对策,拿出个方案来。

参加这次会议的两人赫赫有名,一个是以智谋闻名的范增,另一个是沛县刘邦。

时光在此刻停留,我们先来看一看刘邦的起义之路。

第五章　刘项合兵

仁心才是硬道理

话说刘邦在半路碰到张良后，两人越聊越投机，张良索性加入了刘邦的队伍。

在见到楚王景驹后，刘邦向他借兵反攻丰邑，景驹也是个爽快之人，很快就给他借了一队人马。就在刘邦准备回乡复仇的当儿，秦军杀过来了。

章邯的部将司马夷血洗相县后，一路杀到了砀县。情况紧急，景驹只得临时指派刘邦迎战秦军。刘邦很无奈，都说拿人家手短，吃人家嘴软，谁让自己有求于景驹呢？

刘邦带着自己的人马赶赴萧县（今安徽萧县），与秦军大战一场，结果却被一路撵到了留县。

刘邦不甘心，再次引兵从留地出发攻打砀县。这一次，刘邦吸取了教训，稳扎稳打，将砀县围得如同铁桶一般，经过三天三夜的激烈战斗，最终拿下了砀县。

紧接着，刘邦回师丰邑，一路上还拔掉了下邑，收编了不少秦军的队伍。现在，他要回去向雍齿复仇！

丰邑城下，刘邦带着九千人马远道而来，势在必得。可城内的雍齿也不是吃素的，在他的调度下，城内防守严密，根本不给刘邦一丝一毫的机会。几场仗打下来，刘邦这边溃不成军，实力再一次受到了严重的削弱！

刘邦心如火焚。他知道，再这样耗下去，指不定哪天自己就变成光杆司令了。在萧何的建议下，刘邦准备腆着脸皮再次向景驹借兵，却悲哀地发现，景驹已被项梁收拾了。

为了拿下自己的根据地，刘邦只得向项梁搬救兵。项梁对刘邦说，借兵可以，但你必须听我的指挥。

刘邦点头答应，带着项梁处借来的五千兵力回到了丰邑。在项家军的助攻下，丰邑县城被攻破，刘邦回到了自己的根据地。而他的对手雍齿早在城破前就已经秘密出城，投奔魏国去了。

刘邦终于进了城，他站在城墙之上，心中感慨万千。这座城，曾经是他成长的地方，这里的父老乡亲都是他的隔壁邻居，他一生的事业也从此处开始。然而，就是这座他无比熟悉的县城，却在关键时刻背叛了他，令他付出了惨痛的代价！他恨这里的一切，甚至扬言要屠城！

眼看着刘邦的心智已被复仇的怒火淹没，萧何和张良适时地站了出来，对他晓之以理动之以情，劝刘邦善待父老乡亲，以和为贵。善会帮你收获更多人的认可，作为起义队伍的带头大哥，一定要时刻注重自己的形象，礼贤下士，善待他人，只有这样才能吸引更多的人来投奔自己。

刘邦在听完二人的一番劝告后，虚心接受，深刻反省自己的错误思想。他开始意识到人设对于民众的重要性，从这时起，刘邦就开始刻意营造自己宽厚"长者"的形象，逐渐在义军和民众中得到了认可。

与此同时，年轻冲动的项羽却在襄城大开杀戒，将这座县城变为了人间炼狱！

先罗列一个基本事实，项羽从灭秦开始，直至四年楚汉之战结束，从未停止过屠城杀降。在《史记·项羽本纪》中，司马迁记载了项羽集团的六次大屠杀——

第一次是襄城屠城，坑杀全城平民，城中的秦军和百姓，无论男女老少，一个活口不留。

第二次是城阳屠城，项羽占领城阳后，出面组织了大屠杀，杀光了辅助秦军抵抗的全城平民。这次屠杀，主要是示威，告诉那些秦国其他城市，不投降就是这个后果。

第三次是新安屠城，《史记》载："羽诈坑杀秦降卒二十万人于新安。"公元759年，诗人杜甫途经新安，吟出："项氏何残忍，秦兵此处坑。愁云终古在，鬼灿至今明……"

第四次是咸阳屠城，杀戮关中平民无计，大劫、大烧、大杀、大掘坟墓，把秦都咸阳变成了一个鬼城。

第五次是破齐屠城，坑杀田荣降卒，大肆烧杀抢掠，逼反复辟后的齐国。

第六次是外黄屠城，在外黄县令十三岁儿子的劝说下，屠杀未遂。

上述都是战胜之后的屠城和杀降，这样的行径简直令人发指！

项羽的酷烈大屠杀，让他恶名昭著于天下，楚怀王说他"剽悍猾贼"，不难看出，他简直就是一个动则屠城、怒则杀人的屠夫。这种人胸中缺乏对底层民众最基本的仁慈和悲悯，在他眼里，所谓的民众只不过是一群蝼蚁而已，而民心向背在他眼里什么都不是。

我们常说，仁者无敌，这里面的仁，其实可以理解为内心的良善，放到一个政治家身上，那就是能俯下身子，倾听底层民众的心声，尊重他们的意愿。

一个人想要取得成功，可以有好多种渠道，但是想要赢得人心，必须是将心比心。或许每个人地位高低不同，但在生命天平上是一样的，你想要活下去，前提是要让别人也能活下去；你想过得好，就先得让别人过得好，这就是仁者之心。

仁心其实并不是高不可及，就在触手之间。拥有它，你就能在大争之世活到最后，因为每个人都想活下去，好好地活下去。

大道为简，既易也难，刘邦本人品质高低无关紧要，但他很早就意识到了民心的重要性，将自己塑造成一位宽厚的长者。通过一次次实例，世人都看出来了，刘邦虽然有时也耍无赖，但大多数时候仍能做到宽厚待人，他是不会将人逼到绝境的，反观项羽，纵然神勇无敌，然坑秦卒、焚咸阳，每一步都是逼得别人没法活。

可是话又说回来，刘邦真的那么"仁厚"吗？

其实也不然。项羽大肆屠城，刘邦的崛起之路也烙下了血腥的屠城印迹，他的所谓仁义，更多的是为了塑造自身形象的需要，甚至可以说是作秀。作秀也未尝不可，把真善美的一面推向世人，让世人快速了解自己，产生轰动效应，引起大家对自己的关注，进而吸引大家投靠到自己这边。这种政治作秀为刘邦赢得了众多粉丝的支持，并为其蓄积了强大的人脉资源。

而项羽呢？他刻意在世人面前展现他的勇武和善战，丝毫假慈悲都不愿意做，也难怪会尽失民心了。

打出旗帜很重要

好了，让我们再一次把视角对准薛县这个地方，了解一下这次薛县会议的主角——以智谋闻名的范增。

据《史记·项羽本纪》所载："居鄛人范增，年七十，素居家，好奇计。"老爷子已经七十多岁了，倒也能沉得住气，在家中隐忍了一辈子，正赶上天下大乱，他的"奇技"终于有了用武之地。得知项梁的部队驻扎在薛县，范增主动前去面见项梁，开门见山道："陈胜有今天的结果，完全是咎由自取。当初秦灭六国，楚国最无辜，楚怀王被秦扣留至死，是楚国人心里永远的痛，所以才会有楚南公的'楚虽三户，亡秦必楚'一说。可陈胜起义后，不立楚怀王的后人，却抢着自己称王，寒了天下人的心，当然成不了大事。现在项将军您在江东起兵，原来的楚国人争相来投，这都是因为您的父辈都是楚国大将，他们坚信您一定会拥立楚国国君的后代的。"

乍一听这段话，很多人的第一反应就是"秦灭六国，楚最无辜"这句话说得好没道理！

所谓"秦灭六国，楚最无辜"和楚怀王被骗客死在秦一事，不过是楚国人自己的悲剧情结而已,依此说来,那齐国更是无罪了!当初齐国跟秦国交好,不与其他五国联合,最后还是难逃被灭国的命运,可是这种"无辜"会博得其他五国的同情吗?人们同情和支持楚国,一是因为楚国在最后卫国战中的顽强和惨烈,另一个重要原因则是楚人有着极为狂热的爱国热情。屈原就是在楚国郢都被攻破之后自投汨罗江的,换作谁也无法忍受秦国人给楚国人带来的奇耻大辱!

我们有理由相信,范增说这番话,更多的是想凝聚楚国的人心,增加号召力。

"楚虽三户,亡秦必楚"本是楚南公的一时激愤之词,却在楚地广为流传,成为反抗暴秦统治的时代名言。巧的是,它除了代表一种情绪化了的坚定信念之外,又不可思议地应验了:亡秦这一事业起于楚,又终于楚。

姜还是老的辣!项梁听完范增的一番分析后,深以为然,派人四处访求楚怀王的后裔。

不久之后,项梁找到了流落到民间替人牧羊的原楚怀王的孙子熊心,当即迎入,立为楚怀王。

熟悉历史的人都知道,历史上有两个楚怀王,一个是战国时楚怀王熊槐,被骗客死在秦;另一个是此时被项梁拥立的原楚怀王之孙熊心。

第一任楚怀王熊槐继位时,楚国还是十分强大的。但楚怀王利令智昏,任用佞臣令尹子兰、上官大夫靳尚,宠爱南后郑袖,排斥左徒大夫屈原,致使国事日非。这之后,楚怀王中了秦国相张仪之计,背齐投秦,最后在武关被秦国扣留,秦王胁迫怀王割地,怀王不肯,逃跑后被秦国追兵捉回。

公元前296年怀王在秦国病逝，秦国把遗体送还楚国，"楚人皆怜之，如悲亲戚"。项梁将熊槐的孙子熊心再次立为楚怀王，显然是为了让楚人牢记那段不堪回首的屈辱历史，激励他们为楚国报仇。

故事讲到这里，很多人也许会有一个疑问，项梁本身就是原来楚国的名将，也算是贵族出身，为什么还会被谋士范增的几句话说服，甘愿把起义军带头大哥的位子空出来，让给一个放牛娃？

这就要讲到名正言顺的重要性了。在中国古代，名分就意味着政治正确，只有占据了名分的主战场，才能在做事时畅通无阻，让别人挑不出毛病。

朱元璋在创业之初，以韩林儿为号召的红巾军一度声势极盛，几乎所有造反武装都自称隶属于红巾军系列，朱元璋最早效命的郭子兴的部队也不例外。

为什么大家都愿意拥立一个贫民出身、能力平平的韩林儿？

这是因为，韩林儿系宋宗室后裔的名声在外传播已久，在人们不满元朝统治的背景下，颇具凝聚人心的妙用，所以各大军头还是愿意拥戴他的，而且成本小得出奇，只要养着他，让他好吃好喝，自己干什么又不受他限制，岂非一石多鸟？

这个时候的朱元璋是万不会陷害小明王的，理由很简单，时机不成熟。对于此时的项梁而言，熊心就是这样一位乱世中的标志性人物，拥立他能够吸引更广泛的楚国百姓加入自己的队伍中，团结更多的人，将反秦事业推向高潮。

刘邦：从泗水亭长到歌动大风

别让自信变自大

虽然加入了刘邦的阵营，但张良的心一直牵挂着被秦国消灭的韩国，生是韩国人，死为韩国魂。在立熊心为楚怀王后，张良第一时间去找项梁："你都立了楚国的后人了，不差再立一个。韩国各位公子中横阳君韩成贤能，我希望您能把他立为王，增加同盟者的力量。"

在征得项梁的同意后，张良找到了韩国的公子成，立韩成为王，自己做了司徒，聚集了一千余人去收复韩国的故土。

此时，章邯在扑灭陈胜起义的烽火之后，挟胜利之威四处消灭起义军，逐渐恢复了秦国对中原地区的统治力量。而项梁在薛县立熊心为王后，整合了南方尤其是楚地的所有反秦力量，准备与章邯一战。

经验丰富的章邯不敢大意，他把首攻目标选定为魏国。

魏王咎哪里是章邯的对手？眼看魏国大祸临头，魏王立即派周市向楚、齐两国求援。

接到魏王咎的求援信，项梁不敢怠慢，迅速派将军项他率军前往救援。而齐王田儋也很给力，亲率大军前来支援。

但章邯实在是太强了。就在楚齐联军刚到临济，还没站稳脚跟之时，章邯借着夜色的掩护悄悄摸到了楚齐联军的大营，突然杀出。楚齐联军疏于防备，一片混乱，被章邯打了个措手不及。齐王田儋、楚相周市在混战中战死，项他则在楚军拼死抵挡下，勉强逃回楚境。

魏王咎站在城楼上，默默无语。他知道援兵已被章邯悉数击败，眼看突围无望，转身望着身后的临济，命令将士们开城投降，而自己则选择了自焚而死。

投降，是为了城内百姓免遭屠戮；自焚，是为了保住作为魏国国君的最后一丝尊严。

魏咎死后，其弟魏豹和楚军将领项他逃回了楚军。得知这条消息，刘邦大惊，早在起兵之时，他便听闻秦少府章邯兵略造诣极高，想不到在短短的一年之内，竟带着七十万骊山囚徒，连败周文、田臧、李归、伍逢、邓说、张贺、朱鸡石、馀樊君、周市、项他、陈胜、田儋、魏咎，天下诸侯一下被打残了一半，一时之间气势如虹。这样神一般的对手，放眼望去，还有谁能与之一战？

大家不约而同地把目光投向了项梁叔侄，以及他们的楚军。

此时的刘邦刚刚加入项梁的队伍，正带着自己为数不多的人马四处扩建根据地。面对这位所向披靡的大秦名将，刘邦果断地选择了避其锋芒，离得远远的。他知道，只凭自己的这点人马前往救援，还不够章邯喝一壶的，当今天下，能与之一战的，唯有项梁叔侄。

这个世界是靠实力说话的，当你没有足够的实力时，沉稳和蛰伏就是你生存的重要法宝。眼下要做的，只能是不断扩张地盘，在积蓄力量的同时静待时机。

田儋战死后，其弟田荣带着残兵余将逃到了东阿，章邯携胜利之威，不依不饶地追着齐兵，将其团团围住。眼看田荣即将支撑不住，关键时刻项梁带着援兵出现在章邯身后。

这是一场绝世名将之间的战争，一方是大秦帝国最后的守夜人，一方是反秦起义军的顶梁柱。

经过一番激烈的厮杀，章邯不敌，退往濮阳。

此时的刘邦也接到了项梁的调令，命他和项羽兵合一处，攻打城阳，而项梁自己带兵去追章邯。

有了项羽做主力,刘邦倒也乐见其成,几乎不费吹灰之力就拿下了城阳。只是,当城门缓缓打开时,项羽却出人意料地下了一道命令:屠城!

刘邦大惊,他连忙劝住项羽,屠城极易失去民心,造成恶劣影响,对于正在发展壮大的起义军不利。

可项羽哪里能听得进去?他要向民众示威,胆敢与自己为敌,就是这个下场!

拿下城阳后,刘邦和项羽一路疾行军,赶到濮阳城外,与项梁汇合,再战章邯。章邯再次不敌,退守濮阳内,为了避免困守孤城,章邯做了两点准备:一是紧急调动各路秦军集结濮阳,为自己解围;二是挖掘河堤,围绕濮阳城开辟了一条护城河。

项梁不服气,几次强攻,都被章邯击退,只能在护城河外望城兴叹。碰了一鼻子灰的项梁没有一条道走到黑,他果断转变思路,与其在此徒增伤亡耗费时间,倒不如避开此处,清除濮阳周围的秦军。

计策已定,项梁兵分两路,一路由自己率领,向西攻取定陶,另一路则是由刘邦与项羽率领,进击雍丘(今河南杞县)。

接到任务,刘邦不敢耽误,会同项羽直奔雍丘。而驻守雍丘的正是李斯之子——李由。

郡守官邸内,李由神情凝重。在他面前,是父亲李斯派人送来的书信,询问前线的战况,嘱咐他一定要随机应变,关键时刻要保护好自己。

面对父亲的谆谆教导,李由心中却是五味杂陈。他知道,国事已不可为,父亲这是为自己好,可是他身负帝国守护之责,如果对城下的反贼装聋作哑,避而不战,如何向自己交代?如何向部下们交代?

上一次自己只守不攻，虽然最后保住了城池，但被部下骂了个狗血喷头。父亲也在朝中被人群嘲，落了个不忠于国事的名声。只要一想到上次的狼狈样，李由就会摇头叹息。

这一次，李由决定不再避战，他要主动出击，赢回属于自己的尊严！

城外，是项羽和刘邦，身后是黑压压一片的起义军；城内，是李由经过短期操练勉强组织起来的民兵。

有项羽冲锋陷阵，刘邦倒也不用亲冒矢石。一番激烈的厮杀后，起义军攻破了雍丘，李由为国殉身。

忧国者不顾其身，爱民者不罔其上。李由用自己的生命践行了当初许下的诺言。

刘邦和项羽不辱使命，项梁带领的楚军表现也不俗，在定陶大破秦军，完成了对秦军的三连杀。

眼看着章邯被打得节节败退，缩在濮阳不敢出来，项梁自信心爆棚，他开始有点飘了。

这是一个危险的信号。

项梁的副手宋义看出苗头不对，劝项梁说，将军西征以来，一路上战无不胜，但战场形势瞬息万变，目前秦军虽然暂时处于劣势，但章邯非等闲之将，咸阳方面也在源源不断地调兵，恐怕有所图谋，将军切不可大意啊！

宋义这么说不是没有道理，项梁的军队固然连战连捷，但士卒在持续的战争中得不到休整，其核心部队不过六七万人，还要分一部分兵力给项羽、刘邦清扫外围，手上能用的兵力也是十分有限。

再看章邯那边，他率领的军队是七十万骊山刑徒，还包括帝国最精锐的部队——中尉军也归他指挥，何况还有关中的兵员源源不断地补充到军中。虽然章邯在几次战争中都败给了项梁，但整体兵力并未遭到毁灭性的打击，其实力仍不可小觑。

两相比较，项梁军团其实并不占优势，但此前一系列的胜利让他失去了关键时刻应有的理智和冷静。造反以来，他从胜利走向胜利，他坚信章邯军团屡战屡败，不堪一击，翻不起多大的浪花。

十八世纪，德国古典唯心主义哲学大师黑格尔曾发浩叹：和平是一个民族的腐蚀剂。套用这话，我认为，连续胜利是一支部队的腐蚀剂。一支没有品尝过失败滋味的军队和军队首领是不成熟和危险的。

一个人什么时候容易犯错误？就是志得意满、一切顺利的时候，耳朵再也听不进提醒的话的时候，自我膨胀、唯我独尊的时候，就容易随心所欲，高估自己的实力。

面对宋义的善意提醒，项梁充耳不闻，索性派他出使齐国，省得老在自己耳边聒噪。在路上，宋义遇到了齐国的使者高陵君，两人开始唠起了嗑。

宋义说，你还是长个心眼儿吧，我断定项梁必将大败，您走得慢点儿或许还可以逃过一劫，走得快的话可就凶多吉少了。

听宋义这么一说，高陵君心里打起了鼓，保险起见，他决定慢慢走，顺带领略一下沿途的风光。

当时正是秋季，秋雨连绵，从七月到九月，雨势不停。

在项梁看来，连绵的雨季显然是不合适作战的，此时正是休整放松的好时机。

但在章邯看来，这是一个绝佳的出击时机，他要出手了！

一个阴雨绵绵的清晨，章邯突袭项梁军团大营，与定陶城内的秦军彼此呼应。

章邯又一次向我们诠释了什么叫作"兵贵神速"。最终，楚军被打得措手不及，项梁被杀。

章邯完成了一次漂亮的逆袭，大败楚军，一雪前耻。

作为天下义军的精神寄托，项梁在陈胜死后，已经成为反秦起义的一面旗帜。他的意外阵亡，导致楚地的反秦势力被大幅削弱，从而直接影响到了整个反秦斗争的格局。

为什么项梁的败亡会来得这么快？说到底还是他过于自负，赢了几场战争就以为章邯不过如此，对章邯的实力判断出现了重大失误。

凡高傲自负的人，都有过人的本领或才华。关羽被后人尊称为武圣，结果就栽在过于自负上面，荆州失守也就算了，还独走麦城，最终有去无回。

极强的个人能力，很容易导致其自信心过于膨胀，自信过头就变成了自负、自大，往往是没有好结果的。作为职场中人，首先问一下自己，你的专业技能是不是过硬，如果没有，请低调；如果有的话，请你吸取前辈教训，人外有人，天外有天。

自信与自负，只一字之差，却相差甚远。那么我们该如何区分呢？

自信和自负的区别在于，你对世界和自身是否有足够"清醒"的认识。

自信的人身上充满活力，对自己的能力有一个正确的判断和把握，遇事心态平和、大度、从容，待人恭谨、荡坦，对权力不屈膝献媚，对布衣不盛气凌人，张弛有度，亲疏得当；自负的人对自己的能力估得过高，在竞争中容易轻视对手，不把对手放在眼里，好大喜功、目空一切、唯我独尊、唯我独行，大有天下之事舍我其谁之势。这样的人，往往容易招致失败。

伎俩面前，用实力"打脸"

章邯顺利完成了对项梁军团的反杀，这场帝国反击战不仅稳住了秦帝国军队节节败退的阵脚，还令东方各国震恐，无人敢直面其锋芒。

此时的刘邦和项羽正在围攻外黄，听闻项梁阵亡的噩耗，士卒震恐，赶紧东撤，连楚怀王都拉着一道从盱眙迁都到了彭城。

这其中，最悲伤的莫过于侄子项羽了。

项羽很早就死了父亲，从小由项梁带大，虽是叔侄，但情同父子。无论是亡命江湖，还是会稽起兵，项梁一直都是项羽最大的依靠，他任侠、好客、果决、冒险、能战的优秀品质在项羽身上留下了不可磨灭的烙印。未曾想，项梁的人生在定陶画上了休止符！

然而，还没等项羽擦干眼泪，气焰正盛的章邯又一次出手了，在打败项梁的楚国军队后，章邯将目光投向了北方的赵国，他要完成再造帝国的伟业！

兵贵神速，章邯在确定下一个目标后，北渡黄河，与接管了蒙恬北境长城军团的王离合兵一处，不费吹灰之力，就拿下了赵国的都城邯郸。赵王歇和丞相张耳不敢久留，一路溜到了巨鹿城。

章邯和王离一路推进，将巨鹿城围成了铁桶一般。

出人意料的是，章邯和王离并没有急着拿下巨鹿城，两人进行了简单的分工，王离负责继续围困巨鹿城，而章邯率军驻扎在巨鹿南边的棘原，修筑甬道，给王离的围城部队供应粮草。

为什么要做这样的安排？

章邯和王离这两位优秀的军事将领深知，拿下巨鹿城并不难，但眼下的反秦起义形势仍然如火如荼，只有围点打援，用最有效的办法歼灭起义军的有生力量，才是扑灭反秦起义这股燎原之火的关键。

赵国困守孤城，不想做无谓的等待，向周边各个诸侯紧急求救：作为同一条战壕的队友，看在反秦大业的份儿上，快帮哥们儿一把吧！

很快，齐、燕等国纷纷派出了自己的救援队伍，向巨鹿靠近，但他们也畏惧章邯恐怖的战斗力，在战场周边安营扎寨，裹足不前，作壁上观。

张耳的好朋友陈馀在巨鹿城外收拢数万兵马，不敢来救。张耳在城里眼看粮食一天天减少，心里那个着急啊，派了两个小弟张黡、陈泽冒死出城，指责陈馀说："当年咱俩说好要同生共死，现在我被围困在城内，眼看就要挂了，此时不来救援，更待何时？"

但陈馀也有自己的顾虑，章邯的实力太过强大，自己贸然前往，只能是白白送人头，不如留下有用之身为你们报仇。

这个答复显然不是张耳想要的，两个小弟也不答应，陈馀只得拨给这二人五千人马，然后目送他们被外围的章邯团灭。

当然，这事儿也不能全怪陈馀，章邯和王离在巨鹿城外张开了袋子，就等着反秦义军往里面钻呢！就连张耳的儿子张敖从代地收聚了一万多人马，驻扎在巨鹿城附近，也不敢来救他老爹。

各路诸侯都被打出了"章邯恐惧症"，畏惧不前，那么有没有不怕章邯的呢？

当然有！

此时的项羽正咬牙切齿，准备跟章邯干一场。可是，有一个人不同意。

项梁死后，楚怀王熊心终于松了一口气。他深知，项梁之所以扶立自己，心怀故国倒是其次，主要是为起兵增加合法性。熊心虽然被立为义军领袖，但傻子都能看得出来，他只是个傀儡，实际军权都在项梁手中。

怀王不甘心！他要千方百计夺回对军队的实际控制权！

当项梁的死讯传来后，怀王认为自己终于熬到了出头之日，他看到了抢班夺权的可能性。可是，要夺回权力，只靠自己是不够的，必须得有人支持自己。怀王没有自己的领导班子，没有自己信任的将领，谁会甘心为他做事？

就在怀王陷入焦虑之际，高陵君再一次登场了。他当时正好在楚国，见楚怀王为此茶饭不思，他推荐了一个人选——项梁的副手，宋义。

怀王问："理由呢？"

高陵君答："项梁战死之前，宋义就和我讲，项梁过于骄傲肯定要失败，结果没过几天就灵验了，由此可见，这宋义确实是个人才啊！"

怀王一听，反正自己身边也没个信任的人，既然高陵君极力推荐，就他了。

怀王随后便召见宋义，一番长谈，怀王对宋义非常欣赏，任命他为上将军，项羽次之，范增为末将，诸将皆受宋义节制，由其统率北上救赵。

没了项梁的庇护，项羽很快就被怀王摆了一道，平白无故多了一个顶头上司。还没从悲伤的阴影中走出来，项羽便被安排北上救赵。

这一切，刘邦都看在眼里。很明显，这是刚刚摆脱傀儡身份的楚怀王和宋义在玩弄权术，他们想踢开项羽，将军权牢牢掌握在自己手里。

这种办法可行吗？刘邦心里不以为然。这是一个乱世，规则是由强者来制定的，枪杆子决定谁是老大！楚怀王虽然表面上赢回了主导权，但别忘了，楚国军团的家底是项梁项羽叔侄从家乡带出来的八千子弟兵，这些人只忠于项氏家族，不可能背叛项羽。没有实力的权术顶多算是小聪明，最终只会搬起石头砸自己的脚。

对于项羽而言，郁闷归郁闷，只要能为自己的叔父报仇，他什么都不在乎。就这样，愤愤不平的项羽跟着宋义一路北上，去迎战章邯。

然而，这边宋义又出幺蛾子了，大军刚到安阳，宋义就下令不走了，在安阳一待就是四十六天，丝毫没有要北进的迹象。

项羽很着急，他多次催促宋义率军启程，说秦军攻赵如此之猛，我军当速进援赵，否则坐失良机。可宋义却告诉他，现在秦军正在和赵军厮杀，如果秦军胜了，也已是强弩之末，我军乘胜追击，一定有把握打败他们。如果秦军打了败仗，我们可以引军西进，直取咸阳！

很显然，宋义摆明了要坐山观虎斗，等秦赵两军打个两败俱伤，他再下山摘桃！

愿景很美好，但我们只要稍微分析一下，就会发现不对：章邯在联合了王离的军团后，兵力少说也有四十万人，而巨鹿城内外的诸侯国军队几万人，章邯是摆明了要围点打援，即便没有人去救援赵国，章邯一样可以不费吹灰之力拿下巨鹿城，根本不存在宋义预估的两败俱伤的结果！

宋义还不忘洋洋得意地说："披坚执锐，我不如公；运筹帷幄，公不如我。"宋义的态度很明显，带队砍人我不行，玩脑子你不行。

随后，宋义又传出军令："猛如虎，狠如羊，贪如狼，强不可使者，皆斩之！"

头脑简单四肢发达不听号令者，斩！

地球人都能看得出来，这道军令明明是针对项羽的，叫他小心听话，不能依着自己的暴性子来，否则老子不客气！

项羽看到这则军令后，肺都要气炸了。

不仅如此，宋义还派自己的儿子到齐国去当相国，为他举行欢送宴会。而另一边，冷冷的冰雨在士兵脸上胡乱地拍，士兵们又饿又冻，对宋义的意见越来越大。

这一切，项羽都看在眼里，他不能坐以待毙，必须要采取行动了！

这一天，项羽趁着到宋义的帐中汇报工作，一举将其斩杀，提着宋义的人头到帐外，集中将士们说："宋义私通齐国，准备反叛楚国，如今我已奉楚王之命将他斩首。"

大家对宋义本来也没什么好感，对他的死也毫不惋惜，既然有了新的带头人，大家都跟着他混就好了。很快，项羽重新夺回了对军队的控制权。

当然，做这一切的时候，项梁从江东带来的八千子弟坚定不移地站在了他们新的领袖——项羽的身后。

紧接着,项羽做了两件事,先是派人追到齐国,把宋义的倒霉孩子给干掉,再派将军桓楚回彭城向楚怀王报告:宋义不恤士卒、贻误军机,且暗中与齐国勾结谋反,已经被我给干掉了。

看着眼前杀气腾腾的桓楚,楚怀王终于意识到,在拥有绝对强大实力的项羽面前,自己只是个跳梁小丑,所有的阴谋诡计在项羽眼里都是不值一提的小伎俩而已。想玩四两拨千斤,也得看看自己有没有千斤作后盾。

生活中也是如此,当别人想要给你使绊子的时候,唯一能摆脱的方法就是,用远远超过对手的实力证明自己,让对手只有仰望的份儿,而没有任何使坏的可能。

破釜沉舟,百二秦关终属楚

事已至此,楚怀王只好装作很"大方"地宣布,将军权交给项羽,任命项羽为上将军,带领楚国军队与章邯作战。

在掌握了军队的绝对控制权后,项羽从安阳(山东菏泽南部)出发,引军北上,渡过黄河,直奔六百里外的巨鹿城(今河北邢台东北)。

在这场决定天下命运的大决战开始之前,我们先来看一下双方的兵力对比。

秦军由章邯的骊山军团与王离的长城军团组成,毫无疑问占据着绝对优势。章邯从咸阳出发时,带着七十万骊山陵的服役者和囚徒,发配武器编入军队,但经过连续多次作战,且没有时间进行整补,损耗较大；王离是在公子扶苏和蒙恬死后，代替他们守边的大将，虽然他掌握着三十万带甲之士，但因为要防备边患，也不可能全部带来。双方兵合一处，总计有将近四十万人。

那么项羽这边呢？

根据史料的说法，楚军的兵力在五万上下，主力是以项梁从老家江东带来的八千子弟为骨干的，其中很多人是战国时原楚国的职业军人。

除了项羽的这部分兵力外，巨鹿城周边还有很多诸侯军队：赵国的陈馀和张敖在城外有数万人；魏国有魏咎的弟弟魏豹屯兵城外；齐国方面，齐王建的孙子田安率军前来协助项羽，齐将田都宁可背叛齐王田荣，也要前来加入项羽军团；千里之外的刘邦也没有袖手旁观，虽然自己的兵力捉襟见肘，但他还是派出了代表前往赵国，为项羽站队。

除了齐国军队，这些诸侯联军群龙无首，就像一盘散沙，他们没有勇气直面章邯和王离的秦军，只能远远地躲在一边，静待局势的发展。

很明显，项羽军团在兵力上处于劣势。

但是，项羽并不怕，战争让他兴奋，他不喜欢过安稳的生活，他喜欢面对挑战，只有在绝境中，才能充分发挥自己的才华以及随机应变的能力。

面对这个看似不可能完成的任务，胆大的人观望，胆小的人退缩，只有真正有勇气和魄力的人才会挺身而出！

在项羽看来，一切困苦都不是阻碍，他信心十足，自信能够轻松解决。当诸侯联军刻意避开章邯的时候，项羽却有"明知山有虎，偏向虎山行"的勇气。

这是贵族项羽天生的王者之气！

让我们把镜头切换到秦国军团。针对当前的形势，章邯和王离做了新的战略部署：王离军团追击赵齐联军进入巨鹿郡，将赵王君臣及赵齐联军主力围困在巨鹿城中，并派大将苏角围城，作攻坚破城的准备；涉间率领骑兵部署在巨鹿城正北的平乡县开阔地带，防止诸侯联军从北面南下救援联军；王离自己则将指挥所设在了城东北，赵武灵王和始皇帝曾经住过的行宫——沙丘，并修建了从沙丘到巨鹿城下的甬道。

章邯把军队驻扎在了王离军团南面的洹水边，保证王离军团甬道的安全。为了沿水路运粮到巨鹿，章邯专门修筑了甬道，并将自己的后勤基地设在了棘原。

从战略角度看，章邯与王离，一个负责围城，一个在旁边虎视眈眈，二人有攻有守，互为犄角之势，让大多数诸侯联军不敢靠前，可谓完美无缺。

可是项羽偏偏不信邪。他坚信，没有一种计划是完美无缺的，也没有一种力量是坚不可摧的。

《荷马史诗》中有个英雄叫阿喀琉斯，是凡人和女神生的儿子。传说他的母亲为了让儿子炼成"金钟罩"，在他刚出生时就将其倒提着浸进冥河，使其能刀枪不入，结果脚踝露在水外，成了全身最脆弱的地方。在特洛伊战争中，勇力过人的阿喀琉斯单挑特洛伊主将赫克托尔，杀死他后拖尸示威。但很快，阿喀琉斯被帕里斯一箭射中了脚踝而死。

这个故事告诉我们，即使是再强大的英雄，也有致命的死穴或软肋。

问题在于，章邯和王离的"阿喀琉斯之踵"在哪里？项羽琢磨良久，终于发现了秦军一个致命的要害：甬道。

连接章邯和王离军团的，正是这条粮道生命线。如果进攻王离，章邯必定会来解救；反之亦然，所以必须设法将两者分开，而后才有可能各个击破。

在发现秦军的死穴后，项羽立即命两万前锋渡河，袭扰甬道，切断王离部队的给养线，削弱王离军的战斗力。由于军中给养缺乏，项羽索性破釜沉舟烧房，命令士兵每人只带三天的干粮，全军渡河，谁若敢后退一步，立刻斩首！

面对如此苛刻的军令，不少将士都心怀抵触。此时，项羽又做了一件事，他拔出剑，对众将士说道："将士们，这一战我们没有退路，赢了一起狂，输了一起扛！我以项氏家族的名义起誓：若不幸战败，我项羽绝不独活！"

这番话，大大鼓舞了将士们背水一战的勇气。各部立即出击，杀向王离的军团，呼声震动天地。

这里要分析一下，项羽并没有贸然全军出击，而是派了先锋部队试探秦军，在了解了秦军的虚实后，再一股脑儿渡过黄河，以置之死地而后生的勇气直奔巨鹿城，将王离来了个反包围。

项羽的推进速度实在太快，王离根本来不及反应，连战连败。眼见项羽如此英勇，那些围观的诸侯联军也信心大增，一起围殴秦军，将王离军团死死摁在了巨鹿城外，随后将其俘虏。

有了诸侯联军的帮忙，项羽终于可以腾出手来，专心对付章邯了。

再看章邯这边，由于甬道被切断，章邯不得不将兵力往甬道补充。项羽军团此时锐不可当，连续攻破了章邯沿甬道布设的九座营垒，章邯不敌楚军，失利后带着残兵撤回了大本营棘原。

在这场战争中，项羽虽然一开始处于被动进攻方，但他能从章邯和王离严密的防守中发现破绽，以迅雷不及掩耳之势发动进攻，最终达到了一招制敌的效果。

面对项羽的逼人气势，章邯军团不断后撤，收缩防线。而此时，远在咸阳的秦二世得知章邯战事不利，屡屡退却，对他大为不满，派人到前线给章邯做思想工作。

章邯心中惶恐不安，他太了解胡亥的性格了，这位年轻的皇帝缺乏基本的政治智商，他只信任老师赵高，不论自己胜利或是失败，都逃不脱刑罚。

为此，章邯派司马欣去咸阳面见秦二世，汇报前线的战况，不料却被赵高暗中阻拦，要不是司马欣跑得快，早被赵高一刀给剁了。

失去了朝廷的支持，这仗打下去还有何意义？章邯心灰意懒，开始秘密接触项羽。也许是双方谈得不顺，谈判期间，项羽派人偷袭章邯，断绝了章邯待价而沽的念想。

面对项羽军的凌厉攻势和朝中赵高的迫害，章邯彻底绝望了，他不得不放低条件，向项羽宣布投降，而他麾下的二十万士兵则被项羽全部坑杀。

这是项羽的手段，他要证明自己的实力，用武力向天下人展示与自己对抗的后果，全然不顾旁人眼中的怒火。

这一战，项羽大获全胜，威震天下。兵甲林立的大帐内，项羽端坐正中央，轻轻擦拭着手中的一柄青铜长剑，棱角分明的脸上尽显王者之气。诸侯联军的统帅们只能低着头，小心翼翼地进前，向项羽说上几句阿谀奉承的话，以表示自己的臣服之意。

世间有一种膜拜，叫五体投地。

世间有一种距离，叫遥不可及。

背水一战，横扫秦军，项羽赢了。

从管理学的角度分析，项羽的胜利，靠的是关键时刻勇于任事、敢于担当的精神。

有一位管理学的作家曾说过这么一段话："现实中，想赚大钱的人多，想做大官的人多，想出大彩的人多，但有担当的人少。所谓担当，就是当你面对那些与你有关又不全与你有关的麻烦，你可以选择躲避，但你没有，而是扛上了。这一扛，意味着你超越了自己，扩大了你的重负与责任，也扩大了你的影响力与领导力，扩大了你的潜力与未来。"

当一个团队中面临危机或困难时，如果有一个人站出来，愿意充当领导者，扛起肩上的重任，那么这个团队的战斗力将超乎想象。在反秦起义的过程中，一场巨鹿之战，充分展现出了项羽的超强担当力，这种担当还感染了齐国的田安和田都，吸引他们加入了项羽的队伍中。

航海业流传着一个不成文的规矩——当一艘船遇到危险要沉没时，船长一定要最后一个离开。为什么？因为你是海上航船的指挥者，船长不仅仅是荣誉的象征，同时更是一份沉甸甸的责任。只有在关键时刻勇于担当，乘客才会信任你，才敢登上你的船，跟你去远行。

很多时候，当一个团队面临生死存亡时，能够拯救整个团队的，恰恰是那些关键时刻敢担当、能担当的勇士。这也是为什么,有的公司会在常规的绩效考核之外,制定"关键行为考核法"——无论你是公司高管还是普通员工,只要在一些非常规的、突发性的重大事件中表现突出,都会获得额外奖励,甚至成为公司的重点培养对象。

第六章　沛公西征

别人看不见的，才是机会

当项羽在巨鹿大败秦军、一战成名的消息传来时，刘邦正带领自己的队伍跋涉在西征的道路上。

剧情进展太快，有点跟不上节奏？没关系，让我们把时间拨回八个月前。

彼时的熊心正陷入深深的思索中，他压力很大，北上救赵和西入灭秦，两个任务同等重要，又刻不容缓。选谁去才能完成任务？

北上救赵，要面对章邯的骊山军团和王离的长城军团，双方合计兵力约为四十万。这是一支可怕的军事力量，秦国黑色铁骑曾扫灭六国、北击匈奴、南灭百越，打遍海内无敌手，秦军的武器在同时代也是极为先进的，何况章邯和王离早就已经布好了口袋，等着诸侯联军前去救赵。北上，无异于羊入虎口。

第六章 沛公西征

可赵国却又非救不可。作为反秦义军中的一支重要力量，赵国在北方牵制住了秦国的两大军团，一旦赵国覆灭，整个反秦义军将深受重创，秦军两大主力也将趁胜南下，作为反秦起义中坚力量的楚国集团必将面临灭顶之灾！

而从另一方面来看，西征也是迫在眉睫。当初陈胜的手下周文曾率大军西征，一路过函谷关，推进到了咸阳东郊、戏水之东，却被章邯的骊山军团所阻，终至覆灭。义军起兵旨在亡秦，如果能够有一支奇兵长驱直入，插到秦帝国的腹地，必能给秦帝国以极大的震动，还能牵制远在巨鹿的秦军主力。

那么西征之路会比北上救赵容易吗？

几乎所有的评论者都认为，当时秦帝国最后的力量已经被章邯带到赵国巨鹿城外，咸阳空虚，如果有一支军队长驱直入秦关，必能取得出人意料的结果。

可事实果真如此吗？成功真的可以靠钻空子吗？不是。

怀王所谓的西征，从当时的实际情况考虑，本意是救赵，而非攻秦，至于灭秦更谈不上了。起义军新败，任何一个领导都不会想到灭秦。

为什么这么说？因为当此时秦帝国的军力还非常雄厚，周文的几十万大军虽然突破了函谷关的天险，一路推进到了离咸阳不远的戏水东岸，却也很快被击溃，谁还敢轻谈什么攻秦。所以说，当时所谓的攻秦，仅仅是虚张声势而已，目的在于策应北上救赵。

有人会说，章邯从咸阳出发时，不是带走了七十万骊山之徒吗？当时的咸阳城留守部队一定不多，这可是个灭秦的好机会啊！

如果你这么认为，那可就是太低估秦帝国的实力了。章邯和三离带领的并不是秦国的全部主力，咸阳城内，包括周边城外，一定还有相当数量的部队，保证首都咸阳一旦遭到攻击，随时可以征调。一句话，没有哪一个帝王混蛋到把部队全交给统兵将领。

更何况，刘邦那时还在彭城，到咸阳的直线距离为八百七十公里，这一路上秦军也是处处设卡。关中是秦国的大本营，人口数百万，秦国的天险也能挡十万雄兵，这条西征之路必然会充满艰难险阻。

灭秦与救赵，两个都刻不容缓，两个都势在必行，问题是，派谁去呢？

当楚怀王熊心把这两个问题抛给诸位将领时，大家都默默低下了头，整个营帐瞬间安静下来，静得针落可闻，只能听到众人的呼吸声。

面对众人的沉默，楚怀王不得不抛出一个诱饵：先入关中者为王！

这个封赏确实够大，诸将颇为动心，但一想到秦军凌厉的攻势和这一路要面临的艰难险阻，又止住了脚步。

就在这时，项羽第一个站了出来，一抱拳，对怀王熊心说道："秦军虽然势大，但楚军也不是吃干饭的，我项羽愿意领兵西征！"

然而，面对项羽的主动请战，怀王熊心却摇了摇头。项羽的残暴与冷血是众所周知的事实，叔父项梁刚刚战死，项羽是带着怨气的，如果让他领兵西征，这一路必然会血流成河，尽失民心。

眼见项羽被拒，刘邦在经过短暂的思考后，站了出来："刘季不才，愿意带领麾下的弟兄们西征，为吾王分忧！"

既然西征之路艰难重重，为什么刘邦还会主动站出来领取任务？

这就要谈到刘邦对机遇的敏感和把握了。

西征之路虽然弃满艰难险阻，但并非没有机会。秦朝刑法奇严，赋税沉重，秦二世的统治更加残暴，社会矛盾空前尖锐，民间积怨甚重，百姓对秦帝国的统治早已失望透顶。如果这一路上能够宽厚爱民，以仁义待人，必能笼络和俘获一大批民心，这对自己未来的发展壮大至关重要！秦军当时被牵制在巨鹿，只要在西征时采取灵活的手段，未必不能突破秦军的重重关隘。

别人只看到了西征之路的艰难险阻，刘邦却从艰难险阻中发现了机会！

一句话，别人看不见的，才是机会！

我们在生活中常常会听到这样的话："早知道我前几年就把房子买了，现在就好了！""早知道我就把股票全抛了，现在也不至于被套了！"

说这种话的人往往一直沉浸在后悔之中，而没有发现导致自己后悔的原因是眼光不够敏锐，缺乏洞察力。

什么是洞察力？所谓洞察力，就是能发现别人看不到的机会。罗丹曾经说过：生活中不是缺少美，而是缺少发现美的眼睛。稍稍改动一下，它就成了"商场上不是缺少机遇，而是缺少发现机遇的眼光"。

我们不妨拿商业竞争举个例子。"以市场热点为导向"这句话曾被无数人奉为圭臬，但事实是，当你真正去践行这句话时，发现成功之路越走越窄。原因无他，所谓"市场热点"，说白了就是别人已经发现了的商机，并且已经利用了这一商机尝到了足够的甜头，否则，这块市场是不会被称作"热点"的。

而那些以市场热点为导向的人，无一例外都是缺乏市场洞察力的人，当他们跟着别人去追逐市场热点时，殊不知别人已经从中捞了一笔，市场即将面临拐点。跟在别人身后，只能利用别人已经炒热了的市场余温来取暖，在别人吃肉的同时，自己分点汤喝，甚至有可能连汤都喝不到，反而被套牢。

那么怎样才能使自己拥有独到的眼光，看到别人所看不见的机遇呢？说来也很简单，改变固有的思维模式，保持对市场的敏锐洞察力，善于从危机或别人忽略的地方发现商机。

翻开洛克菲勒发家史，我们不难发现，他的事业之所以能成功，靠的就是对市场行情的敏锐把握，当其他人还在悲观犹豫时，他往往会从悲观的市场行情中发现机遇，抢先下手，掌握先机。

十九世纪八十年代，利马地区发现了一个大油田，当人们一窝蜂涌过去时，才发现那里的石油含碳量很高，被称为"酸油"。当时，对这种"酸油"还没有有效的提炼法，因此大家并不看好这种石油。

洛克菲勒却不这么看。他始终对市场保持乐观态度，认为找到这种石油的提炼方法是迟早的事，执意要买下那个油田。

董事会大部分人都反对他的提议，而洛克菲勒却斩钉截铁地说："我愿意冒个人风险，拿出自己的钱投资这一油田。假如必要的话，我可以拿出两百万甚至五百万美元。"洛克菲勒的决心打动了董事们，他们终于同意投资这一油田。

仅仅在两年之后，"酸油"的提炼法试验成功，油价一下子从十五美分涨到一美元，洛克菲勒所在的标准石油公司获利无数。

我们都知道，石油成为人类最重要的资源是历史的必然，在此过程中，对于关键技术的攻破也只是时间问题，而约翰·洛克菲勒只是比所有人都更早一步看清了这个事实而已。他用自己敏锐的市场洞察力看穿这一点，在众人不看好"酸油"时果断出手，抢占先机，奠定了自己石油霸主的地位。

格局决定结局，态度决定高度

经过一番权衡，楚怀王熊心最终将西征的任务交给了刘邦，而将北上救赵的任务分给了项羽，并让他做宋义副手，这才有了后来让项羽一战成名的巨鹿之战。

刘邦虽然最终得到了西征入关灭秦的机会，但他仍不敢大意，一切都要经过现实的考验，才能离自己的目标更近一步。

出发前，刘邦的兵力驻扎在砀郡（今河南商丘南），但他并没有一路向西直奔咸阳，而是绕了好大一圈子，先北上城阳，又南下成武和栗县，再西进至洛阳，然后南下宛城，从陕西武关进入关中。

这一路的艰辛自不必多说，难得的是刘邦内心十分强大，越战越勇，总能屡次化险为夷，一路高歌猛进。

刘邦之所以能一路过关斩将，直逼咸阳，并不是说刘邦的军事才能有多优秀，而是他有一个非常突出的特点，那就是善于听取别人的意见，及时做出相应的调整。

当然，刘邦一开始并不是这样礼贤下士的，作为泥腿子出身的农民军领袖，他天生就反感儒家的那些繁文缛节，为人傲慢自负，对人没有礼貌，性格粗野，行为放荡。尤其是面对儒生时，更是心生厌恶。

然而,一个人的到来,让他改变了对儒生的看法。

郦食其,战国末魏国人。如果要评选秦末汉初最著名的侃爷,非郦食其莫属,他不但口才卓越,知识渊博,而且相当有个性。只可惜大器晚成,混到六十岁,一事无成的他脾气老大,眼界顶天高,谁都不服,家里穷得叮当响,连自己和老婆孩子都养不活。

后来有人看他可怜,给他安排了一个看守城门的差事,勉强维持生活。

作为一个普通"打工仔",郦食其并非唯唯诺诺之辈,他性情十分放荡,为人极为狂傲,平常又好喝几口酒,因而历史上有人称其为"高阳酒徒"。

陈胜、项梁起兵反秦时,各路将领四处征战,经过高阳县的有数十人,郦食其志向远大,对这些人一个都看不上,继续过着悠然自得的惬意生活。

这一天,刘邦的队伍到了高阳。他手下有个侍卫,与郦食其是同乡。郦食其找到这位同乡,对他说道:"以前经常从这里过的那些造反将军们没有一个是高素质的,都是贪图小便宜的人,这个刚来的沛公就不一样。我听说他为人傲慢,但心胸大度,他就是我一直在寻找的主公,能不能让我先见见他?你就对沛公说,我们街坊有位郦先生,六十几岁,身长八尺,大家都叫他'狂生',但郦先生自己说他不是狂生。"

那位老兄好言相劝郦老头:"沛公平常最不待见迂腐儒生了,来的客人只要戴着儒生的帽子,沛公总是要把那人的帽子解下来往里面撒尿。和人说话也常常破口大骂,你可千万别说你是'儒生'啊!"

郦食其说:"你只管把我说的话转达给他就好,我自有办法!"

第六章 沛公西征

这一天,郦食其来拜见刘邦,进去后瞥见刘邦正大大咧咧地坐在那儿,让两名女子为他洗脚,丝毫没有起身相迎的意思。

郦食其知道这是刘邦在给自己下马威,也不恼,躬身作了一个长揖,然后不紧不慢地问道:"您是想助秦灭诸侯呢,还是想率领诸侯破秦呢?"

这话问得很无礼,刘邦很恼火,破口大骂:"你这酸货,天下百姓长期受秦祸害,所以诸侯才相继起兵反秦,怎么能说我是帮秦灭诸侯呢?"

郦食其倒是很淡定:"既然是要破秦,那一定要聚义兵、诛无道,哪能这样会见长者?"

刘邦心里一惊,他立即意识到眼前的这个人不一般,停止了洗脚,站起身来整了整衣服,恭敬地请郦食其上座,并向他赔礼道歉。

两人重新落座,为了表达歉意,刘邦命人摆了满满一桌酒席,好生款待郦食其。酒过三巡,菜过五味,两人越聊越投机,郦食其的话也渐渐多了起来。必须承认,郦食其很有说评书的天赋,趁着酒兴加上遇到知音的高兴,郦食其在酒桌上谈天说地,大谈天下局势,期间还聊到了战国末年六国合纵连横之事。他本就博学多才,加之能言善辩,一番长谈,刘邦越听越佩服。

趁着喝茶的工夫,刘邦向郦食其郑重请教:"怀王命我领兵西征,先生可有什么好计谋吗?"

郦食其侃侃而谈:"以你现在的这帮乌合之众去抗秦,好比虎口拔牙,凶险非常。陈留这个地方四通八达,城高粮多,我和陈留县令私交也不错。不如让我先去劝说一番,如果他听我劝,自然大功告成。如果他不听,你再出兵攻打也不迟,我还可以给你做内应。"

刘邦点点头,决定依郦食其之计行事。

郦食其虽然特别能侃,但侃得过了头,那就是吹牛。见到陈留县令,尽管郦食其各种剖陈利弊,但县令始终一个动作:把头摇得像拨浪鼓。

郦食其只得买通守门官兵,通知刘邦执行二号计划。刘邦得到消息后,趁城内守兵未加戒备之际,闪电偷袭成功。

这一战,刘邦兵不血刃占领了陈留,还获得了大量的粮草和行军物资,解除了后顾之忧。

郦食其与刘邦的故事先讲到这里,我要说的不是郦食其的足智多谋,而是想谈谈刘邦前后的态度转变。

刚见郦食其时,刘邦故意让他难堪,眼中满是轻慢之意。当四分之一炷香燃烧之后,刘邦对郦食其态度大变,奉他为座上宾,虚心求教天下之事。

这转变来得太快,快得我们来不及做出反应。我们不禁要反问一句,为什么刘邦前后的态度会大变?

众所周知,刘邦轻慢儒生,动辄张口就骂,一言不合就拽下儒生帽子撒尿,但是,郦食其三言两语就让刘邦改变了态度,其中奥妙何在?并非他语言技巧多么高明,而是他适时地把握了刘邦的心理,并巧妙地暗示了一个道理:你对待他人的态度,暴露了你的格局。

格局决定结局,态度决定高度。干大事的人,一定要有大格局!以前刘邦不过是个泥腿子出身,眼界狭隘,固然不明白儒生的功用,但随着地位提高,他的眼界和见识自然有了很大提高,所以听完郦食其一席话,立刻明白过来了。

乾隆朝有个叫毕秋帆的才子,有一次偶然间逛到一处古庙,一个老和尚坐在佛堂上念经，等了许久，老和尚也没有招呼之意。他自认为英年得志，又中过状元，名满天下，老和尚竟然这样轻慢于他，心中颇为不悦。

老和尚念完一卷经之后，离座起身，合掌施礼，说道："老衲适才佛事未毕，有疏接待，望大人恕罪。"

毕秋帆上坐，老和尚侧坐相陪，毕秋帆问："老法师诵的何经？"

老和尚答："《法华经》。"

毕秋帆道："老法师一心向佛，摒除俗务，诵经不辍，这部《法华经》想来应该烂熟如泥，不知其中有多少'阿弥陀佛'？"

老和尚听了，知道毕秋帆是在故意让他难堪，不慌不忙，从容答道："老衲资质鲁钝，随诵随忘。大人文曲星下凡，屡考屡中，一部《四书》想来也应该烂熟如泥，不知其中有多少'子曰'？"

毕秋帆脸上一阵尴尬。

献茶之后，两人一同来到罗汉殿，殿中十八尊罗汉各种姿态，栩栩如生。毕秋帆指着一尊笑罗汉问老和尚："他笑什么呢？"

老和尚回答说："笑天下可笑之人。"

毕秋帆一愣，又问："天下哪些人可笑呢？"

老和尚说："恃才傲物的人，可笑；贪恋富贵的人，可笑；倚势凌人的人，可笑；钻营求宠的人，可笑；阿谀逢迎的人，可笑；不学无术的人，可笑；自作聪明的人，可笑……"

毕秋帆脸上似火烧一般，再也不敢久留，匆匆离去。

曾国藩说："谋大事者，首重格局。"一个人的成功是多方面原因，但其胸襟格局占很大因素，站得高，才能看得远。如果还死抱着对儒生的偏见,由着自己的喜好褒贬他人,那么刘邦顶多能混个草头王,永远也不会有君临天下、四海归一的那一天。从刘邦接见郦食其这件事就可以看出,他的格局随着地位的转变,也得到了提升,这也是他以后不断取得成功的根本原因所在。

入秦关,谋江山

在投靠了刘邦后,郦食其这才告诉他,自己还有个弟弟叫郦商,手下还有四千小弟,自己可以说服弟弟加入刘邦的队伍。作为回报,刘邦大手一挥,封了个裨将之职给郦商当。在郦氏兄弟的鼎力相助下,刘邦坐镇陈留,很快就收编了一万多小弟。

智取陈留是刘邦军取得的一个重大胜利,不但扩大了刘邦的实力,而且为他进一步的西征提供了充足的物资保障。

在经过短暂的休整后,刘邦将目标瞄准了洛阳。然而,刘邦到了洛阳城才发现,这是块硬骨头,怎么都啃不下来。

在碰到钉子后,刘邦果断改变战略,率军南下,击败了南阳郡守齮,将他逼到了宛县城内。

宛县兵力充足,后勤也有保障,如果继续攻城恐怕还会遭受损失。刘邦不想在此兴师动众大动干戈,只要宛县不挡自己的道,不拖自己的后腿,他大可以绕过宛县,继续西进。

正当刘邦率兵绕过宛县,打算直取武关之时,张良站了出来,极力反对。他对刘邦说,您就是再着急入关,也不能绕过宛县啊!秦军目前还十分强大,倘若现在不攻下宛县,一旦宛县部队从后面攻击,前面又有强大的秦军阻挡,那将面临腹背受敌的境地,到时候可就麻烦了!

刘邦一听,如梦初醒,对啊,万一这小子背后偷袭我,那我可不就被包了饺子吗?

刘邦赶紧令部队连夜抄小路返回,为了不惊动秦军,一路上人衔枚,马勒口。第二天清晨,当南阳郡的长官起床准备锻炼时,才发现宛县已被刘邦的部队重重围住。

一看这个情况,南阳郡的长官内心就崩溃了,他知道这一次在劫难逃,拔出剑就要自杀。

郡守有个门客叫陈恢,眼见他要自尽,赶紧拦住郡守说:"大人,死是迟早的事,您那么猴急干吗?这个事儿交给我吧,我去帮您解决。"

劝住了郡守,陈恢翻下城墙去见刘邦,说:"我听闻您跟楚怀王有过约定,谁先攻入关中灭秦,谁就是关中王。如今您围攻宛县,宛县只是南阳郡几十座县城之一,百姓多,积蓄多。大家都明白,投降只有死路一条,所以一定会死守城池的,如果您全力强攻,必将会有重大伤亡。如果您绕过宛县率军西进,宛县守军肯定要尾随追击,拖住您不放,这样一来,先进关中称王的那位,恐怕就不是您了。"

刘邦很郁闷,既然打也不行,不打也不行,那你说怎么办?

陈恢说,依我看,不如双方约降吧!给南阳郡长加官晋爵,仍让他驻守南阳郡,然后带着他的部队一道西进。这样,一路上的县城一定会争先恐后、敲锣打鼓欢迎您,挺进关中一路畅通。

刘邦一听,大喜,这个办法好!

不得不说,既不用耗费兵力,又可以扩张地盘,对于兵少将寡的刘邦来说，堪称最完美的方案。更关键的是，刘邦在此过程中展现出的宽宏大量也传到了秦国的其余守将耳中，消解了其余地方的敌对心理，有效地瓦解了秦帝国的政权及军队的凝聚力。

在争取到了南阳郡郡守及周边县城的投诚后，刘邦的部队再一次得到了扩充，也大大减少了他西入秦关的阻力。只是，西征之路关隘重重，刘邦还能这样得到高人的指点和帮助，一路开挂到咸阳吗？

很快，刘邦的大军出现在了关中的南大门——武关城外。

武关历史悠久，自古以来便是从河南进入关中的必经之路，远在春秋时即已建置，名曰"少习关"，战国时改为"武关"，与函谷关、萧关、大散关并称为"秦之四塞"。古人有云："武关一掌闭秦中，襄郧江淮路不通。少习虚声能慑晋，却怜拱手送商公。"战国时秦出武关而东取十五城，楚怀王即被执于武关；秦始皇东巡皆经武关，因此武关为古代兵家必争之地。

就在刘邦兵临武关之时，一位使者进入武关，行色匆匆往秦都咸阳而去。

使者是刘邦的密使，名叫宁昌，依照刘邦的指示，他要到咸阳面见秦丞相赵高，密谋反秦之事。

此时的秦帝国可谓是危若累卵、朝不保夕。远在赵国的章邯与王离军团在巨鹿之战中一败涂地，章邯被迫投降项羽，王离被俘，秦帝国的主力部队基本被消灭。朝堂之内，随着丞相李斯被腰斩，赵高一手遮天，弟弟赵成为郎中令，严密控制宫廷，无知的胡亥被他玩得团团转，他几乎已经掌握了朝堂上的最高权力。

为了说服赵高在朝堂做内应，刘邦给他开出了优厚的条件：赵高杀二世开武关共同灭秦，刘邦军入关以后，分割旧秦领土为两国，由赵高与刘邦分别称王统治。

对于刘邦的条件，赵高欣然接受，不过为了检验朝中大臣对自己的态度，赵高导演了一出"指鹿为马"的大戏，成功地打压了对自己心怀不满的一撮人。

紧接着，赵高开始实施预谋已久的刺杀计划：他先是忽悠胡亥移居望夷宫，然后安排自己的女婿阎乐率兵突入宫中，迫使二世自杀。

按照赵高的本意，他本想自佩玺印称王，却发现朝中大臣和侍卫并不认可自己，只得弃了当皇帝的念头，改立子婴为秦王。

请注意，子婴没有称帝，而只是被封为秦王。这是一个意味深长的信号，秦帝国放弃帝号，意味着被迫承认了六国故地脱离帝国的事实。

与此同时，赵高也派人与刘邦密谈，但刘邦已改变计划，他拒绝如约与赵高分王关中，而是强攻武关，顺利进驻关中。

远在咸阳的赵高还没从郁闷中缓过来，就被子婴夺了性命。眼见刘邦的下一个目标是峣关，子婴立即派出仅有的军队死守，企图阻挡刘邦前进。

这是子婴唯一的家底了，他几乎是抱着必死的决心，要与刘邦做最后的决战。刘邦也没有选择，他唯有聚集手头仅有的两万兵力，与峣关的秦军决一死战。

关键时刻，张良又一次站了出来，阻止刘邦硬碰硬的打法。他告诉刘邦，秦军还很强大，对付他们要学会智取，不能一味地硬碰硬。

那么，如何才能智取呢？

张良说，我有两条锦囊妙计，可助沛公拿下峣关。

他告诉刘邦，这个峣关秦将是个卖肉屠夫的儿子，商人一般都好利,可以用金银财宝去引诱他。

派谁去呢?众人的目光落到了郦爷郦食其身上。郦食其也不推辞,带着珠宝去游说。峣关守将见钱眼开,果然表示愿献关投降,还说要和刘邦联合进攻咸阳。

在成功麻痹了峣关守将后,张良又告诉刘邦,峣关乃秦之门户,不同其他地方,守将愿降,但其手下兵将未必服从,如果士卒不从,到时候引发兵变,后果将不堪设想。再说屠夫之子,见利忘义,降后再叛,隐患多多,所以要趁其松懈,一举攻克之。

刘邦依计而行,果断出兵,一击即中。

峣关秦将万没想到刘邦还会玩阴的,一路溃败,逃到了蓝田。刘邦紧追不舍,在蓝田和子婴的部队又进行了一场恶战,再一次击败了秦军。至此,刘邦入关途中该打的硬仗都打完了,他的部队离秦都咸阳仅咫尺之遥。

回头来看,刘邦之所以能一路通关,并不是因为他的军事才能有多突出,而是他知道自己的短处,善于听取别人的意见。收陈留,靠的是郦食其在城内策应;破宛县,靠的是陈恢的约降建议;攻峣关,靠的是张良的计策。刘邦深知,与这三位谋士比动脑子,自己绝对处于下风,但他同时也明白,领导者的工作不是要做最聪明的那个人,而是要把聪明、有创造力、有能力的人聚集在一起,为他们提供适当的工具,开发他们的潜能,然后让他们大展拳脚。

有人说创业很简单,只要自己够聪明,加上充足的资金,一定可以成功。不过不要忘了还有关键的一点——好搭档!一个好汉还三个帮呢,找到志同道合、互补互助的伙伴,搭建高效稳定的创业团队,才是成功的有力保障。

第六章　沛公西征

约法三章

公元前206年，咸阳。

这一年的冬天来得格外早，寒风瑟瑟，枯叶漫卷，天地一片苍茫。

秦王子婴，这位大秦帝国的第三代掌门人，在洞悉了赵高的阴谋后，故意在登基大典之日佯装重病，赵高多次催促无果，只得亲自前往寝宫，早有准备的子婴趁机手起刀落，当场刺死了权倾一时的赵高。

紧接着，子婴迅速诛杀赵高党羽，夷灭赵高三族，秦王朝的权杖再次回到了秦朝君主手中。

只可惜，此时的秦王朝早已失去了对天下的掌控能力，只能眼看着起义的烽火蔓延到咸阳。

历史留给子婴的时间实在太短了，在他继位仅四十六天后，刘邦的军队在蓝田击败最后一支秦军，将军队驻扎在了霸上。

事已至此，回天乏力。子婴只得乘着白马素车，颈戴锁链，捧着印玺和符节，在轵道亭（今西安市东北）旁向刘邦投降。

中国历史上第一个大统一的封建帝国就此落下了帷幕。

在这一天，刘邦创造了历史。那个曾经高喊着"赳赳老秦，共赴国难；血不流干，誓不休战"让四夷臣服的大秦王朝，就此寿终正寝。

从刘邦率军西进到灭秦，共计用了短短六个月时间。谁也不敢相信，秦朝，这个名震寰宇的伟大帝国，会以如此仓促之势谢幕。

一个时代结束了，一个更加混乱的时代即将开启。

但是，先别高兴得太早，刘邦抢先入关成功，仅是万里长征迈出了第一步。入关以后应该怎么做？这才是考验刘邦政治智慧、政治水平和政治气度的关键时期。

进入咸阳后，刘邦的手下只做了一件事：抢劫。

这帮泥腿子在看到气势恢宏、繁华富庶的咸阳城后，一个个如同打了鸡血一般，争相跑到达官贵人的家中抢分钱财。参加起义为的啥？不就是为了打入咸阳城，贫民翻身做主人嘛！

刚刚投降的咸阳城，就陷入了这样一片闹哄哄的混乱里。

萧何进入咸阳后，一不贪恋金银财物，二不迷恋美女，却急如星火地直奔御史府和丞相府，把里面的图书档案资料细心整理保存下来。

这一举动看似不经意，对于刘邦集团而言却是意义深远。要知道，这些国家的档案资料，比珍宝不知要珍贵多少倍，掌握它如同掌握了最重要的情报，天下的关塞、户口、兵力等情况都了然于胸，在此后的楚汉之争，乃至于后来汉朝初定时发挥了极其重要的作用。

从这一事件中，我们可以看出萧何的与众不同之处。人与人之间最大的差距是什么？不是背景，也不是能力，而是见识和格局。一个有见识的人，能够在纷繁复杂中，不受他人观念的干扰，洞悉事情的发展趋势，看到事情背后的发展机遇。而一个人的格局，可以帮助舍弃眼前的利益，谋取长远的规划，成为最终的赢家。

当周围的人沉醉于咸阳城的繁华富庶，挨家挨户搜刮钱财时，萧何却保持了难得的清醒，迅速找到了秦帝国的第一手资料，为刘邦集团在后来的楚汉争霸中抢占了先机。

紧接着，一个棘手的难题摆在了刘邦面前：如何处置秦王子婴？

刘邦的手下义愤填膺，强烈要求处死子婴。面对众人的复仇情绪，刘邦却保持着头脑一片清明，他劝阻大家说，当初楚怀王派我西入秦关，看中的就是我是长者，待人宽容。再说子婴已经投降，秦朝已灭，现在杀了他没有任何意义，倒不如留他一条性命吧！

刘邦力排众议，将子婴关入大牢拘押，留待以后审理。

为什么刘邦坚持放过子婴？

大秦王朝立国十五年，法家思想使得秦国迅速崛起，却也造成了秦王朝上下一直处于高度紧绷的状态。秦王朝修长城、建阿房宫和始皇陵，南征百越，不断压榨和折腾百姓，激化了社会矛盾，加重了社会对立。

天下苦秦久矣，每个人心里都有一笔血债，需要宣泄的突破口。毫无疑问，作为大秦王朝的代言人，子婴不得不承受来自民间百姓的怒火，他需要承担起本不该由他承担的罪孽。刘邦只要将他抛出去，既可以迎合民众的复仇心理，又可以借此机会收拢人心，是一笔几乎没有任何政治成本，便可以赢得巨大收益的划算买卖。

但是，接下来呢，怎么办？

毫无疑问，如果杀掉子婴，此事必将在秦人心中埋下新的仇恨种子，不但没法弥合秦楚族群，反而会进一步撕裂社会，违背天下归一的初心，将秦人推到对立面。

诛一子婴易，令秦人服膺难！

战胜强敌最有力的武器不是从肉体消灭，而是宽容。

宽容是自信的体现，唯有一颗容纳一切的仁心，才能成为真正的王者！

望着气势恢宏的咸阳城，刘邦心中感慨万千。上一次他到咸阳城，是以被征服者的姿态；这一次，他是以征服者的姿态俯视咸阳，心境自然大不一样。趁着手下将士们四处搜刮财宝之际，刘邦终于有机会参观一下富丽堂皇的咸阳宫殿。他看着华丽的宫室、精致的摆设、成堆的金银珠宝、猎狗骏马、珍奇玩物，还有后宫的各类美女，不觉眼花缭乱，飘飘然起来。

我哪都不去了，就留在这里享受荣华富贵。幸运的是，刘邦的部下还是有头脑冷静的，比如大将樊哙，他脾气很直，进皇宫来找刘邦，见刘邦正躺在床上喝酒，当场把刘邦拽起来就往外走："当年秦朝就是因为这些东西而灭亡的，主公怎能沉溺于这些东西，赶快跟我回军营吧。"

被樊哙打断，刘邦心里老大不高兴，开始找借口推脱，死活就是不肯出来。

樊哙没办法了，只得找到刘邦一向敬重的张良，希望他能劝劝刘邦。

每个人的内心都有贪欲，有的人善于抑制，有的人意志薄弱，面对欲望放纵如疆场跑马。此时此刻，刘邦的心智已被贪欲所蒙蔽。

张良一听，立即赶往宫中，接着樊哙的意思，对刘邦说："沛公，你还记得自己是如何进入咸阳的吗？是因为秦王无道，你才有机会站在这里。秦朝之所以灭亡，正是因为这奢靡的享受，你若贪图享乐，只会自取其咎，成为昨日之秦。良药苦口利于病，忠言逆耳利于行，樊将军虽然说话很粗，但讲得有道理啊！"

就这一句话，刘邦立刻醒悟过来，起榻整衣佩剑，携子房之手，大步离开秦宫，下令封存秦朝府库，严禁部下打砸抢烧，并把军队撤

第六章　沛公西征

出咸阳，拉回到霸上整顿。

他要继续征服天下的梦想。

为什么张良的一番话，就能让泥腿子刘邦冷静下来，放弃眼前唾手可得的荣华富贵，封存府库，将咸阳城拱手让出来？

我们都知道，刘邦绝不是一个高尚的人，和普通人一样，他也贪恋富贵，看到美女会心动，但他最后还是从谏如流地克制了自己内心的狂躁和冲动，在胜利面前保持清醒的头脑，冷静地决定了自己进京的姿态。

1864年6月，随着湘军攻克南京，困扰了清廷长达十四年之久的太平天国终于寿终正寝。出乎意料的是，作为这场大战的指挥者，曾国藩并没有我们想象中的得意忘形。相反的是，他一个人坐在桌案前，静静地闭目沉思，如同老僧入定一般。

此时的他，正面临着一生中最大的抉择。

十余年的南征北战，曾国藩培养了一支由同学、同乡、门生故旧组成的湘军，拥兵三十万，占据了半壁江山。为了打压湘军的气焰，清廷对曾国藩、曾国荃兄弟百般刁难，暗中没少使绊子。即便是在攻克天京后，清廷的第一道旨意并不是褒奖，而是严厉地责问：太平天国的圣库是不是被你私吞了？

面对清廷的责难，曾国藩的部属彭玉麟、赵烈文，以及研究"帝王之术"的大学者王闿运等人纷纷劝进，有的说，"用霹雳手段，显菩萨心肠"；有的说，"王侯无种，帝王有真"；还有的直截了当地说："东南半壁无主，我公岂有意乎？"

这个时候，只要曾国藩一点头，立马就能上演黄袍加身的故事了！

然而，面对亲弟弟以及众多幕僚将领的劝进，曾国藩无动于衷，只给他们留下了这样的一副对联：

倚天照海花无数，流水高山心自知。

纵然人生中随处可见名利的诱惑，但我心中向往的依旧是高山流水、春暖花开。

在一次彻底的胜利前，绝大多数人缺了什么？在一次次穿越历史的过程中，我见过林林总总的胜利，也见过林林总总的失败，面对胜利，一个人的心智很容易被欢呼声、喝彩声蒙蔽，自以为已经登上了人生的巅峰，开始变得骄傲自满、不思进取，在自我陶醉中不知不觉走向覆亡。

面对突如其来的胜利，很少有人能保持清醒的头脑，低下高傲的头颅正确认识自己的处境。

曾国藩对自己的处境极为清醒，他深知，随着太平天国的覆灭，自己也迎来了人生的权力巅峰，但湘军功盖天下，早已引起清廷的猜忌。尽管湘军表面上势可倾国，但内中已暗藏分裂，淮军的坐大和制衡，以及八旗骑兵和各路绿营兵、团练武装的监视，都令曾国藩深感忧虑。针对湘军的崛起，清廷早就布好了局，既然如此，何不选择退一步海阔天空？

民心，还是民心！

同样地，经过张良的一番点拨，刘邦也迅速从温柔乡中清醒过来。他这才意识到自己眼下的处境是多么糟糕！

有人或许要问了，按照楚怀王熊心谁先入关中谁就是关中王的约定，刘邦此时不就已经是关中王了吗？坐拥咸阳城，又有天险函谷关作为东大门，怎么能说是处境糟糕呢？

问题在于，这些都是表象。秦帝国虽然灭亡了，但诸侯的军队还在赵国境内虎视眈眈，尤其是项羽军团，在背水一战打败了秦军主力——章邯、王离军团后，威震天下，此时正带着楚国军队马不停蹄地直奔咸阳而来。

此外，函谷关虽然号称天险，但并不是就此可以高枕无忧。古人做事讲究天时地利人和，函谷关虽然占尽了地利，但如果缺了另外两个因素，照样有可能会被攻破。战国时，齐国的将领匡章就曾率领齐、韩、魏等联军大破巅峰时期的秦国，攻入函谷关，迫使秦国割地求和。

当然，以上这些还不是最主要的，刘邦最担心的，还是关中百姓的民心！

没错，正是民心。民心才是最大的政治，这是古往今来"治国理政"的一切历史经验与社会变革的历史教训。"清华简"中有一篇《厚父》，其中有这么一句话："民心惟本，厥作惟叶。"

什么意思呢？就是说民心是政治的根本，民心的向背决定着政权的兴替，而百姓说什么话、做什么事、有什么倾向，都是从心里生发的，民心决定着人民的趋向和发展。

秦人崛起于关中，自秦襄公护送周平王东迁洛邑，被封为诸侯后，经过六百年的奋斗史，秦国才赢得九州一统。可以说，关中百姓对于秦帝国的高度认同已经融进了他们的血脉里。如何才能在诸侯联军入关中前，迅速俘获关中百姓的民心，获得他们的认可？这才是刘邦最为关心的问题。

如果用现在的视角来看，刘邦所面临的问题其实就是，如何迅速提高自己的美誉度。

对于一家企业而言，唯有拥有较高的美誉度，才能真正赢得消费者的认可与信任，才会占有更广大的市场，企业也才能够长久不衰。品牌的美誉度是品牌获得社会公众支持和赞许的程度，它是无价的，同时也是企业最宝贵、最可靠、最稳定的市场资源。

做企业要传播品牌，创业也是如此，要传播名声，先有美誉度，后有知名度。对于刘邦这个创业团队而言，他必须在诸侯联军进入关中之前，运用各种手段与策略，赢得关中百姓的民心，打牢群众基础，保证在之后更复杂的斗争中立于不败之地。

很快，张良就给刘邦拟了一份策划方案，具体来说分两步走。

第一步：召集父老，约法三章。

这一天，刘邦召集诸县父老和豪杰集会，慨然陈词道："父老们苦于秦的严刑峻法已经够久了，诽谤者灭族，偶语也弃市，简直暗无天日。诸侯相约，谁先入秦关谁为秦王，如今我已入关，当为关中王。在此与众父老'约法三章'：杀人者处死，伤人者及抢劫者抵罪。除此以外的秦朝严刑峻法，一律革除。我来是为父老除害，救大家于水火之中的，所以不必惊慌。我将马上还军霸上，等待各路诸侯到来，共商大计。"

有人也许会说，这三条约定也太简单随意了吧？作为社会治理最重要的保障，法律不应该是越完善越好吗？

其实不然。彼时秦朝刚刚覆亡，正逢乱世，在这种情况下，若以快刀斩乱麻的方式化繁为简，为民众树立几条简单易懂的社会规则，反而更能有效宣传开来，进而达到稳定民心的作用。

这三条约定，简单明了，百姓们好理解，官员好执行，给刘邦增加了不少印象分。关中百姓逐渐改变了对刘邦的看法，纷纷依附于他。

第二步：广泛宣传，安定民心。

刘邦趁热打铁，安排宣传骨干和秦朝旧吏走街串巷，广泛宣讲楚军的政策，让百姓不要惊慌，该干吗继续干吗。这一招果然见效，百姓纷纷杀牛宰羊，争相带着酒肉来慰问部队。

面对关中百姓的热情，刘邦再一次展现出大义凛然的形象，他誓将光荣而伟大的作秀进行到底。他以无限的谦虚和谢意对民众说，感谢大家的好意，我刘邦心领了，我们的军粮已经足够了，你们积攒下这些东西也不容易，这些酒肉和粮食我们不能要，还是都拿回去吧。

民众那叫一个感动，众人报以雷鸣般的掌声。就这样，刘邦在民间的人气急剧上升，成为百姓心中关中王的不二人选。

下属的意见，领导必须斟酌采纳

面对源源不断的赞许，刘邦逐渐产生了些许自我陶醉的情绪，飘飘然起来。也就是在这个时候，刘邦轻信他人的建议，犯了一个极大的错误，而这个错误，足以置刘邦于死地！

事情还要从一个儒生说起。

这一天，一个叫鲰生的儒生找到刘邦，对他说："关中是块宝地，富甲天下，地形易守难攻。而章邯投降项羽后，受项羽之封为雍王，治理关中，如若让他们入关，那么关中就不是您的了。以我之见，沛公现在不如迅速派兵把守函谷关，不让诸侯联军进入，征调关中的士卒来增强自己的实力，这样才能挡住诸侯联军西进的脚步啊。"

面对这条建议，刘邦的内心也产生了动摇。就在前不久，他也听闻了项羽封章邯为雍王的消息，负责管辖咸阳以西地区，这就意味着项羽要把关中三分之一的土地封给章邯。这还了得？

刘邦越想越生气，按照之前诸侯联军跟怀王的约定，先入关中者为王，自己历经千辛万苦，一路过关斩将，好不容易进入咸阳，自己不就是关中王了吗？拼死累活走到今天，怎么能眼睁睁地看着煮熟的鸭子又飞呢？

不行，绝对不可以！

想到这里，刘邦来不及跟身边的谋士们商量，立即下令封锁函谷关，从关中征调大批兵员补充到军中。

刘邦一向以善于纳谏、从善如流著称，一方面是他的性格宽厚，能容人，另一方面也是由于他知道自己的军事和政治才能并不突出，不得不依靠身边的这些智囊们给自己出谋划策，随时纠正自己的错误。

问题在于，不是所有意见都是合理且有效的。在这里，刘邦过于相信他人的意见，没有经过自己的分析就做出了决断，犯了一个极其低级又十分致命的错误。

为什么刘邦会犯这样的低级错误？

很明显，在俘获了关中大批百姓的民心后，刘邦陷入了自我膨胀中，对当时的形势判断出现了重大失误。

这个失误在哪儿？刘邦对自己的实力过于乐观，他以为凭借着民众对自己的崇拜和敬仰，只要把函谷关的大门一闭，在各处关隘上布满重兵，就一定可以关起门来做自己的"关中王"。殊不知，这样做反而会激怒项羽及诸侯联军，将自己置于危险的境地。

项羽统帅的是诸侯联军，总兵力号称有四十万；而刘邦在进入关中后，加上征调的关中兵力，总兵力不会超过十万。双方实力如此悬殊，如果真要打起来，刘邦必输无疑！

作为刘邦的下属，鲰生完全可以从自己的主观视角出发，提出各类问题和建议，而不用承担什么责任，即便错了也没啥损失，大不了换一份工作重新来过。作为领导的刘邦则不一样，他搭上的有可能是自己乃至整个集团的前途，所以他必须对下属提出的意见进行有效甄别，在经过综合分析与评定后才能决定是否采纳并付诸实施。

在我们身边，经常有这样的现象，明摆着一个吃亏上当捅娄子的事情，偏偏它就发生了，很多人拍着大腿说，这么差劲的方案，难为他们是怎么想出来的，难道这些人就没有脑子吗？

其实人家有脑子，都是聪明人，只不过在决策的时候，打上了自己的小算盘，盘算着个人得到好处占便宜，一旦动了这样的小算盘，自然就产生了馊主意。所以馊主意都是小算盘的副产品，先有小算盘，后有馊主意。如果领导过于轻信他人的意见，而不经过自己审慎思考，很容易铸成大错！

为了说明这一点，我们来一次时空穿越，回到汉末三国乱局的开端。

汉灵帝死后，戚宦之争愈演愈烈，宦官祸乱朝纲，贿赂公行。何进独揽朝廷大权，与袁绍等世家大族联系紧密，意欲除尽宦官，独掌朝纲。

按理说，何进是辅政的大将军，手上又有军队，诛杀十常侍并不难。问题在于，何家并不是铁板一块，何进与何太后虽为兄妹，却是各怀鬼胎。何太后不满何进擅权，反过来与张让的宦官势力暗中勾结，以扼制其兄野心。再者，何进的军队很多都倾向于宦官，他自己难以完全掌控，一旦操作不当，引起宦官势力的疯狂反扑，势必难以抵挡。

何进既想杀尽宦官，又不想得罪何太后，这是一个两难的局面。

如何破局？

关键时刻，袁绍给他出了个主意，"多召四方猛将及诸豪杰，使并引兵向京城，以胁太后"，也就是借刀杀人。

袁绍为什么会邀请西羌军阀董卓进京？很简单，袁氏家族与董卓关系密切，董卓的仕途是受到过袁家提携的，所以袁绍觉得董卓是他可以掌控的军事力量。

在卢植、陈琳、曹操等明眼人眼里，这显然是个馊主意，何进的主簿陈琳劝阻道："您是大将军，国家的总瓢把子，一声令下就完全可以做到剪除阉宦，何必再找别人呢？这么多兵将聚集一处，万一引起兵变就不好说了。"

何进性格优柔寡断，基本上遇到重要的决策时，都是在被袁绍推着走。他看中了董卓手下军队的实力,却忽略了董卓这些军队的由来——飞扬跋扈的董卓,不正是因为早就不听朝廷的号令,才能有这么多的私兵吗?

最后的结果大家都知道了,宦官们狗急跳墙,杀了何进,皇宫一片混乱,董卓护送少帝回京,靠自己的运气和智慧,瞬间跃入了龙门,挟天子以令天下。

何进因为轻信袁绍的建议,给自己招来了杀身之祸。而此时的刘邦为了称王,轻信下属的意见,执意做出了种种对抗举动,正在入关的项羽又会如何应对呢?

第七章　鸿门之宴

论"危机公关"的重要性

汉元年十一月。

已是初冬时节,天地一片萧索,一支军队行进在官道上。为首一人,手执长戟,英俊的脸上布满傲气,他就是刚刚击败章邯和王离的项羽。

巨鹿之战大败秦军之后,项羽的声望迅速提升,诸侯联军对项羽可谓是五体投地,对他唯命是从,称他为"上将军",并奉为盟主。项羽的虚荣心得到了极大的满足,此时的他,可谓是威风八面,傲视群雄,普天之下,再也没有人是他项羽的对手。

当项羽统帅四十万大军马不停蹄地赶到函谷关时,迎接他的不是欢呼和掌声,而是冰冷紧闭的城门和城头高高飘扬的"刘"字大旗。

冷冽的寒风如刀一般割在脸上,项羽怒了!他下令英布等人火速拿下函谷关!

英布是项梁手下最勇敢的将军。在屡次征战中，英布的部队常常是楚军的先锋，战功显赫。巨鹿之战，英布接受项羽的指令，率先渡过漳河，发起攻击，立下了第一功。此次攻打函谷关，任务自然又落在了英布的肩上。

面对刘邦派兵把守函谷关和各隘口的严峻形势，英布果断命部下抄小路进军，从侧面击败守军。不过半日工夫，项羽就拿下了函谷关，直逼咸阳!

当项羽攻破函谷关的消息传来时，刘邦大惊失色，军队也是一片哗然。毕竟，项羽的神勇无敌大家早有耳闻，又统帅着诸侯联军，实力远远强于刘邦。与这样的对手正面对决，那不是找死吗?

几乎所有人都认为，刘邦这次死定了，每天都有人离开队伍，投奔项羽。

这一天，项羽的队伍中来了一个吏卒，自称是刘邦身边的左司马曹无伤，有机密之事要单独面见项羽。

"臣左司马曹无伤，密告上将军，刘邦雄心勃勃，今得关中，必不肯让上将军，而欲使降王婴为关中相，刘邦自为关中王，尽享荣华一世。"

项羽之前就对此有所耳闻，这次有了刘邦身边人的亲口证实，顿时气炸了肺：无赖刘三，何敢欺吾! 你有何功德，敢居关中自为王?

项羽身边的谋士范增眼见时机成熟，又添了一把火，他告诉项羽："刘邦这个人过去贪财好色，但入关后财物不贪，美色不近，说明他野心勃勃志向高远啊! 我找人看了刘邦头上的气，说是好得出奇，形若龙虎，艳如五彩，乃是天子之气! 项王得赶紧把他降住，千万别错失良机!"

范增的添油加醋,进一步坚定了项羽除掉刘邦的决心,他立即召来麾下众将士,正式下令:后勤部门备宴,犒赏麾下诸侯军,就地休整,第二天替我灭了刘邦那老小子!

一场大战迫在眉睫,而刘邦此时对这一切还完全不知情。他无论如何都想不到,一场灭顶之灾正在朝自己逼近!

曾几何时,刘邦和项羽是反秦起义中的盟友,一起参加过许多战斗。可是秦帝国覆灭后,随着形势的逐渐变化,两人的关系也在悄然发生改变。这两位昔日的战友,如今终于不可避免地要站在各自的对立面了。

而此时,一个人的出现,挽救了刘邦集团的命运。

此人正是项羽的叔叔项伯,时任项羽集团的左尹,也就是左丞相。项伯与张良有过交情,他是知恩图报之人,在听闻项羽的决定之后,连夜赶去刘邦大营找张良,一心只想要救张良于水火之中。

是的,他没打算救刘邦,只想救张良。

项伯紧赶慢赶,来到张良帐中,将项羽第二天一早就要动手的机密和盘托出,然后让张良赶快跟自己走,免得到时候跟刘邦一块儿葬身战场!

那么张良听完后,有何反应呢?

张良心中犹如翻江倒海,但表面上还强装镇定,他先稳住项伯,对他说:"我受韩王的委托护送沛公入关,如今沛公有难,我怎能在此时离去?你先稍等一下,待我将此事汇报刘邦,再做定夺!"

张良不肯抛下刘邦独自离去,他在第一时间就将这个重磅消息告诉了刘邦。刘邦一听,大惊失色,这无异于一场八级地震!

第七章 鸿门之宴

冷静，一定要冷静！

面对这场前所未有的巨大危机，刘邦集团又该如何应对？

关键时刻，刘邦强迫自己冷静下来，决定直面一场公关危机。所谓的公关危机，是指对企业或者品牌生存、发展构成威胁，使得品牌形象遭受损失的某些突发事件，它具有意外性、聚焦性、破坏性和紧迫性。

企业在经营的过程中，难免遇到各种危机，就像一个人生活中免不了犯错一样。大部分的错误并不至于毁灭一个品牌，只要处理得当，就能最大化地降低损失，保护企业品牌形象。

对于此刻的刘邦而言，他面临的，正是堪称职业生涯最凶险的危机！

只要踏错一步，就要面临血光之灾。

如何做好危机公关？一般而言，会有三条原则。

一，快速响应。

第一时间响应，控制事态发展方向。危机的爆发往往是突然的，有可能在你打个盹儿的时间，它就已经悄然发生了。如果企业这时候不及时发声，让大众了解其中原委，极大可能会遭受到大众的各种猜想，被公众质疑不够诚意，三人成虎，一发不可收拾，再想洗白难度可想而知。

刘邦不愧是危机公关的高手，在经过短暂的惊慌后，很快就镇定下来，当天晚上立即做出了反应。他召集张良、萧何等一众幕僚商量此事，并制定了一系列应对措施，也就是下面要讲的这一点。

二，真诚沟通。

危机管理的核心是真诚沟通。作为一家企业千万不要存有侥幸心理，试图蒙混过关，而应主动与媒体联系，尽快与公众沟通，把自己所做、所想真诚地告知公众，消除人们的疑虑和不安。不管是认错还是解释真相，态度诚恳是加分项，切忌因占理而傲慢。

刘邦没有媒体，也不需要向公众解释，他唯一要沟通的对象就是项羽。问题在于，双方相隔四十里地，一来一去显然来不及。好在项伯此时就在军中，他可以作为中间人，将刘邦的真实想法转告项羽，将其暂时安抚住。

在这场接待中，刘邦充分展现了他高情商和高智商的优点，成功将项伯拉入了自己这方，且看刘邦的表演。

他先是向张良打探项伯的基本信息："君与项伯，谁的年纪大？"

张良愣了一下，回答道："项伯比我年长。"

刘邦立即表态："既然是你的兄长，那也便是我的兄长了，希望你请他过来，我想跟他见一面。"

刘邦第一次见到项伯就跟他套近乎，甚至信誓旦旦地承诺要与对方结为儿女亲家。

这好运来得有点太突然，趁着项伯脑袋晕乎的当儿，刘邦开始一本正经地忽悠他："我入关之后，一样东西都不敢动。登记官吏、百姓户口，封存仓库，只等待项王入关。我派人封闭函谷关其实是为了防贼，同时随时应对一些突发事件。我和手下的人，都日夜盼望着上将军赶快到来，又怎会有叛逆之心呢？希望您代为向项王解释解释，也不枉我一片赤诚之心。"

这些话，刘邦说得情真意切。

不取关中财宝本来是为了争揽民心；登记户口、封存仓库不过是为了维护社会秩序；派兵驻守函谷关本来是拒诸侯于关外，自己在关中称王，而这一切都被刘邦说成是为迎接项羽入关而做的准备，自己只是暂时为其守卫而已，绝对没有背叛项羽的意思。

这番话，项伯听着很受用，临走时还特地嘱咐亲家公刘邦，明天一早千万别忘了亲自到鸿门向项王解释一下哟！

刘邦暗爽，大功告成，口中连连答应。

我们在翻阅楚汉这段历史时，认为刘邦的情商是最高的，从哪儿可以看出来呢？其实很简单，从这一段对话中就可以看得出来刘邦情商之高。所谓情商高，就是会说话。

我们常说，那些会说话的人，一开口就赢了，事实还真是如此。

古往今来，但凡不通说话之道者，都难成大事，而能成事者，一定在语言方面具有其独特的能力。一句恰到好处的话，甚至可以改变一个人的命运。

子禽有一次问墨子："多说话有好处吗？"

墨子答道："苍蝇、青蛙白天黑夜叫个不停，叫得口干舌疲，然而没有人去听它们的。但你看那雄鸡，在黎明按时啼叫，天下震动，人们早早起身。多说话有什么好处呢？重要的是话要说得切合时机。"

三，承担责任。

危机袭来，承认错误采取补救措施胜于诡辩。最常见的方法为：安抚利益受损方，承担责任，公开致歉。

刘邦虽然利用项伯暂时缓解了火烧眉毛的危机，但是危机并没有解除，第二天他不得不亲自到项羽的军营赔礼道歉，说明事由。面对盛气凌人的项羽，他又该如何巧妙化解危机，让项羽消气呢？

化被动为主动

当项伯连夜赶回军营时,项羽还没有就寝,还在大帐内商讨明早进攻刘邦之事。项伯连忙将项羽拉到一处,告诉他夜访刘邦军营之事,转达了刘邦深切的歉意,最后还信誓旦旦地表示:"先别急着发兵,等着吧,明早太阳升起之时,刘邦一定会亲自前来赔礼道歉,说明缘由的。"

项羽原本已经定下了明日一早出兵收拾刘邦的计划,但在项伯的劝说下,项羽开始动摇了。

堂堂一军统帅,别人劝打就打,劝和就和,一点主见都没有,这是项羽性格的一大缺陷。不得不说,项羽是一个很容易被情绪左右的人,他的身上既有冷血残暴的一面,又有热情柔软的一面。当他感觉到对方的友善时,就会殷勤备至、体贴有加;当他感觉到自己被冒犯时,则是很激烈的报复。而项伯的一番解释极大地满足了项羽的虚荣心,既然刘邦答应次日一早就来赔礼道歉,何不坐等他来?

第二日一早,刘邦带着一百多名骑兵赶到鸿门拜见项羽。事实上,早在见面之前,刘邦就和手下的一众谋士商量好了多种可能的预案,并对每种预案进行了初步推演。在张良的指点下,刘邦已经成竹在胸,他知道如何在这场危机公关中占得先机,消解对方的敌意。

作为集团老大,刘邦不得不去,他看得清"人为刀俎,我为鱼肉"的险恶环境,却勇敢向前,这是领导者面对硬项目时候的必备态度。

管理者的成功之道是什么?一是永不动摇的勇气,二是如履薄冰

第七章 鸿门之宴

的谨慎。要成功，就得在众人面前保持永不动摇的勇气和胜券在握的气概，无论是在一帆风顺还是波涛汹涌时，都必须镇定自若，充满必胜的信心和决心，迎难而上。

一见面，刘邦先行了一番大礼，然后恭恭敬敬地说："我与将军您曾经一起全力攻秦，将军在黄河之北作战，我在黄河之南作战。我也没有想到，自己有幸先入关灭了秦，又在此地和将军重逢，可惜现在有小人挑拨离间，使将军与我之间产生了隔阂，您可不能偏听偏信啊！"

刘邦的这番话堪称完美无缺、滴水不漏，他先是回顾了两人一起并肩战斗的情谊，然后将双方的矛盾归结于有小人挑拨离间，态度卑微诚恳，让项羽一时也挑不出毛病来。

面对刘邦的这番真情告白，项羽果然被打动了，他轻易地就将刘邦身边的卧底给供了出来："那些话都是你的左司马曹无伤说的，要不然，我怎么可能这样对待你？"

多年以前读到这一段时，我只觉得项羽这人没脑子，不厚道，随随便便就把给自己通风报信的曹无伤给卖了，因为刘邦逃回去后，第一件事就是弄死曹无伤。

可现在再看鸿门宴，当项羽说出这句话时，他和刘邦之间的格局已然改变，就这么一番话，刘邦巧妙地化被动为主动，原本占足上风的项羽，已经落了下风。

按理说，项羽的实力远远强于刘邦，以他现在的地位，完全可以付之一笑，不需要任何解释。可项羽不仅当真了，还认真解释了，不由自主地想要扮演刘邦替他塑造的那个光明磊落只是偶尔失察的角色，刘邦将他的境界抬上去了，他没法也舍不得下来，只好供出曹无伤。

刘邦的一番真情告白虽然暂时骗过了项羽，却骗不过项羽身边唯一的谋士——范增。他早就看出刘邦此人能量巨大，身边能人多，很有一套笼络人心的法子，如果今天让他就这么酒足饭饱后大摇大摆离开，再想找机会除掉他，可就难了！

席间，当刘邦向项羽频频敬酒时，范增朝项羽使劲使眼色，示意他找机会除掉刘邦，可项羽对范增的暗示视而不见。范增又拿出自己佩戴的玉玦，不断地举起，再次向项羽示意，暗示项羽快下决心，可项羽依旧无动于衷。在项羽眼中，刘邦亲自前来道歉，已经给足了自己面子，如果现在突然将刘邦等人拿下，势必会引发剧烈的反应，诸侯之间议论纷纷，自己身为天下诸侯的盟主，其信誉必然会受损！

这是项羽绝对无法接受的。

范增知道今天这事儿靠项羽是做不成了，于是悄然起身，走出大帐，召见项庄说："将军心太软，不愿意杀刘邦。要不你去敬个酒，敬完后表演舞剑，然后伺机将刘邦解决了，今天不灭了他，回头我们就得被他灭了！"

项庄领命，进入大帐敬酒。敬完酒后，他对项羽说，军营生活单调枯燥，也没有丝竹歌舞可以助兴，不如让我为大家舞剑，给大家助助兴吧！

项羽欣然同意。

项庄拔剑起舞，剑如白蛇吐信，嘶嘶破风，又如游龙穿梭，行走四身，时而轻盈如燕，点剑而起，时而骤如闪电，落叶纷崩，真是一道银光帐中起。

众人看得目眩神迷，可刘邦的内心却如同过山车一般跌宕起伏，不为别的，只为这柄剑招招都是朝自己而来！

刀光剑影意在沛公，就在刘邦处处被动的当儿，一旁的亲家项伯坐不住了，他赶紧起身，拔出佩剑，对众人说道："一人舞剑，岂不乏味？我也来助助兴。"

项伯举起了手中之剑，项庄心中惊诧不已，他和项伯是叔侄关系，他跳出来做什么？如果自己失手伤了他，自己这罪过可就大了，所以他手下暗暗留情。

两剑相接，"铿"的一声，双方身形立刻分开。每当项庄想刺向刘邦时，项伯就用身体掩护刘邦。项庄伤不到刘邦，也不能刺伤叔父。大帐内，剑影飞腾，人影飘摇。

面对此情此景，张良坐不住了，他悄悄起身，出去对樊哙嘱咐了几句。

片刻之后，一个身材魁梧的大汉闯进帐中，朝着主座上的项羽怒目而视。

作为主人的项羽感觉面子上有些挂不住，警惕地按住剑柄问道："来者何人？"

此时面朝西坐的张良一拱手："回项王，这是沛公的参乘樊哙。"

项羽一抬手："赐这位壮士一斗酒。"

樊哙也不推辞，接过酒杯，咕咚咕咚一饮而尽，一滴不剩。

来者豪爽，正应了项羽的脾性，他示意卫兵："再给这位壮士一个肘子！"

肘子端了上来，却是生的，需要切开才能吃。樊哙毕竟是杀狗的屠户出身，什么好勇斗狠的场面没见过？他也不在意，将盾牌往地下一扔，把猪肘子往肩上一扛，拿起刀切成小片放嘴里吃了。

项羽看见这副什么都不在乎的好汉架势，复又问道："壮士，还能喝一杯吗？"

樊哙用袖子一抹嘴："臣死都不怕，怎么会喝不了一斗酒？"接过一坛酒，咕嘟咕嘟一饮而尽。

项羽有意考验一下樊哙，出了几个难题，皆被他化解，只好给自己找了个台阶："给壮士赐座吧！"

樊哙就这样大摇大摆地坐到了刘邦身旁，开始给项羽上思想课："秦王残暴不仁，这才让天下人背叛了他。之前楚怀王和诸侯约定，先进咸阳者封为关中王，现在沛公虽然先进了咸阳，可一点都没敢动这里的东西，就等着留给项王您接盘了，像沛公这样劳苦功高的人，项王非但不奖赏，居然听信小人之言，对沛公动了杀心，您这是卸磨杀驴啊！"

被樊哙这么一顿怼，脸皮薄的项羽面子上有些挂不住了，只得尴尬一笑："沛公好意，不能辜负，我心中自有定论。"一摆手，拦住了正要起身说话的范增："亚父，无须多言。"

眼看着饭吃得差不多了，刘邦看到范增眼中的杀意越来越重，知道必须得开溜了，要是再待下去，范增一准儿会找人收拾自己！

刘邦朝樊哙使了个眼色，对项羽说道："报告，我内急，想去方便一下。"

项羽："去吧！"

刘邦起身出了营帐，樊哙随后也退了出去。

就这么走了，刘邦心中还是有些忐忑，要不要跟项羽告个别？

樊哙心里那叫一个郁闷，他拉住刘邦说道："干大事不必拘小节，讲大礼无须辞小让。现在人家是刀和案板，我们是板上的鱼肉，还告辞什么呢？赶紧脚底抹油——开溜吧！"

等了半天的项羽最终没等来刘邦，倒是张良带着一对白璧和玉斗回来了。张良一拱手："将军果然好酒量，沛公一介草夫，不胜酒力，已经回去了，特派我奉上一双白璧敬献给项将军，玉斗一双敬献给范先生。"

待张良离开后，范增再也忍耐不住，拔出剑击碎了玉斗，怒气冲冲地撂下一句话："竖子不足与谋，将来夺天下的必定是刘邦，我们都得给他做阶下囚了！"

一场鸿门宴，从头到尾，刘邦的表现可圈可点。从得知项羽次日要带兵收拾自己后，刘邦以极大的魄力和决断力开始了一系列布局谋划，从拜会项伯、项羽时的开场白，到宴会中间樊哙的闯帐，都是在被动之时主动破局，掌握这场宴会的主动权。我们不难发现，在这场宴会中，全程都是刘邦在控制节奏，处于劣势时主动行动，而不是被项羽牵着鼻子走，最后全身而退。而犹豫不决的项羽原本拿着一手好牌，却在一系列言辞交锋中明显落于下风，最终放虎归山，遗患无穷。

在极端浓缩了"竞争环境"和"项目博弈"的鸿门宴上，刘邦的控局能力便体现在这不留痕迹的调节与控制气氛上，也体现在他把控对方人心与情绪的手腕上。

鸿门宴上，项羽输在哪儿了？

楚军的大帐之内，范增情绪激烈，喋喋不休地批评项羽的犹豫不决和妇人之仁，而项羽坐在案前举杯独酌，对范增的抱怨充耳不闻。

反观刘邦，趁着离席的机会一路小跑，毫发无损地回到了汉军大营，稳定了汉军将士们的心。

从这一刻起，刘邦与项羽，这两位在战场上结下了深厚情谊的亲密战友，终于分道扬镳，踏上了各自的征程。

经历了鸿门宴的斗智斗勇，刘邦不但全身而退，还有一个意外发现——项羽的军事集团人心不齐，领导团队内部分裂，这也为刘邦后来用反间计对项羽集团分化、瓦解埋下了伏笔。

事实上，这场名传千古的鸿门宴也是楚汉集团领导团队第一次正面交锋，是楚汉争霸的一次预演。

从管理学的角度来看，一个优秀的团队靠的不仅仅是某一个人出色的能力，而是团队成员的集体努力。刘邦之所以能从容脱身，乃至于在后来的楚汉战争中成功逆袭，靠的正是身边这支优秀的创业团队，这一点正好与项羽的团队形成了鲜明的对比。

我们先来看项羽的创业团队。

项羽的团队主要骨干有项羽、范增、项伯三人，项羽是名义上的领导核心，但是由于自身的性格缺陷，他既领导不了飞扬跋扈的谋士范增，也管不了那自以为是的叔父项伯。

范增作为老同志，眼光最为锐利，早在刘邦攻破咸阳之时，他就洞察到刘邦将会是以后项羽称霸天下的主要竞争对手。他的依据就是刘邦在攻破咸阳之后不但"财物无所取，妇女无所幸"，还通过"约法三章"的形式收买天下人心，由此可见，刘邦所图非小。为了遏制乃至消灭潜在的竞争对手，范增坚定地要求除掉刘邦，以绝后患。

鸿门宴上，在刘邦成功开溜之后，恼怒的范增不顾自己谋士的身份,就像老子骂儿子一样大骂项羽。这一通大骂不但于事无补,反而将楚军集团的内部矛盾暴露无遗。

项伯也是老同志,不过他是项羽团队中意志最不坚定的一个,做事全凭自己的情感和喜好,一心只想着私人恩怨,眼中没有大局观。鸿门宴前一夜,为了救自己的恩人张良,跟项羽连声招呼都没打就独自一人跑到刘邦阵营通风报信,随后在刘邦的一通忽悠下转变立场,与对手结成了亲家。鸿门宴中,如果不是项伯阻止项庄,用身伛挡护着刘邦,刘邦很难逃过这一劫。

不仅如此,项伯甚至多次在关键时刻坑自己的侄儿项羽,给刘邦通风报信,出面保护刘邦一家老小。

为什么项伯会做出如此选择?他难道宁愿刘邦得天下,也不愿自己的侄子得天下吗?作为项羽的亲叔叔,项伯为何要帮自己亲侄子的死对头刘邦?

这其中的缘由也不难分析,项伯不服侄儿项羽和老头子范增。在项家军中,前有大哥项梁,后有侄子项羽,项伯作为项家的一员,受大哥项梁的管控也就算了,项梁死后还要受侄儿项羽的管控,没法出人头地,憋着一肚子气。更可气的是项羽还请来了亚父范增出谋划策,任何军政大事,都是项羽和范增商讨决定,项伯作为项羽的叔叔,完全被边缘化了。

项伯很不服气!他不服项羽的约束,行事全然不顾大局,造成了楚军最高层的更大裂痕,引发了楚军一系列的政治后遗症。

两大股东意见不一,各有各的小算盘,那么作为董事长的项羽,他有能力平息内部矛盾吗?

事实证明,他没有!

虽说项羽名义上是团队领导，但是他做事毫无主见与定力，很容易被别人带偏节奏，领导权威不断受到亚父范增和叔父项伯的挑战与挤压。事实证明，他不是一个合格的领导者，缺乏管理智慧和经验，只能算得上是一个性格相当软弱的"维持会长"。试问，这样一个缺乏凝聚力和向心力的团队，如何能够走向成功？

再来看看刘邦的创业团队。

刘邦的团队中元老也不少，如曹参、萧何、樊哙、夏侯婴等，但在鸿门宴这场大戏中实力出镜的只有张良和樊哙二人。那么在鸿门宴上，刘邦的团队表现如何呢？

如果用两个字来形容，那就是：完美！

作为刘邦三人组的成员，张良虽然一直在为刘邦出谋划策，但是他真实的身份是韩王的部下，他心心念念的是为韩王恢复故土。刘邦西征时，张良一度离开刘邦投奔了韩王成，直到刘邦西征受阻时，张良才回到刘邦身边。即便如此，刘邦依然对他给予了充分的信任，事事言听计从。

当张良得知项羽要收拾刘邦的消息后，他并没有独自开溜，而是第一时间将紧急军情报告给了刘邦，为刘邦妥善应对危机争取到了极为宝贵的时间。

鸿门宴上，当项庄舞剑意在刘邦时，张良想方设法营救刘邦，果断地搬来猛将樊哙这个救兵。

当刘邦等人准备脚底抹油之际，张良主动留下来安抚项羽，为刘邦的出逃争取到了足够的时间。

一个优秀的团队，靠的不是人多，而是心齐，连张良这样一个外人都愿意尽心竭力为刘邦出谋划策，可见刘邦笼络人心的能力非同一般。有这样一支优秀的创业团队，何愁大事不成？

再看樊哙。在我们以往的印象中，樊哙一直是个大老粗的形象，四肢发达，头脑简单，空有一身蛮力，并不讨人喜欢。但在鸿门宴上，樊哙是最出彩的一个。当得知主公刘邦身处险境之时，樊哙先是"带剑拥盾"勇闯项羽的中军大帐，面对力能扛鼎的英雄项羽，樊哙更是毫不怯场，"瞋目视项王，头发上指，目眦尽裂"；然后又是大碗喝酒大块吃肉，让孤傲不群、自视甚高的项羽也心生敬佩，视其为"勇士""英雄"。

这还不算完，后来樊哙还充分利用汉军所特有的道义优势，对项羽一阵狠批，直把一个项羽说得哑口无言；最后，在刘邦出大帐后举棋不定之时，樊哙又是一番慷慨陈词："大行不顾细谨，大礼不辞小让。如今人方为刀俎，我为鱼肉，何辞为？"看看，这哪是昔日里以屠狗为生的屠夫能说出的话？分明就是成熟政治家才有的高水准嘛！

经历了鸿门宴的一番比拼，再来看项羽这一方，项伯临阵倒戈，项羽束手旁观，其领导团队中只有老头子范增还在苦苦支撑，鸿门宴这盘政治大戏俨然成了范增一个人的独角戏，其团队内部已分崩离析；再看刘邦这一方，在他的领导下，张良与樊哙施展各自的本事，互相配合，分工协作，完美上演了一场金蝉脱壳！

刘邦的胜利，是团队的胜利；项羽的失败，是团队的失败。

学会管理自己的情绪

在给了刘邦一个下马威后，项羽如愿以偿，进入了秦帝国的首都咸阳。望着繁华富庶的咸阳城和街道两旁围观的人群，项羽意气风发，豪情满怀，为了这一刻，他等待了太久！

但是，入城后的项羽心中始终有一个怨念。他本是楚国贵族，项家世代为将，拥有极高的社会地位，但是秦国灭楚改变了一切。

公元前224年，秦将王翦带领六十万大军伐楚，楚国灭亡，项羽的爷爷项燕战死沙场。

楚国灭亡后，项氏家族沦为平民，项梁带着侄儿项羽四处逃亡，依靠帮人操持丧事营生，心中深以为耻。为了复仇，项梁叔侄二人暗地里练兵，等待机会叛秦。

在耳濡目染之下，项羽也对秦国极其仇恨，心中很早就埋下了复仇的种子。现如今，自己终于有机会完成当年的梦想了，他迎来了人生的巅峰，还有什么比仇人在自己面前低头，甚至痛哭流涕更痛快的呢？

望着那极为华美的亭台楼阁和舞榭歌台，还有台阶下戴着镣铐伏在地上的秦王子婴，项羽心中燃起了复仇的火焰，他眼中的怒意越来越浓。

他恨这里的一切，他要屠尽秦人的王室，毁掉这里的一切，以泄自己的心头之恨！

他接连下了三道命令：屠咸阳，杀子婴，烧秦宫！

一道道命令传下去，子婴的人头落地，咸阳城内哭声震天、人头滚滚、尸横遍野、血流成河；一瞬间，熊熊烈焰腾空而起，几乎燃遍了半个天空，漆黑的冬夜里，那冲天的烈火显得更为耀眼。

站在城头，望着阿房宫燃起的熊熊烈火，项羽终于露出了心满意足的微笑，而一旁的范增表面看上去还很镇定，但是他眼眸深处的黯然神色已经将他无奈的心情显露出来。

咸阳城内的民众站在街道上，衣衫褴褛，望着阿房宫的冲天大火，终于认识到，这位威震天下的名将项羽，原来不过是一介肆意杀戮的屠夫！

唐代大文豪杜牧在他的名作《阿房宫赋》中这样畅想秦宫的宏伟和壮丽：

六王毕，四海一；蜀山兀，阿房出。覆压三百余里，隔离天日。骊山北构而西折，直走咸阳。二川溶溶，流入宫墙。五步一楼，十步一阁；廊腰缦回，檐牙高啄；各抱地势，钩心斗角。盘盘焉，囷囷焉，蜂房水涡，矗不知其几千万落！长桥卧波，未云何龙？复道行空，不霁何虹？高低冥迷，不知西东。歌台暖响，春光融融；舞殿冷袖，风雨凄凄。一日之内，一宫之间，而气候不齐。

妃嫔媵嫱，王子皇孙，辞楼下殿，辇来于秦，朝歌夜弦，为秦宫人。明星荧荧，开妆镜也；绿云扰扰，梳晓鬟也；渭流涨腻，弃脂水也；烟斜雾横，焚椒兰也。雷霆乍惊，宫车过也；辘辘远听，杳不知其所之也。一肌一容，尽态极妍，缦立远视，而望幸焉。有不得见者，三十六年。

燕、赵之收藏，韩、魏之经营，齐、楚之精英，几世几年，摽掠其人，倚叠如山。一旦不能有，输来其间。鼎铛玉石，金块珠砾，弃掷逦迤，秦人视之，亦不甚惜。

……

楚人一炬，可怜焦土！

这一把火烧下去，项羽的血热了，民众的心却冷下去了。

冲天大火整整烧了三个月才熄灭，建设数百年、绵延上百里、气势恢宏、富丽堂皇的秦朝宫殿灰飞烟灭。

对项羽来说，火烧阿房宫极大地满足了自己的复仇欲望，然而，正是这一把火，为自己埋下了失败的种子。

项羽坑杀二十万秦军和火烧阿房宫的残暴行径寒了天下人的心，他在人们心中的形象一落千丈，从"神"变成了人见人怕、鬼见鬼愁的"魔"。据说，如果孩子晚上啼哭，大人只要说一句"项羽来了"，孩子的哭声便会戛然而止，屡试不爽。

项羽的残忍、弱智又一次得到了淋漓尽致的展现，失民心者失天下，如此岂能久乎？

其实，项羽一把火的愤怒，最先烧焦的是自己。他的失败就在于，不会有效管理自己的情绪。

为什么这么说？

项羽统率着四十万诸侯联军，他入关是来夺天下的，可是他入关后被仇恨冲昏了头脑，让关中秦人彻底寒了心。作为一个团队的领导者，最重要的一项技能是在面临各种突如其来的问题时，管理好自己的情绪，用理智的态度解决问题。想当初刘邦入关后，被眼前的荣华富贵冲昏了头脑，当天晚上就想睡在宫中尽情享乐，但在樊哙与张良的一番劝说后，他及时克制了自己的贪欲，与民"约法三章"，封存府库，不偷不抢，稳定了关中百姓的民心，赢得了他们的信赖。

奥里森·马登在他的《一生的资本》中说过，任何时候，一个人都不应该做自己情绪的奴隶，不应该使一切行动都受制于自己的情绪，而应该反过来控制情绪。无论境况多么糟糕，你应该努力去支配你的环境,把自己从黑暗中拯救出来。

人之所以被称为人,是因为我们不是依赖先天的本能做事情,而是有自己的理智,知道什么时候该做什么事和不该做什么事。

项羽不会管理自己的情绪,任由复仇的意念肆意扩散,让愤怒冲昏了头脑,做出了一系列愚蠢的行为。他的本意是通过杀戮来惩罚秦人,树立自己的威望,殊不知,这种复仇的方式不仅达不到自己的预期,反而激怒了关中秦人,让他们更加彻底地反对自己。

事实上,从项羽入关后的几次大怒中不难看出,项羽不会管理自己的情绪,他的情绪稳定性很低,甚至可以说是很差。

情绪稳定性就是一个人的情感调节能力。情绪稳定性低的人容易敏感和冲动,更容易体验到愤怒、焦虑、抑郁等消极的情绪。他们对外界刺激的反应比一般人强烈,对情绪的调节、应对能力比较差。经常处于一种不良的情绪状态下。相反,情绪稳定性高的人较少情绪化,对外界刺激的反应也比较平静。

不只是大人物,对于生活中的普通人而言,管理情绪也是一项非常重要的能力。如果你能像控制体重一样控制自己的情绪,那你就已经赢了大半个人生。

我们经常在路上看到很多司机都有"路怒症",前车起步慢了拼命按喇叭,别人变道不规矩、转向距离不够,就开着车窗和人家对骂;遇到堵车或是一点小摩擦就怒发冲冠,暴脾气上来恨不得跟对方干一架。

无论我们是管理者还是被管理者,都需要管理好自己的情绪。因为,只有良好的情绪管理能力,才能做出最正确的决策。

如果你是一名团队领导,当你在管理他人的时候,首先得管理好自己，管理好自己的情绪当然也是自我管理的重要一环。全世界所有的MBA课程都会讲到如何管理自己情绪的问题，在商业谈判过程中，你的对手可能故意来激怒你，让你在谈判中失去控制。

如果你仅仅是一名普通员工，更应该提高自己对情绪的掌控力，这种掌控力有时候甚至决定着你在职场的升迁。在面对纷繁复杂的工作时，一定要调整好自己的情绪，不能被眼前的输赢冲昏头脑，带着负面情绪工作。

每个人心中都有一头野兽，唯有理智与冷静才是它的牢笼。只有管理好自己的情绪，才能做出理智和正确的决策。

第八章　霸王分封

利益分配是个技术活儿

"排排坐，吃果果"是每个打天下的英雄在成功之后都要面对的问题，项羽也不例外。

这时候，有一个叫韩生的儒生找到项羽说，关中地区有山河作为天堑，四面都有稳固的屏障，土地肥沃，在此建都，可以称霸天下。

想当年，秦国能统一天下，正是因为充分依凭了关中地区的地理优势。现在秦朝虽然覆亡了，但天下仍然处于诸侯纷争的局势，占据关中这块有战略优势的宝地，可以立于不败之地。

可是项羽不愿意。

放眼望去，咸阳城内该烧的烧了，该杀的杀了，该抢的抢了，偌大的咸阳城已经沦为一片废墟，意气风发的项羽哪里肯留下？他心心念念的，还是自己的故乡。他说道："富贵不归故乡，如身穿锦绣却走在夜里,谁能看得到?"

韩生心中深感失望,这哥们儿是个大嘴巴,回去后跟别人吐槽:"都说楚国人沐猴而冠,如今看来,果然如此!"

这话一出口,立即有人报告给了项羽,项羽大怒,下令逮捕韩生,投入大锅煮了。

从这里不难看出,项羽在自我情绪管理上确实很差,他克制不住自己的愤怒,而只要一愤怒,必定会做出出格的事。

面对巨大的胜利和围观的诸侯军队,如何瓜分胜利果实呢?

从目前的情况来看,刘邦的关中王肯定是做不成了,但项羽又不想背负破坏盟约的名声,他派人去请示楚怀王,想让他把"先入定关中者王之"的约定废止。

不料楚怀王却不愿意背这个锅,他回复说,盟约不能废,就照先前约定的办。

项羽气得鼻孔冒烟,说,真是给脸不要脸,要不是我们项家一路扶持,他熊心算是哪根葱?他有什么功绩?我披坚执锐,征战沙场,风餐露宿三年,才灭亡秦朝平定天下,跟他有什么关系?

范增适时地站了出来,劝项羽不可意气用事。熊心虽然没什么功劳,但毕竟是诸侯联军名义上的领导,公然翻脸对己方不利。

在范增的苦心劝说下,项羽最终压下怒气,分给了楚怀王一块土地。

这一年正月,项羽尊熊心为义帝,并以"帝者必居上游"的理由把熊心从中原的彭城迁到了长江南岸的郴。名为迁徙,实为流放。

既然熊心不配合自己,那分封天下的事只有自己亲自上阵了!

二月,项羽正式分封天下,大批封王,自立为西楚霸王,建都彭城，领土包括故魏国和故楚国的九个郡。

听听这霸气的称号，就知道他当时自我感觉有多么好！那时的项羽只有二十六岁，意气风发，以为天下再无敌手，整个大地都匍匐在他的脚下。

紧接着，项羽一口气封了十八个诸侯，奖励跟随他入关、共同作战的诸侯将领们。

有人认为，项羽在入关后大封诸侯，不都关中，不当皇帝而称霸王，乃是其政治上幼稚的表现。放着眼前唾手可得的皇帝不做，偏要去做什么霸王，结果却把一手好牌都打烂了。

事实真的是这样吗？如果真能那般轻易地戴上皇冠，谁还攥着王冠？

项羽分封诸侯，实为当时形势所迫，不得已而为之。事实上，项羽虽然名为各路诸侯统帅，其实并没有实力掌握全局，各路诸侯手握重兵，分封乃众望所归。

据《史记》所载，鸿门宴时期，项羽的军队达四十余万。这四十余万的大军中，绝大部分是各路诸侯的军队，属于项羽嫡系的军队并不多。巨鹿之战前楚军有五万人，其中还包括了英布、蒲将军的军队，在经历了巨鹿之战的消耗后，即便沿路能补充兵员，但总数不会太多。

这是在关内的兵力，在关外还有很多盘踞在地方上的诸侯兵力，这些人在灭秦的时候同仇敌忾、统一战线，在秦亡之后，对项羽的地位无不是虎视眈眈。

此外，在这场反秦起义中，六国贵族纷纷揭竿而起，在项羽和刘邦南征北战时，这些贵族们也在自己的地盘聚拢了不少子弟，意图复兴故国。章邯投降后，六国贵族复国的愿望已经实现：楚有怀王，齐有田荣、田横兄弟，三晋也被赵王歇、魏豹、韩王成瓜分，除了燕国被韩广占据外，六国中的五国都有世袭贵族势力存在。

项羽与六国贵族只是松散的利益联盟，只因秦这个共同的敌人，他们才被迫抱团取暖，挤在同一屋檐下遮风避雨，待到秦王朝土崩瓦解，他们之间的分道扬镳是迟早的事。关于这一点，无论项羽，还是六国旧贵族，大家彼此都心知肚明。

在此之前，诸侯们之所以对项羽俯首听命，只是慑于项羽一时的战功和人望，并非因项羽自身兵多将广、军事力量雄厚而臣服，项羽不过是相当于董事会首席股东，握有股份比例多一些而已，并没有大到有一票否决的权力。项羽分封，只不过是对他们原来的股权在董事会宣布确认而已，绝非是原始股的赠送。

这些人一旦认为自己的利益最大化目标没有实现，便可能随时宣布退出董事会，项羽除了恐吓和亲自上阵外，别无他法。

因为，六国贵族与项羽是上下级、同事的关系，如魏豹分封之前的身份还高于项羽，大多数诸侯王们对霸王也没什么忠诚可言。他们追随项羽目的很简单，都是期望能够分一块土地，如今诸侯联军已入关中，如不分封，势必众叛亲离。就如同刘邦早期如不分封韩信、彭越、英布、张耳等人为王，这些人也绝不会继续追随刘邦一样。所以，分封诸侯在当时是势在必行的。

在分封这一问题上，项羽绝不是政治低能，而是在当时诸侯皆强的情况下做出的合理决策。通过分封，将诸侯按照原先的属地进行分配，并对原有的六国之地进行再次划分，削弱了各个诸侯的力量，而自己管辖梁、楚之地最富庶的九个郡，建都彭城，在诸侯中实力依然是最强的,这就可以保证自己在面对单个诸侯的挑衅时,有足够的实力进行压制。

由此不难看出,选择分封是项羽所能想到的最合适的一种解决方案,他没有办法以合法的方式取得比西楚霸王更高的权力和地位,只能退而求其次。

当不能掌控全局时,那就保持优势。

组建核心团队很重要

抛开诸侯实力依然强大的外因,从内部来讲,项羽并不具备称帝的实力与基础,确切说,他缺乏品牌效应。

六国贵族不管多么烂,他们经过数百年的经营,已经打造出品牌,深入人心,尽管后来经营不善,被秦国兼并,但在市场上就算打了折扣,其影响力依然不可低估。

其实,项羽手中本来有着很好的品牌,就是楚怀王,但很可惜,被他抛弃了。如果就此认为项羽短视,其实是误解,因为地位决定高度,任何人站在项羽的位置,不可能意识不到撕毁楚怀王这张王牌带来的后果,但是项羽为何毅然去做?原因很简单,他是想打造属于自己的品牌,如果有足够的品牌培育期,说不定项羽也能成功。可悲的是,历史没有给予项羽足够的时间。

最后,也是最重要的一点,项羽一直没有打造一支核心管理团队。相比刘邦拥有韩信、萧何、张良这三驾马车,项羽可以说自始至终在拉独套,不是项羽自身能力不足,只是以个人的力量与一个团队相较量，其失败是必然的。

一个好的团队组建者，必然是扮演孵化器功能，为团队成员搭建足够的平台，然后分工明确，限制权责界限，这才是他的本职。然而，项羽一直没有明白自己的定位，如此一来，纵然他自己能力出众又能如何？其失败可以说从开头就已经注定了。

项羽虽为盟主，宰割天下，但他缺乏帮手，无法有效管理各路诸侯，也不具备称帝的条件。换句话说，彼时的项羽，缺乏属于自己的核心创业团队。

核心创业团队有多重要？美国钢铁大王卡内基说过："如果把我公司的资金、设备、场地、客户、原料全部拿走，只留下我的管理团队，四年之后，我还是钢铁大王。"

创业在古代和现代虽然指的是两码事，但本质上是一样的，都需要一个核心团队，都是人力、财力、技术与管理的比拼。

一个人的能力毕竟是有限的，创业者在创业过程中，光自己牛还不够，最重要的是找到顶级人才，为了共同的目标把利益绑定在一起。关键时刻，有人愿意帮你；遭遇失败，有人愿意和你一起扛雷。

打造核心团队的最高境界是，每位成员愿意把你的事业当成他的事业，把你的身家性命当作他的身家性命，这样的团队才会成为战无不胜的铁军，任何利益、诱惑都打不垮，任何威胁都无法撼动。

为了说明这一点，我们来看看刘邦的团队。

刘邦很早就组建了自己的团队，早在沛县厮混时，他就组建了自己的圈子，这里面有县吏萧何、狗屠樊哙、商贩灌婴、车夫夏侯婴。在打出反秦的旗号后，刘邦又陆续接纳了贵族张良、游士陈平、强盗彭越、酒徒郦食其。刘邦每一次遇到困难时都有人挺身而出，献计献策,为他的造反事业添砖加瓦。

历代开国皇帝创业时,身边都会有一个核心团队,刘邦有"丰沛集团",光武帝有"云台二十八将",朱元璋有"淮西功臣集团'。正是因为有这些团队成员的帮助,才成就了他们的万世功业。

那么,项羽有自己的核心团队吗?

答案是:没有!

项羽的核心团队中仅有两个人,一个是范增,一个是项伯。如前文所言,由于种种原因,项羽既领导不了飞扬跋扈的亚父范增,也管不了那自以为是的叔父项伯。项羽总觉得自己神勇无敌,不需要他人的协助,所以在得到韩信这样不世出的天才将领时,依然没有重用他,任由他投奔了刘邦。可以说,刘邦手下人才济济,项羽手下人才寥寥。

不管做什么,这世界已经不是单打独斗的时代了,需要的是团队合作,只有团队化才能够走向成功。项羽过于自信,他以一人挑战刘邦创业团队,其失败已是必然。

弯下腰做汉王

随着分封工作进入尾声,一个难题摆在了项羽面前:如何安置刘邦?

论实力、论功劳,刘邦都不在项羽之下,而且他还有楚怀王"先入关中者为王"的承诺。依照"怀王之约",整个关中之地都应分封给他才对,但从项羽的角度来看,这显然不可能。如果分的地盘太少,刘邦未必会乐意;如果分的多了,项羽也不会答应。

鸿门宴后,项羽和范增对刘邦的疑心并没有解除,为了妥善安置这位潜在的竞争对手,范增给项羽出了个主意:巴蜀之地路途遥远且艰险,秦朝的罪犯通常都被流放到那里,何不把巴蜀地区封给刘邦?

项羽欣然同意,就照亚父的意思办!

数日后,刘邦正式接到了通知,被封为汉王,辖巴蜀二郡。不仅如此,项羽还要求刘邦裁员,把队伍从十万人裁到三万人。

听到这个消息,刘邦暴跳如雷,差点儿气疯了!

对此,汉军将士们心中非常愤怒,认为自己血战多年,如今攻下咸阳,不仅没有得到应有的封赏,相反还招来项羽的猜忌,被发配到巴蜀蛮荒之地,是可忍孰不可忍!

要知道,自古蜀道艰难,秦朝一直是把那地方当作贬谪流放之地。巴蜀地区地势崎岖、交通闭塞,秦惠文王时期,司马错攻取巴国,始置巴、蜀及汉中郡。唐代大诗人李白面对蜀道的艰险,曾发出这样的感叹:"蜀道之难,难于上青天!蚕丛及鱼凫,开国何茫然!尔来四万八千岁,不与秦塞通人烟。西当太白有鸟道,可以横绝峨眉巅。地崩山摧壮士死,然后天梯石栈相钩连。上有六龙回日之高标,下有冲波逆折之回川。黄鹤之飞尚不得过,猿猱欲度愁攀援。青泥何盘盘,百步九折萦岩峦。扪参历井仰胁息,以手抚膺坐长叹。"

气急败坏的刘邦说什么也不肯接受这个结果,他决定火拼,和项羽来个鱼死网破,与其屈辱地活着,不如干脆拼他一把。萧何、张良连忙拉住了他,劝道:"主公万万不可!到汉中称王是委屈了些,但总比自找死路要好得多呀!"

刘邦一脸黑线:"我怎么自找死路了?"

萧何说:"现在我们的实力远不如项羽,倘若贸然进击,势必百战百败,这难道不是自找死路吗?《周书》中说:'天予不取,反受其咎。'古语也称天河为'天汉',而今你被封为汉王,这正是以'汉'配'天'的美称啊!况且古代的贤明君主如商汤、周武王,在形势不利时,无不能够暂时屈从于暴君夏桀、殷纣之下,最终获得万民信赖,成就百年基业。我希望主公也能像先贤那样,忍辱负重,前去就任汉王之职,在汉中安抚百姓,招揽英才,治理好巴、蜀之地,再回来收复关中,这样统一天下就有望了。"

经过萧何、张良的一再劝阻与反复陈说利害,刘邦的头脑渐渐清醒,这才隐忍下来。此时的项羽气势正盛,与之决一死战,犹如拿鸡蛋去碰石头,无异于送死。

既然事情已经无可挽回,那就只有被动接受。马上就要去巴蜀之地了,刘邦回想起自沛县起兵以来的无数个日子,还有那些舍生忘死甘愿追随自己的兄弟们:樊哙、萧何、曹参、周勃、卢绾、夏侯婴。对了,还有那位子房先生。

想到张良,刘邦心中涌起一股难言的感觉。与自己这些从小就厮混在一起的同乡好友不同,张良是韩国贵族,作为一名亡国之士,张良念念不忘的就是要为韩国"复国"。虽然刘邦和张良意气相投,但刘邦也深知张良内心深处念念不忘的是韩王成,自己终究是留不住他的。

临走前一夜,张良曾与刘邦有过一次长谈。面对垂头丧气的刘邦,张良鼓励他,巴蜀之地虽然艰险遥远,但并非没有出头之日。项羽分封诸侯不均,已经引发了很多人的不满,这些人必定不会善罢甘休，待时机成熟，天下必然会再次陷入动荡之中。如果你能在汉中称王，抚养百姓，招贤纳士，必定有还定三秦的那一天。你现在没机会，不代表将来也没机会！梦想并非遥不可及，就看你如何去实现它。

一番开导，刘邦这才重新拾回了一点信心，他再次向张良拜谢。为了表达自己的感激之情，又赐给张良"金百镒，珠二斗"。

张良感念刘邦的知遇之恩，转身把财物都送给了项伯，请他再帮忙运作一下，说服项羽为汉王加封汉中地区。

张良是项伯的故交，老友的请求不好拒绝，在项伯的运作下，项羽应允了刘邦的请求。就这样，刘邦建都南郑（今陕西省汉中市南郑区东北），占据了秦岭以南巴、蜀、汉中三郡之地。

同年七月，刘邦带了三万之众进入汉中，张良一直送至褒中（今陕西汉中市西北），才返回韩国。张良观察此处群山环抱，沿途都是悬崖峭壁，只有栈道凌空高架，以度行人，别无他途，便劝告刘邦说："汉王为何不烧断所经过的栈道，向天下表示不再回来的决心，以此稳住项王？"

刘邦一听，豁然开朗：烧毁栈道，不但可以表明自己无东顾之意，消除项羽的猜忌，同时也可防备他人的袭击，真可谓一举两得。

汉王依计而行，行进途中，烧断了所有栈道。

张良不知道的是，自己在入关后的一系列举动已经激怒了霸王项羽，他即将迎来项羽的报复。

送走张良后，刘邦的内心十分失落，被发配到巴蜀这个蛮荒之地，他不知道自己人生的出路在哪儿，脚下的路该往哪儿走。面对上依绝壁、下临深渊的栈道，刘邦的心中一片茫然，他第一次对自己的能力产生了怀疑。

与刘邦有着同样感受的,还有他的那些部下和将领们。

刘邦的部下多是楚国人,包括刘邦本人在内,家属都留在了老家。大家之所以追随刘邦,不就是希望将来有一天发达了,弟兄们能跟着升官发财、衣锦还乡吗?现在可倒好,跟着刘邦来到汉中,生活不习惯不说,还要被发配到巴蜀去过苦日子,这种生活谁能受得了?

面对眼前陌生的环境,很多士兵和将领们都对前途一片茫然,渐渐失去了耐心,纷纷三五成群地当了逃兵。

这一切,刘邦都看在眼里,可他却无能为力。当你的实力还撑不起你的梦想时,请收起你的眼泪,把眼前的工作尽力做到最好。与其不断地寻找远方,不如把脚下的路先铺好,把眼下的事情先做好。

韩信:不与烂人烂事纠缠

刘邦自子午道进入汉中,而汉中与关中之间横亘着巍峨的秦岭,难以逾越,只有子午道、褒斜道、陈仓道几条路径相通,这些道路山高谷狭,行其上者,如飞鸟游空。仰视则身迹高挂于峰外,俯察则人影倒悬在空中,心惊目眩。就在这些悬崖峭壁之上,凿以洞穴,横插木梁,上铺木板,称为栈道。

崇山峻岭之间,但见一列长长的队伍正小心翼翼地行进在这条悬空的栈道上。

前方的路越来越难走,一种不安的情绪在军中迅速蔓延,逃跑的士兵越来越多。要知道，刘邦入汉中时只带了三万士兵，如果再这样下去，那还了得？

刘邦、萧何等人都忧心忡忡，但谁也找不到什么好的办法来稳定军心。

到了南郑之后，刘邦一清点人数，结果发现士兵逃亡比自己想象的还要严重，甚至还有一些将领带头逃亡。

就在队伍人心涣散之际，一条重大消息传来："萧何跑了！"

刘邦一听，顿觉天旋地转，差点没从椅子上摔下来："老萧啊老萧，难道你也要弃我而去？这以后我还能仰仗谁啊？"

萧何对于刘邦的重要性不言而喻，别人逃跑，他可以无动于衷，唯独萧何不能！他们可是一起从沛县出来的好哥们儿啊！

刘邦派出去追的人是一批又一批，还是没有萧何的消息，一连三日坐卧不安。

几天后，萧何拖着疲惫的身体出现在刘邦面前，刘邦又是生气又是欢喜，骂道："老萧啊，你可不够意思啊，眼下队伍人心涣散，我还以为你也跟着逃跑了！"

萧何微微一笑，道："我不敢逃跑，我是去追逃跑的人。"

"谁这么有面子，还劳烦你萧大人亲自去追啊？"

"韩信啊。"

"韩信？"

故事讲到这里，我们先打断一下，看看韩信到底是何方神圣？

韩信是楚国人，家住淮阴县（今江苏淮安）。

韩信父母早丧，家中一贫如洗，年轻时性格放纵而不拘礼节。既当不了官，又无经商谋生之道，常常依靠别人救济糊口度日。韩信的母亲去世，无钱办丧事，然而他却执意寻找又高又宽敞的坟地，要让那坟地四周可安顿得下一万家。

年轻时的韩信穷困潦倒，上无片瓦，下无插针之地，没有工作，没有饭吃，日子过得很艰难。

没有饭吃，不要紧，只要脸皮够厚就行了。应该说，韩信的脸皮特别厚实，比城墙根还厚三分。

乡里有一位亭长，平时很看得起韩信，对他十分照顾，于是韩信便常在亭长家里吃闲饭。时间一久，亭长的妻子便不耐烦起来，想着法将他赶出去。

有一天，亭长的妻子清早做好饭，在卧室里就把饭吃完了。到了吃饭的时间，韩信赶来，等了好长时间也不见开饭，这才知道人家不愿留自己吃饭，"怒，竟绝去"，发誓再也不去亭长家了——吃白食吃得这么嚣张，韩信也算是第一人了。

心比天高的韩信沦落到四处寄食，面对旁人冷眼恶语，支撑他的除了梦想，恐怕就剩下那骨子里的傲气了吧！

没蹭到饭，不争气的肚子又开始咕咕叫了。韩信寻思着，到哪儿去弄点吃的祭祭五脏庙呢？韩信走出淮阴城，迎面看到一条大河，脑中灵光一闪：有河就有鱼，对了，咱去钓鱼！

可能是韩信钓鱼的技术实在太差，也可能是韩信钓鱼用的鱼饵对鱼没有吸引力，总之，韩信在河边呆坐了一个上午加一个下午，愣是一条鱼也没上钩，只饿得韩信头晕眼花。

河边有几个老婆婆常在那里洗衣服，其中一个看韩信落魄，很同情他，就把自己带来的食物分一点给韩信吃。韩信饥不择食，狼吞虎咽地吃了起来。

漂母在那儿漂洗了十几天，韩信也跟着混了十几天的饭。

有一次，韩信吃完饭后，向漂母深深施了一礼："这几日承您这般厚待，我韩信永生难忘，将来我发达了，一定会报答您老人家的！"

不料，漂母听了却是一脸的不屑："大丈夫不能靠自身之力以自立，还好为诳语，有何脸面存于世间，我是看在你可怜的分上才救你性命，从来不奢望你这种人能够报答我。"

漂母的藐视并未改变韩信对自己志向的看法，因为在此之前，他已经受到过足够多的更残忍更无情的嘲笑。

多年以后，韩信被汉王刘邦赏识，立了不少功劳，被封为楚王。他想起从前曾受过漂母的恩惠，命人把她从淮阴请来，当面向她致谢，并赠给她金千两以答谢。然后，他又派人把那个亭长找来，只赏给他一百小钱，说道："你是个小人，没将好事做到底。"

韩信整天无所事事，背着一把生锈的长剑，手捧一卷竹简兵书，在大街上边走边看。他从东街走到西街，又从南街走到北街。这卷兵书在他身边许多年，他已经能倒背如流了，但他还是觉得里面奥妙无穷，值得反复思索品味。

人人都不待见他，因为他又穷又骄傲。

在那个年代，全国的兵器都被收缴了，韩信仍能留有宝剑，说明他的身份并不一般，至少也是一个落魄贵族。

按理说，骄傲是韩信自己的事，关别人何事？问题在于，在一个人人皆平庸的时代里，你的特立独行就是对他人的蔑视和挑战。

面对这样一个仗剑而行、清高自傲，却显得百无一用、窝囊至极的落魄贵族，混混们难免看不顺眼——不就是你爹你爷爷牛吗，最看不惯你这种贵族的架子。看不惯，自然要跟韩信较个真儿。这不，就在韩信低头走路的当儿，一个膀大腰圆、浑身肥肉的屠户挡住了他。

屠户双手抱臂，一脸不屑："你一个胆小鬼，还成天带着刀剑，有胆你就杀了我，没有胆量，就从我裤裆底下钻过去！"说着便叉开两腿，作骑马式，立在街上。

围观百姓哄然大笑，旁边一群混混幸灾乐祸地看着韩信，都等着看他的笑话。

看到这一幕场景，你是否有似曾相识的感觉？没错！《水浒传》中，青面兽杨志在东京落魄卖刀时，也曾遇到过一个泼皮牛二，连台词都差不多："你好男子，剁我一刀。"

面对牛二的挑衅，杨志退无可退，一刀下去，结果了牛二的性命，自己的命运也发生了转折。

而面对同样的泼皮无赖，韩信会如何做？

"士可杀，不可辱。"这是几千年来中国知识分子尊奉的人生信条。你可以杀了我，但不能侮辱我的人格。

而眼前这个蛮横的屠户就在挑战韩信的底线。

韩信定睛细看那满脸虬髯的屠户半天，轻蔑地一笑，什么都没有说，默默俯下身，从他裤裆下慢慢爬过去。

满街的人纷纷讥笑韩信，"懦夫""无能""胆小鬼"……各种笑骂声不绝于耳。

韩信默默地站起身，忍受着众人的冷言讽语，独自离去。

千百年来，无数人都在问一个问题：为什么韩信要忍受这种无端的胯下之辱？

有人说，这体现了韩信超级能忍的性格。只有忍常人不能忍之事，才能成就常人无法企及的功业。

然而，我却从韩信身上看到了另一个闪光点：永远不要与烂人烂事纠缠。

有时候，你纠缠得越久，事也就越烂。如果你和烂事纠缠一辈子，那么你永远都会陷入廉价的生活之中。

有一次，我和公司领导一起到外地出差，在火车站外碰到一个乞丐，死皮赖脸扯住我的衣服不放，非要我给他十块钱。那时的我年轻气盛，突然被人讹上，就和他杠上了。领导看我没跟上来，返回找到了我，他爽快地从身上掏出十块钱，乐呵呵地递给了乞丐，然后带着我匆匆离去。

上车后，我还在为刚才的事气愤，领导笑着问我："是不是还为刚才的事感到憋屈呢？"

我说："是啊，他有手有脚，平白无故干吗给他十块钱？这种人就不应该惯着他。"

领导笑道："十块钱对我来说并不多，问题在于，和这种人纠缠只会浪费自己的时间，何况我们还急着赶车呢！要想做大事，就不能在这些烂事上纠缠。"

那一刻，我有了一种醍醐灌顶的感觉，不由自主地想到了韩信。

虽说做人要争口气，可这"口气"不是什么时候都要去争。苏轼的《留侯论》中有这样一段话："古之所谓豪杰之士，必有过人之节。人情有所不能忍者，匹夫见辱，拔剑而起，挺身而斗，此不足为勇也。天下有大勇者，卒然临之而不惊，无故加之而不怒。此其所挟持者甚大，而其志甚远也。"

匹夫一怒，血溅五步，但这是最容易的一种愤怒，也是最廉价的愤怒。

对于韩信而言，这种毫无来由的围攻就像是天灾一样，撞到了，只能承认自己倒霉，并且想方设法避开。如果非要跟他们对着干的话，则要冒重大的生命危险——战胜了没有意义，战败了可能就赔上性命。

有人说，韩信完全可以杀掉屠夫，然后跑路。

说这话的人，一定是不了解秦朝的法律，别说一个身无分文的韩信了，即便是有封地的商鞅，跑路时都差点被抓。

有这么一个故事：一头骆驼在沙漠中被一块玻璃硌到了脚，骆驼火冒三丈，抬起脚狠狠地将碎片踢了出去，却不小心划破了脚，还流了一地的血。血腥引来了秃鹫，一路追着骆驼盘旋，骆驼不顾伤势狂奔起来，跑到沙漠边缘时，一路的血腥又引来了附近的狼。

骆驼仓皇中跑到了一处食人蚁的巢穴附近，闻到血腥味的蚂蚁倾巢而出，黑压压一片直奔骆驼而去，将骆驼围得严严实实。

临死前，骆驼后悔地说："我为什么要跟一块玻璃碴纠缠呢？"

是啊，为什么要和一件毫无价值的烂事过不去呢？

成大事者不拘小节，根本没有必要为那些小人物小事情费周折、争长短。

昔日寒山问拾得："世间谤我、欺我、辱我、笑我、轻我、贱我、恶我、骗我，如何处治乎？"

拾得云："只是忍他、让他、由他、避他、耐他、敬他、不要理他、再待几年你且看他。"

别让烂人烂事，耽误了你的人生。

萧何月下追韩信

对于众人的嘲笑，韩信并不在意。燕雀安知鸿鹄之志？当务之急是离开淮阴，到更广大的世界中去寻找自己的舞台。

那一年，陈胜、吴广第一个举起了反秦的义旗，韩信敏锐地察觉到自己的机遇来临了！

对于空怀一身抱负却身无分文的韩信而言，乱世的来临是一个重大的利好消息。起义后，项梁渡淮河北上，韩信背着剑满怀一腔抱负投奔了项梁，做了一个无足轻重的小官。

彼时的项羽轩眉飞扬、英气勃发，在沙场上纵横无敌，拥有极强的个人魅力和感召力。韩信也被项羽的光芒所吸引，不由自主地想要靠近。他一生最大的梦想，就是成为项羽的士兵，为他战死沙场。

项梁战败身亡后，项羽怀着国仇家恨，毅然肩负起了楚军的领导重任。韩信觉得发挥自己才能的时机到了，他多次给项羽献计，不料项羽却对他的计策不屑一顾。不得不说，项羽本人缺乏断事和识人的灵气，他看不到韩信身上的潜质，估计不到韩信的分量，长期安排韩信担任郎中，让其执戟负责警卫工作，给自己站岗。

韩信在项羽军中感到了自我价值的失落和个人前途的暗淡，郁郁不得志。再待在楚军阵营里是没有前途的，不只是他没有前途，这样一个刚愎自用的项羽更没有前途。经过一番权衡，韩信决定换一家公司，他离开了势力鼎盛的项羽，准备投奔刘邦。

一个烟雨飘摇的黄昏，衣衫褴褛的韩信带着一把锈迹斑斑的铁剑，等候在刘邦军营的辕门外，等待着被刘邦接见。

此时的刘邦手下少说也有数万人马，军务繁忙，哪有时间专门接待一个陌生的投靠者？他吩咐下去，安排韩信做了个管理仓库的小官。

韩信跳槽成功，却依然不受人重视，默默无名。

日子就这样一天天过去，韩信几乎都要绝望了。

有一次，韩信获罪，按军法应当斩首，眼看着身边的十三个人人头落地，唯有韩信面色如常，临危不惧。恰在这时，刘邦身边的车夫夏侯婴路过，韩信立即抓住这难得的机会，大声说道："汉王不是要一统天下吗？为何要杀掉壮士？"

一听此言，夏侯婴大为惊异，他万万不会想到小兵当中居然有人有这种见识，所以他的第一反应是"奇其言"。接下来的反应则是"壮其貌"。一番交谈过后，夏侯婴发现韩信在军事方面确实有独到的见解，于是把他推荐给了刘邦。

刘邦在听完夏侯婴对韩信的介绍后，并没有太大的反应，只是轻轻地"哦"了一声，让韩信当了个治粟都尉——管理粮饷的官职，并没有重视他。

这之后，韩信又认识了刘邦的得力助手——萧何。韩信没有真正指挥过战争，与萧何交谈时，只能通过分析山川地势、楚汉实力对比来展示自己的才能。即便如此，韩信的计划和策略也让萧何大开眼界。身为谋臣，发现并举荐人才是自己的分内之事，于是他向刘邦再一次推荐韩信，可是，刘邦依旧没有重视他。数日过去，韩信见刘邦并未重用自己，心中深感失望，觉得留在汉营没有多大的发展前途，于是又萌生了跳槽的念头。

梦想离现实还有多远？韩信不知道，他只知道，自己再待下去也不会有出头之日了。

天涯远不远？不远！若人心到了极点，何处不是天涯？

一个月明星稀的夜晚，韩信在众人熟睡之后，悄悄收拾好行囊，骑马离开了汉营。

当初年少轻狂，带剑纵入江湖，梦想着有朝一日能够将自己读过的兵书在实战中得到验证，如今辗转多年，依然看不到任何希望。惨淡的月色下，韩信看了一眼汉军大营，头也不回地去了。

夏侯婴第一个得知了韩信离开的消息，考虑到萧何与韩信的私交，他立刻通知了萧何。萧何得知韩信出走的消息后，大吃一惊，以韩信的能力，无论他投靠谁，对汉军都将是一场噩梦，更何况，韩信在汉军的后勤部门待过一段时间，熟知汉军的底细。如果这些信息落到别人手中……萧何不寒而栗，来不及报告刘邦，就纵马追去，他决不能让这样的人离开！

元代杂剧作家金仁杰在他的《萧何月下追韩信》里精彩呈现了韩信怀才不遇、壮志未酬的内心世界，兹摘引如下：

恨天涯流落客孤寒，叹英雄半世虚幻。坐下马空踏遍山水雄，背上剑枉射得斗牛寒！恨塞于天地之间，云遮断玉砌雕栏，按不住浩然气透霄汉！

回首青山，拍拍离愁满战鞍；举头新雁，呀呀哀怨伴天寒。止望学龙投大海驾大关，划地似军骑羸马连云栈。且相逢，觑英雄如匹似闲，堪恨无端叫海苍生眼！

干功名千难万难，求身仕两次三番。前番离了楚国，今次又别炎汉，不觉的皓首苍颜。就月朗叫头把剑看，忽然伤感默上心来，百忙里揾不干我英雄泪眼！

巧的是，在京剧传统剧目中，也有这样一个剧目是讲萧何追上韩信后，苦口婆心地劝说韩信留在汉营的：

是三生有幸，
天降下擎天柱保定乾坤。
全凭着韬和略将我点醒，
我也曾连三本保荐于汉君。
他说你；出身低贱不肯重用，
那时节；怒闹了将军，跨下了战马身背宝剑就出了东门。
我萧何闻此言雷轰头顶，
顾不得；这山又高、水又深，
山高水深路途遥远，
忍饥挨饿来寻将军。
望将军，你还念我萧何的情分，
望将军，你且息怒、你暂吞声、你莫发雷霆。
随我萧何转回程，
大丈夫要三思而行。

看到满面风尘的萧何,韩信心中涌起一股难言的感觉。在萧何真诚挽留之下,韩信同意了回归汉营的请求。

五天后,萧何带着韩信回到了刘邦军营,这才有了故事开头那一幕。

第九章　还定三秦

君以国士待我，我必国士报之

当刘邦又一次听到韩信的名字后，随即就骂开了："军营里跑掉的士兵和将领有上百人，你都没有追，却唯独去追一个韩信，我说老萧，你说的这个韩信，有那么厉害吗？还万里挑一，我读书少，你不要骗我。"

萧何解释道："那些将领都是庸才，唯独像韩信这样的人才，普天下再也找不出第二个来。我和韩信已经交往一段时间了，他对兵法有自己的独特见解，确实是个军事奇才。主公如果只想做汉中王，当然用不上他；要想争夺天下，不能没有韩信，就看主公如何考虑了！"

刘邦答道："你这不是明知故问吗？我也打算东进啊，老闷在这个鬼地方可不是长久之计。"

萧何道:"主公如果决计打回老家去,必须重用韩信,这样他才会留下来。如果主公不能重用他,韩信终究还是要离开的。"

刘邦只得妥协道:"既然如此,那就看在你的面子上,封他做个将军吧。"

本以为事情到此结束了,可没想到萧何还是不依不饶,他明白将军之位不足以打动韩信,他知道韩信的才能和自我期许的程度。

"大王,即使您让他做将军,韩信也一定不肯留下来的。"

为什么萧何一定要刘邦封韩信为大将军?

除了深知韩信的军事才能外,萧何对刘邦集团目前的处境也怀有深深的忧虑。

刘邦入川之后,很多部下都不愿意长期远离家乡,妻离子散,一直存在有组织的逃亡现象。更重要的是,眼下汉军缺乏能够负责全面军事工作的人才,刘邦是当时数一数二的政治高手,但他的军事才能并不突出,远不能和项羽、章邯匹敌,尤其致命的是,刘邦并不具备指挥大兵团作战的能力。

与其说韩信需要刘邦集团这个平台,不如说刘邦更需要韩信这样的军事人才。

面对萧何热切的眼神,刘邦陷入了深深的思考中。也难怪,一个二十三岁的年轻人,新入职才一年,从一个中级武官提拔到军队最高职位,做出这样的决定得有多难?下面的人会服气吗?所以,不难理解刘邦的压力。

但同时,刘邦也知道萧何是个谨慎的人,是个靠谱的人,更是一个值得信任的老乡,既然萧何这么执着地想封韩信为大将军,那么其人必定有过人之处。想到这里,刘邦对韩信产生了兴趣,他很想重新认识一下这位萧何口中赞不绝口的韩信到底是个什么人物。

在经过短暂思考后,刘邦一挥手道:"那我就让他做这个大将军。"

萧何笑道:"主公您一向傲慢,如果任命一位大将军就像小孩子过家家一样,也是留不住他的。主公如果想诚心拜他做大将军,就该拣个好日子,沐浴斋戒,搭起一座高坛,然后召集文武大臣,举行隆重的仪式,按照任命大将的仪式办理,那才行啊!"

刘邦听完若有所思。

这一天,汉军的都城南郑(今陕西汉中)旌旗蔽日,鼓号齐鸣,坛台高筑,刘邦要亲自登坛拜将。

对于韩信来说,这是他一生之中最为重要的日子。

汉军将士整齐列队,将领们一早醒来,都议论纷纷,有高兴的,有嫉妒的,有狐疑的。高兴的是以为这大将军非自己莫属,嫉妒的是以为大将军非某人莫属,狐疑的是拿不准汉王到底想拜谁为大将。

传令官一声高呼:"拜将仪式开始!"

"韩信登台!"赞礼官高声道。

这个名字一出口,很多人都差点昏过去,太意外了。谁能想到,这位大将军竟是军中小小的治粟都尉韩信?底下人议论纷纷。

"这不是那个管粮官吗?他怎么要当大将军了?"

"是啊,这个人到底什么来头?"

"我认得他,原先在淮阴城里要饭的。"

"要饭的居然能当大将军,汉王是不是急糊涂了?"

"别瞎说,汉王这么做,自然有他的道理。"

面对众人的质疑,韩信充耳不闻,不紧不慢地登上拜将台,面北而立。在赞礼官的吆喝下，拜将仪式正式开始！

这是属于他的时刻，而这个时刻早就应该到来。他的眼中没有一丝愧不敢当的神色，流露出的是满满的自信。

士为知己者死，韩信的心中对刘邦除了感激，还是感激。望着台下欢呼的汉军士兵和将领们，韩信的胸中燃烧着万丈豪情。从淮阴城中受胯下之辱的落魄青年，到受人瞩目的汉军大将，韩信在这条荆棘遍布的途中，忍常人所不能忍，终于登上了人生的巅峰。这一刻，韩信完成了人生中最为重要的蜕变。

为什么萧何一定要刘邦举行这样一个隆重的仪式，在万众瞩目下拜韩信为大将军？

那是因为，仪式感确实很重要。

什么是仪式感？《小王子》里有一句话，我觉得说得很恰当："仪式感，就是使某一天与其他日子不同，使某一时刻与其他时刻不同。"

仪式就是让我们对所在意的事情，怀有敬畏。为了说明这个问题，我们不妨来分析一下婚礼中的仪式感为什么这么重要？

很多人不理解，为什么我们要花费那么多的心思和精力，去准备一场给别人看的仪式？

其实，婚礼除了是做给父母亲朋看，也是做给自己看的。

说白了，婚礼是男人为自己的女人满足愿望的日子，是女人一生中最光彩耀眼的时刻。从这一天起，她要与过去的稚嫩告别，和你一起，扛起家庭的担子，家务、孩子，她要承担太多太多。对于双方而言，都需要这样一个仪式昭告天下，也告诉自己：从此刻起，新的人生开始了！

生日、毕业典礼、结婚纪念日都是仪式，这些仪式可大可小，但是需要它们给我们开始的未来赋予新的意义，或者让我们和过去做一个正式的告别。

古人是最注重仪式的，从帝王登基，到祭祀朝拜，再到迎亲嫁娶之类的生活习俗，几乎每一步都注重仪式。这些仪式感让活动变得庄重，不敢心生怠慢。

仪式，让我们学会重视自我，重视彼此，重视人与人的关系。

对于刘邦而言，只有通过这样的方式，才能让他真正重视韩信；对于韩信而言，也唯有这样一场盛大的仪式，才能让他真正感受到被尊重、被重视，由内而外生出一种自豪感。

高位审视，才能找到突破点

在用隆重的仪式封韩信为大将军后，刘邦迫不及待地把韩信请入帐中，让置上座，与韩信展开了一场长谈。他倒要看看，韩信到底有何过人之处。

这就是著名的"汉中对"，虽然没有"隆中对"有名，但韩信的军事战略才华不输于诸葛亮。诸葛亮是三分天下的战略，而韩信却是统一天下的战略。

刘邦首先说出了自己的苦恼，他很悲观，巴蜀地处偏远，军中人心离散，每天都有人离开，自己的前途到底在哪里？

韩信听刘邦倒完苦水，自信地说道："主公要想东征，夺取天下，对手只有一个——项羽！"

见刘邦连连点头，韩信接着问道："那主公自己估计一下，论兵力的英勇、强悍、精良，同项羽比谁高谁低？"

刘邦苦涩地一笑："这不很明显吗？我的实力远远不如项王。"

韩信点点头，"不仅主公，就连我也觉得您不如项王。我曾在项羽帐下做事，对他的为人很了解，不妨让我来分析一下项羽的三大弱点。"

那么在韩信眼中，项羽究竟有哪些弱点呢？

一是匹夫之勇。项羽嗓门很大，一声怒吼能让上千人吓瘫在地，但他不能放手任用贤将，只算匹夫之勇。

二是妇人之仁。项羽对自己人心慈手软、恭敬有礼，将士生了病，他见了会掉眼泪，甚至还会把自己的食物拿来与人分；但部下立了功，该加爵封位的时候，大印的棱角都被磨圆了，他还紧握手中舍不得给人，这是妇人之仁。

三是不得民心。项羽虽然称霸天下，收服诸侯，但他经过的地方无不销毁殆尽，不居关中而都彭城，又违背义帝的约定，把自己的亲信和偏爱的人封为王，诸侯对此愤愤不平，天下百姓对他是敢怒敢怨而不敢言，名义上虽为天下的领袖，实质上已尽失民心。

刘邦点头称善，继续问道："既然如此，那我该如何着手准备呢？"

韩信接着侃侃而谈："很简单，反其道而行之！"

一是大胆任用天下武勇之人，充实自己的队伍；

二是不要吝啬，把天下的土地分封给功臣，给他们一定的好处，充分调动他们的积极性；

三是团结那些一心想打回老家去的老兵，提振士气，给他们树立打回去的信心。

更何况，从外部条件来看，主公还有以下这三大优势。

第一，关中三王尽失民心。项羽分封天下时，在关中一口气封了三个王，分别为章邯、司马欣和董翳，目的只有一个，就是钳制主公。问题在于，这三人都是秦朝旧将，率领秦国子弟南征北战已有数年，战死和逃亡的人不计其数，特别是后来为了自保投降项羽，致使项羽坑杀秦降兵二十万人，关中父老对他们无不恨之入骨。

第二，主公深得民心。主公在进入关中之后，一路秋毫不取，封府库，安百姓，废秦法，与民"约法三章"，深得关中百姓的信任与支持，有着非常牢固的群众基础。

第三，关中父老都知道您的委屈。根据当初诸侯的约定，主公理当在关中称王，关中的百姓都知晓，可主公却失掉了应有的封爵，被安排在汉中做王，秦地百姓无不怨恨项王。如今主公只要静待机会，一旦中原出现动荡，您就立即起兵攻取三秦。以主公在关中积累的民意基础，"三秦"大地只需一张布告即可搞定，下一步，您就可以谋取天下了！

如果用最直白、最简单的话来总结一下韩信的分析，那就是：项羽是只纸老虎，刘邦不用怕！

我们可能觉得，这事挺简单的啊，项羽虽然分封了各路诸侯，自己回到了老家，但由于分封不公平，不少诸侯心中都有怨气，中原必定会再次发生摩擦纠纷。刘邦要想从巴蜀之地走出来，也只能先取关中，然后以此为基础，向中原迈进。我要是韩信，把地图往桌上一摊，也会这样给刘邦建议啊。

其实不然。

我们现在看历史时，很多时候会觉得历史很简单，那是因为我们站在两千多年的时光外,开启了上帝视角,并且是在已知结局的情况下对历史进行复盘。其实回到当时的历史情境,这是一个不太容易想到的策略。你要从更高的视角分析项羽分封天下的利弊,摸透各路诸侯的心思和矛盾,了解刘邦此前的一系列行为带来的民意反映,并且设计出一套切实可行的方案,完成最后的逆袭。

我们每个人的思维模式,其实都很容易被眼前的困境所迷惑,进而被局限在世界的一个角落里。不是没目标,不是没资源,不是没能力,不是不努力,但就是很难突破,为什么?

因为没有看到更大的地图。

在一个大局中竞争,重要的往往不是力量和资源,而是认知能力,也就是需要看到更大的地图。在这幅地图中,各个板块之间是相互依存、相互联系的,不仅要理解自身的处境,还要分析对手的处境,这有利于判断局势最终的演化。只有具备这种更高维度的认知能力,才能重新树立信心,找到全新的关键破局点,以点触动面,撕开一道口子,最终赢得竞争。

明修栈道,暗度陈仓

韩信从刘邦的不利境遇中看出了暗流涌动,只要刘邦静待时机,抓住机会,打败项羽并不困难。

与项羽不同,刘邦身上有一个很突出的优点,那就是能识人用人,而这一点恰恰是项羽所缺乏的。项羽麾下人才不少,韩信、陈平、范增、钟离眜、英布这些人一开始都归附在项羽集团,项羽却肉眼难识大才,结果韩信失望跳槽了,陈平被吓走了,范增受疑离去了,钟离眛被弃置了,英布被逼反了,还有谁愿意为孤傲的项羽做事?

韩信给刘邦描绘了一幅清晰的政治蓝图。刘邦对韩信言听计从,把打出汉中、进军关中的军事部署全权交由韩信负责,又派萧何做后勤部长,去巴蜀之地收租保障军粮供应。

刘邦想要成就大业,就必须走出巴蜀,回到关中。而要回到关中,就必须迈过巍峨的秦岭。关中有几十万秦军,难以战胜,而比秦军更难战胜的,是秦岭的山路。

在当时,从陕南的汉中到关中平原,只有子午道、褒斜道、陈仓道几条路径相通。

子午道直接通往长安,刘邦从关中前往汉中,走的就是这条路,之后他采纳了张良的建议,路过后即烧了这条栈道。

第二条是褒斜道。这条路起点位于汉中褒河,通往陕西眉县西南斜峪。三国时期诸葛亮伐魏的时候,多次走这条道。

最后一条是陈仓道。这条路通向陕西宝鸡市南,而从宝鸡到咸阳还有数百里之远,中间既有山路,又有水路。所以,这条路是镇守关中的秦将最不看好的路。

项羽在分封完毕、离开关中之前,为堵住刘邦出关的通道,将关中之地分封给秦朝的三位降将。他把咸阳以西之地划归章邯,封其为雍王,建都废丘(今陕西兴平市东南);把咸阳以东至黄河之地划给司马欣,封其为塞王,建都栎阳(今陕西临潼东北);把陕西北部的上郡之地划给董翳,封其为翟王,建都高奴(今陕西延安东北)。

董翳和司马欣都不是能征惯战的将领,但雍王章邯不同,他被称为秦帝国最后的名将，在巨鹿之战前曾率秦军扫荡关东，是一位作战经验非常丰富的对手，他将是刘邦回到关中的最大障碍。

可惜的是，章邯的对手是超一流的名将韩信。

为了麻痹敌人，达到出奇制胜的用兵效果，韩信先派樊哙、周勃率兵万人，假装修补之前已烧毁的栈道，摆出要从褒斜道出兵的姿态。章邯的反应很快，他迅速将主力部队调至眉县西南斜峪，摆开阵势。

就在章邯瞪大了眼睛严阵以待的时候，汉兵主力从天而降，突然集结于秦岭以北。章邯大吃一惊，他立刻意识到自己低估了汉军的实力。原来，就在章邯将目光锁定在褒斜道口之时，韩信率汉军主力已悄悄从陈仓故道入关，攻下了大散关。等到章邯恍然大悟，仓促率兵赶来救援时，明修栈道的两支汉军也前来会师，士气高昂的汉军三面夹击，章邯兵败自杀。塞王司马欣、翟王董翳不是刘邦的对手，先后投降。

章邯有两个弟弟，一个叫章平，一个叫章豨。章平随兄章邯降楚后，仕楚为上卿，领兵守武关。刘邦围攻废丘，章邯命其弟章平支援，但章平哪里是韩信的对手？几个回合下来就被韩信打败俘获。

从北出汉中到还定三秦，韩信仅仅用了四个月的时间，其速度之快令人惊叹。

这是韩信在军事上的牛刀小试，也让刘邦真正见识到了他的军事指挥才能。韩信用了声东击西的战术，略施小计就骗过了章邯，带领汉军重新回到了关中，并在关中站稳了脚跟。

第九章　还定三秦

彭越：规则意识很重要

有一个很奇怪的现象：刘邦反攻关中的四个月里，关中被封的三个诸侯王竟然没得到项羽的任何支援。如果项羽此时率兵还击，汉军极有可能会陷入岌岌可危的境地。面对汉军奇袭三秦的"反叛"，项羽为什么没有参加？

答案其实很简单：关东出乱子了。

首先跳出来的是齐地的田荣。

田荣是田儋的堂弟。当初，齐王田儋因救魏在临济战死，齐国国内无主，齐人拥立了战国末代齐王田建之弟田假为新王。田荣在听到这个消息后十分愤怒，带兵驱逐了齐王田假、齐相田角和将军田间，立田儋之子田市为齐王，自任齐相，以弟弟田横为将军，掌握齐国大权。

公元前207年十月，副将田都背叛田荣。十二月，齐王建的孙子田安攻克济北郡，随项羽入关。

项羽进入咸阳后，分封十八路诸侯，一口气在齐国封了三个王。田荣因为当初不肯出兵援助项梁，没有得到项羽的分封。

田荣原本只是个齐相，并不是齐王，但当他看到齐国被分成了三块地盘，而自己拥立的田市被挤到了胶东之地，没自己什么事儿后，心里不平衡了！怎么说，我也是名义上的齐相，你项羽大封天下，却把我当空气对待，太过分了！

田荣决定出兵去会会新封的齐王田都。田都当然不是田荣的对手，一场架打下来，田都吃了败仗，逃往楚国投靠了项羽，从此在史书中不知所踪。

田荣公开反楚,坚决反对田市去做胶东王。左右亲信对田市说:"项羽为人残暴,大王如果不到封地胶东去,肯定有危险。"田市越想越害怕,于是背过田荣,偷偷跑去胶东。田荣更加生气了,他马上带兵去追,将不听话的侄子一刀给杀了。

田荣公然抗拒楚国,他自己也知道后果很严重,他虽然蛮干,但脑子还算清醒,知道仅靠自己是打不过项羽的,于是广泛网罗和扶持反楚力量,让项羽手忙脚乱,顾不过来。

很快,田荣就找到了一个合作伙伴——彭越。

彭越的起点并不高,原本在巨野泽中以打鱼为生,兼职做做强盗,属于干一票就跑的那种。当反秦的浪潮席卷全国时,他的小伙伴们想推举他当团队老大,带领弟兄们打出反秦的旗号。不料,彭越却轻描淡写地说了一句话:两条龙刚开始打架,先等等看。

一年后,反秦起义如火如荼,巨野泽聚集了一百多个年轻人,他们找到彭越,请他做首领,不料彭越还是拒绝。后来在大伙儿的执意请求下,彭越这才同意"立杆子",不过彭越有言在先,今后不同于现在的小打小闹,必须要有严肃的军纪,明天太阳出来前,所有人要到这里集合,迟到杀头。

第二日,当太阳刚刚露出一角时,大部分人都准时赶到集合地点,但迟到的仍有十多人,最后一个居然到了中午才来。这时候,彭越说话了:"我本不愿意挑这个事,可你们执意要我当老大。我约好时间,可还是有很多人迟到,为了严肃军纪,必须杀最后一个迟到的人立威!"

自由惯了的强盗们没把这事儿当真,以为他在开玩笑,都笑着说：“老彭何必当真呢，下不为例呗！”

彭越板着脸，将最后迟到的人绑了起来，一刀下去，人头落地。

为何彭越执意要严格执法？很简单，他要用手中的钢刀让大家真正认识到，打仗靠的不是个人英雄主义，而是团队的配合，军队与强盗最大的区别就在于纪律。眼前的这些江湖好汉们的斗志和战斗能力都不成问题，缺的是集体观念、纪律观念。只有严明的纪律，才能保证这支军队的战斗力。

这让我想起了另一个练兵的故事。

春秋时代有个军事家叫孙武，有一天去见吴王阖闾，吴王问他能不能练兵。孙武为了显示自己的军事水平，刻意提高难度说："大王后宫的嫔妃宫女就可以。"

吴王阖闾从后宫之中传召了一百八十名女子前往演兵场，交给孙武。孙武把宫女编成两队，让吴王最宠爱的两个妃子当队长，然后把一些基本动作教给她们，告诫她们要遵守军令，并指定自己的车夫和随从监督，负责执行处罚。

一切准备就绪后，孙武开始发号施令，宫女们却觉得好玩，互相之间乱作一团，一个个都笑了起来。孙武又重复了一遍，然后击鼓训练，宫女们仍然置于脑后，你推我搡，队伍混乱不堪。

这次孙武生气了，大声呵斥："法令不明，这是我的责任；法令既然明了而不执行，这就是队长的责任了。"下令把队长拖出去斩首。

吴王听说要斩他的爱妃，急忙向他求情，孙武说："大王既然命令我训练她们，我就得严明法令，如果规矩成了摆设，以后谁还能遵守军纪？任何人违犯了军令都该接受处分，这是没有例外的。"说完便下令斩了两个宠妃示众,又任命了新的队长重新操练。

宫女们都吓得脸色发白,再也不敢吊儿郎当,训练中都严肃认真,积极投入。

在企业管理中,最有效的管理莫过于制度管理,建立一套好的制度,等于成功了三分之一,另外的三分之二就在于制度的落实。作为管理者,一定要率先垂范,维护规则的刚性和权威,这样才能让大家树立规则意识,团队也才会有凝聚力和战斗力。

适当示弱,巧妙转移火力

彭越终于举起了义旗,他严明军纪,不断扩大地盘,收编诸侯散兵,很快组织起千余人的反秦队伍。

田荣反叛楚国时,彭越在巨野已有兵众一万多人,尚无归属。

田荣敏锐地发现了这支部队的利用价值,他铸就将军信印,派人送给彭越,收编了这支部队,命他攻打济北王田安。彭越对于归属问题没有多想,接到将军信印后,立即进攻济北,杀死了济北王田安。就这样,田荣合并了三齐之地,自立为齐王。

田荣见彭越很有能力,又派他去和强大的楚国碰碰。项羽很生气,好你个彭越,胆子可不小啊!竟赶来捋虎须!立即命部将萧公角率军迎击彭越。彭越大败楚军,给了项羽一个下马威。

项羽很生气,不过,更让他恼怒的还在后面。

项羽大封天下后,陈馀只得到了南皮三县之地,为侯爵。得知张耳被封常山王,建都襄国(今河北邢台市西南),领有赵地,就连张耳的亲信申阳都被封了河南王后，陈馀愤愤不平，对身边的人说道："张耳与我功劳相等，现在张耳为王，我却只是个侯，凭啥？"

如果说以前陈馀对张耳只是三分怨，现在又加了七分恨。

陈馀表示抗议，但苦于兵力不足，不敢有什么举动。

就在陈馀生闷气的当儿，田荣公开反楚了。陈馀见时机成熟，暗中派遣张同、夏说去游说齐王田荣："项羽作为天下的主宰颇不公平，把好的地方全都分给了各将领，把原来的诸侯国君主改封到不好的地方。现在赵王就往北到代郡去了，这哪能行？听说大王您起兵抗争，公开反对项羽，希望您能资助我一些兵力去攻打常山，恢复赵王的王位。事成之后，我一定说服赵王做您的小弟！"

齐王田荣正在担心自己势单力薄，打不过项羽，见有人主动投靠，自然同意，给陈馀调了一支军队支援。

陈馀得到了田荣的援助，立即把矛头对准了自己的死敌张耳。陈馀和张耳早年是好友，都是魏国大梁人，两人都是天下闻名的贤士。名气大到什么程度呢？刘邦还没混到亭长之前，有一次仗剑游历，曾屁颠屁颠跟在张耳身后当小跟班。

秦灭魏后，四处搜捕张陈二人，开出的赏金为：张耳千金，陈馀五百金。二人不得已，化名逃到陈地藏身。

巨鹿被围时，张耳多次请求陈馀发兵救援，但陈馀因秦兵势大，不敢轻举妄动，只派了张黡与陈泽去救援，结果全军覆没。巨鹿解围后，张耳显然很在意陈馀的"背叛"。一见面，他劈头盖脸就是一顿责备，陈馀也恼了，说："不想您误解我这么深！是不是觉得我权力太大想收回去？"说完，解下印绶递给张耳。

两人的信任土崩瓦解，信任一旦不再，曾经的情谊瞬间变成怨恨。陈馀负气离去，多年好友自此反目成仇。

张耳此时正在一心经营赵国，陈馀率兵来攻，张耳兵力不足，无法抗衡陈馀的联军进攻，战败撤退，准备去投靠项羽。

张耳部下有一名叫甘公的谋士，他拦住张耳，问道："主公和汉王刘邦颇有交情，为何不去投奔汉王？"

张耳道："刘邦虽然和我有老交情，可是项羽的势力强大，更何况我的地盘都是他给的，我只能投奔项羽。"

甘公摇头道："我曾夜观天象，汉王入关，五星会聚于井宿天区。井宿天区是秦国的分星，先到的一定功成霸业。别看现在项羽强大，将来成就霸业的必定会是刘邦！"

张耳一听，也变得犹豫不决。既然你说刘邦是潜力股，那咱就去投奔刘邦吧！就这样，张耳做出了人生中最明智的一次选择。他没有找强大的项羽申请报仇，而是投奔了较弱的刘邦。

当时的刘邦正在废丘围攻章邯的军队，见有人来投靠自己，自然高兴，以优厚的礼遇接待了他。

陈馀打败张耳以后，收复了赵国的土地，把赵王从代县接回来，恢复了他的王位。赵王对陈馀感恩戴德，封陈馀为代王。陈馀因为赵王的力量尚弱小，国内局势刚刚稳定，留下来继续辅佐赵王，而派夏说以国相的身份驻守代国。

面对齐国上蹿下跳的田荣和关中重出江湖的刘邦，项羽一时没了主意，该揍谁呢？

就在项羽犹豫的当儿，突然收到了张良的两封书信，这两封信让项羽坚定了目标：先揍田荣！

那么，这两封信写的是什么内容呢？

第一封信，是张良写给项羽的，信的内容是这样的：汉王失去了在关中应得的王位，他之所以重回关中，无非是想到关中拿回属于自己的东西。他只是按照先前的约定称王于关中，绝对不敢东进的。眼下齐国田荣正在四处折腾，要和赵国准备联手灭楚，所以齐国才是项王的心腹大患啊。

第二封信，是齐地田荣、赵地陈馀写给各路诸侯王的，里面声称齐王想和赵王联手，准备邀请各路诸侯组建联军共同对付项羽！

在张良的暗示下，自负的项羽认为刘邦成不了气候，而田荣之乱近在咫尺，且齐地离彭城太近，于是打消了西进收拾刘邦的念头，转而将目标瞄准了一向不服气的田荣。就这样，刚刚回到关中喘了口气的刘邦，又一次悬之又悬地逃过了一场劫难。

从这封信中，我们不难看出张良对于时机的把握，以及人心的洞察，他在关键时刻的示弱，又一次拯救了刘邦。

很多时候，锋芒毕露并不能给你带来好处，反而会招来不必要的麻烦。要懂得保护自己，收敛锐气，适当的时候示弱，可以巧妙地转移敌人的火力，进而得到保全自己的机会。

第十章　楚汉争雄

留住人才：以真心换真心

在收到张良寄来的两封书信后，项羽决定先放刘邦一马，转而集中火力对付难缠的田荣。而此时，距离田荣起兵反叛，已经过去了整整七个月。

事实证明，一代战神的名号不是白给的，项羽的大军在齐国境内所向披靡，一举击溃了田荣的主力，田荣在逃到平原（今山东平原县）后，被当地百姓所杀。

田荣死后，项羽一路收复齐地，沿路疯狂烧毁民宅建筑，活埋投降的士卒，掳掠妇女老弱，在齐地引起了极大的民愤。项羽的本意是通过严酷的杀戮，在齐地树立自己的权威，让大家都乖乖地当顺民。殊不知，这种烧杀抢掠的暴行反倒引起了百姓的集体声讨，他们重新聚集起来，对项羽的暴行予以顽强的反抗。田荣的弟弟田横竖起反楚大旗,辅佐田荣的儿子田广担任齐王,跟项羽玩起了持久战,项羽深陷齐地,不得脱身。

当项羽陷在齐地的泥淖中时,刘邦也没闲着,在迅速安定关中后,汉军攻城略地,取得了不小的胜利,塞王司马欣、河南王申阳、翟王董翳眼见形势不对,转而投靠了刘邦。

随着汉军在关中四处开花,刘邦开始酝酿着将仍在沛县老家的父亲和妻儿也接过来一起享福。派谁去呢?刘邦左看右看,最后选定一个人:同乡王陵。

王陵也是沛县人,后来继萧何、曹参成为汉朝的第三任丞相。秦始皇在位时,王陵在沛县是大哥级的人物,刘邦也在他的手下干过事。《史记》中说,刘邦曾"兄事王陵",意思就是说刘邦曾以兄长之礼对待王陵。天下大乱、豪杰蜂起的时候,王陵也拉起了一支队伍,走上了反抗暴秦的道路。

刘邦西征灭秦时,与王陵曾有过一次合作,他们共同攻下了南阳。刘邦是要取道南阳从武关入秦,继续他"先入关者为王"的事业,而王陵由于过去的身份和地位都比刘邦高,并没有继续追随刘邦一同入关。

当刘邦西出陈仓、还定三秦后,汉军的势力很快就扩充到了前秦故地,他派人和王陵取得了联络。眼见刘邦势大,王陵带领部下归属了刘邦。

王陵接到的第一个任务,便是到沛县去接刘邦的家人。问题在于,从关中到沛县,要经过项羽控制的阳夏,刘邦在关中闹得轰轰烈烈,项羽会同意自己带着刘邦的家人去关中吗?

眼见王陵倒向了刘邦,项羽坐不住了,他派人到沛县将王陵的母亲"请"到了楚军之中，好吃好喝地招待，实际上是将她作为要挟王陵的人质。

王陵得知消息后，向项羽阵营派了人前去了解情况。项王亲自接见了使者，并告诉他，要想保全母亲性命，唯一的办法就是让王陵前来投降。

就在王陵使者将要返回的时候，王母拉住使者，哭诉道："请先生替我跟我儿子说，好好在汉王手下干，汉王是个厚道长者，将来一定会得到天下，不要因为我定不下心来。"说完伏剑而死。

项羽未料到王母竟然如此刚烈，导致招降计划泡汤，大怒之下，竟然让人把王母的尸体给煮了！

以母子亲情要挟他人，失败后又气急败坏做出一系列出格行为，这是懦夫才有的表现。项羽被大家看作是一个悲剧中的英雄，一个顶天立地的男子汉，但如果拨开历史的层层外壳，我们看到的却是一个心胸狭隘的屠夫。他经常发怒，多次屠城，在一次次的杀戮中，也耗尽了自己的最后一点民心。

有趣的是，后世的曹操并没有从中吸取经验教训，为了挽留自己中意的人才，曹操也上演了一出以母子亲情相要挟的大戏。

故事的主角叫徐庶，寒门出身，能文能武，在投靠刘备之后，打赢了曹仁，得到了刘关张的信任。

没曾想，曹操发现对手刘备阵营中的徐庶是个人才，为了让徐庶归顺自己，在程昱的建议下，将徐庶的母亲骗到许昌扣留了下来。而后，程昱凭借一封伪造的书信将徐庶骗到许昌。徐庶进了曹营后，其母自尽，徐庶立誓此生不给曹操出一计一策。

乱世之时，强大的一方总是用俯视众生的态度企图利用人性的弱点控制他人，而缺少对他人真正的欣赏和认同，结果带来的只是仇敌与反抗，项羽就是最好的前车之鉴。

如果从管理学的角度来看，项羽和曹操面临的问题其实就是：如何留住人才？

众所周知，人才是企业发展的"血液"，而如何留住人才，是管理者要思考的首要问题。对待人才，项羽的做法简单粗暴，用暴力或亲情胁迫的方式，让人不得不为他效力。这样虽然能暂时留住人才，但很难让他们融入自己的团队，死心塌地追随自己。

那么如何才能真正留住人才？

刘邦的后世子孙刘备用三顾茅庐的故事告诉我们，留住人才有且只有一种方式：以真心换真心。

用人要疑，疑人也要用

随着刘邦势力的进一步扩张，汉军终于把矛头直接伸向了楚国，大军从临晋渡过黄河，准备联合各路反楚军事力量向项羽发起反击。

与此同时，一个叫陈平的人从项羽阵营叛逃，前来投奔刘邦。至此，刘邦身边的核心团队终于凑齐了最后一块重要拼图。

陈平是谁？

在这里，我们有必要隆重介绍一下这位与张良齐名的著名谋士。

陈平小时候出身并不好，祖上没什么产业，也是吃了上顿没下顿。他也没什么谋生的本事，时时刻刻都要为柴米油盐发愁。但陈平又是幸运的，老天给了他一个好兄长，也给了他一副好皮囊。

刘邦：从泗水亭长到歌动大风

陈平每天跟着哥哥混吃混喝，四处闲逛，社交圈子倒是很广泛。他喜欢读书，不喜欢干农活，喜欢做些轻巧的活计营生。村里有红白事他都去帮忙，顺便挣点外快。有个叫张负的富豪，他的孙女嫁了五次，丈夫无一例外死亡，在村里人看来，这姑娘天生的克夫命。

没人敢娶这个"克夫"的女人，陈平却打算娶她。张负见陈平家里虽然穷了点，好在为人踏实能干，将来肯定会有出息的，所以自作主张将孙女许配给了他。他儿子表示不服："陈平既穷又不愿劳动，全村的人都笑他没出息，怎么还把妹妹嫁给他呀？"

张负解释道："陈平长得这样高大英俊，能永远贫穷吗？"执意把孙女嫁给陈平，婚礼花费全部由女方倒贴。

有了老丈人家雄厚的资金做后盾，陈平的社交圈子变得更加广泛。他知道，是时候去做一番大事业了。

有一件小事足以证明他的抱负。有一年村里祭祀，陈平负责分肉，不贪小便宜，分得很公平，大家都夸奖他分得好，陈平却感慨道："假如让我陈平拥有治理天下的机会，也一定会像分肉一样做得恰当称职。"这语气与刘邦的"嗟乎，大丈夫当如此也"简直如出一辙，也难怪最终两人成为铁杆朋友。

公元前209年，陈胜、吴广在大泽乡起义。陈平一看，机会来了，果断投入了魏王魏咎的帐下，为他出谋划策，不料魏王目光短浅，根本就不听陈平的意见。陈平见项羽势头凶猛，是各军团中势力最强的一支，于是又投到项羽的麾下，跟着项羽一路攻破秦国，还被项羽封爵。

本来形势一片大好，可后来项羽因封王引发了很多人的不满，天下仍旧烽烟四起，项羽疲于四处灭火平乱。而在鸿门宴上，项羽空有一身英武之气，却刚愎自用，不喜接纳人言。与此同时，陈平被刘邦的气度、智谋与胆识所折服，又听说他知人善用，便认定刘邦是个人物。恰逢司马卬背楚降汉一事，让项羽迁怒于陈平，陈平一琢磨，项羽此人意气用事，成不了大事，干脆趁此机会挂印封金，投奔刘邦阵营去了。

从陈平创业初期对合作伙伴的选择上，我们不难看出，陈平看人的眼光是非常准的。关键时刻，一旦发现正确的方向就会立刻付诸行动，绝不因犹豫而错过机会，这也是他的过人之处。

在路上，陈平因过河而上了一条渔夫的船。船行到一半，艄公见他仪表堂堂、衣着不凡，起了谋财害命之心。就在艄公暗自揣测的时候，陈平意识到了危险，他马上解开衣服，哎哟，这天怎么热起来了？来，我来帮你划桨吧！艄公见他身上并没藏有金银，也就打消了害人的心思，陈平也得以安全过河。

在好友魏无知的推荐下，陈平顺利见到了刘邦。刘邦对人才向来都非常重视，何况是从项羽那里投奔过来的，他赐给了陈平丰厚的酒食。酒足饭饱，两人一番长谈，刘邦觉得陈平很有才华，问他在项羽那里当的什么官。陈平老实答道："都尉。"

刘邦于是继续封其为都尉，留在身边做参乘，还兼职监察军队。

任命一出，军中一片哗然。一个外来户受此重任，刘邦的一些老兄弟不干了，纷纷抱怨：一个楚国的逃亡士卒有多大本事，竟然陪乘汉王，还监督我们这些老将，汉王是不是该收回这个任命？

面对众人的质疑，刘邦充耳不闻，反而对陈平愈加亲近。

周勃和灌婴，这两位武将适时地站了出来，准备揭发陈平的真面目。这次，他们掌握了足够多的证据，有信心扳倒陈平。

根据周勃和灌婴二人的叙述，陈平的罪状被罗列如下。

一，私生活不检点，在老家曾和自己嫂子通奸。

二，经济有问题，经常接受军官贿赂。

三，立场不坚定，曾先后投靠在魏咎和项羽门下，是标准的"墙头草"。

面对确凿的证据，刘邦也坐不住了，他找来了推荐人魏无知："听说陈平此人私生活混乱，人品有问题，有没有这样的事？"

魏无知答："有。"

刘邦："你不是说他是个贤人吗？"

魏无知："臣所说的贤人是指能力和水平，大王所问的是指品行。如果品行端正，但没有能力，大王能重用吗？当今楚汉相争，臣推荐的是善出奇谋的能人，这对国家有利呀！即使有些不端行为又有什么影响？"

刘邦想了想，还是不放心，索性叫来当事人陈平，问他咋回事。

陈平的回答倒是很干脆，说："不是我朝三暮四，屡次背主，是魏王、项王不重用我，我才来你这里的，你不重用我，我照样走。我刚来你这里，不收受贿赂咋吃饭？"

陈平的这番话够坦荡、够直白，刘邦很欣赏他的这番坦诚，不仅没有辞退他，反而对他更加信任。从此，陈平开始在历史的舞台上大展身手。

史书记载："汉之谋臣，良、平而已，然良之术多正，平之术多谲。"意思是说，张良的谋略是比较正统的，是所谓的阳谋，而陈平的谋略多以诡计、阴谋取胜。与张良不同的是，陈平不仅靠奇计奠定了他在汉初的政治地位，还被刘邦视作为数不多的心腹大臣。汉帝国建立，陈平继萧相国、曹相国之后，与王陵一起为汉帝国的左、右丞相，就是明证。

从陈平的故事中，我们不难看出刘邦对待人才的一个态度，那就是不以道德为选人的唯一标准。刘邦是个用人高手，他的高明之处就在于有用人之道，更有用人之术。

在刘邦看来，真正的选人标准不是"唯道德论"，绝对不能将道德作为选拔人才的唯一标准，甚至不认为是第一标准。如果在对待人才的问题上一味地着眼于道德，很有可能出现一个问题，那就是有德无才。选出来的人品行端正，却能力不行，这样的人往往会成为"老好人"。

"用人不疑，疑人不用"，似乎一直被奉为领导选人、用人的操作指南。但其实，这种说法有一定的局限性。如果只用而不疑，企业迟早必乱；如果只疑而不用，企业人才必定越来越少。换句话讲，该用的时候不用，人会走；该疑的时候不疑，会出事儿。

在旁人眼里，陈平此人跟嫂子通奸，又喜欢贪污受贿，道德上存在重大瑕疵。刘邦在得知这一点后，并没有撤掉陈平的职，而是继续大胆委以重任，丝毫不理会旁人的怀疑。

得道多助，人心是事业的基石

随着汉军四处征战，刘邦的东进之路也颇为顺利，从平阴津（古渡口名，今河南孟津东北）渡过黄河，到达洛阳，一路攻城略地，所向披靡。

此时的刘邦可谓是意气风发。在他看来，项羽已深陷齐国战局的泥淖中，根本无法顾及自己。既然如此，何不一鼓作气，拿下西楚王国首都——彭城？

刘邦统兵进抵洛阳新城，一时间军威浩荡，旌旗蔽天。老百姓听闻那位约法三章的汉王来了，都挤在道路两旁围观。

就在人山人海的围观群众中，一位老人站了出来，拦住了刘邦的车驾。刘邦见到老者一副德高望重的样子，命手下人请他上车，诚恳地问道："老丈何人？找我有何见教？"

原来这位老人是新城的三老董公，已经八十出头了。他对刘邦说："我见汉王军纪严明，一路上秋毫无犯，确实称得上是仁义之师。但汉王这次出征，有一个疏漏。"

刘邦说："请董公明示。"

董公道："自古以来，得人心者得天下。汉王入秦，秋毫无犯，秦人悦服，而项羽专横自骄，自认为天下无敌，兵入咸阳，杀子婴，焚阿房宫，秦人怨声载道，如今又无故杀了义帝，失了人心。汉王应该率领全军为义帝服孝，联合天下诸侯，共同讨伐。这是扭转时局的关键，消灭项羽成功失败在此一举，望汉王三思。"

这里面要讲一件事，当初项羽奉怀王为义帝，却在将其迁往南方的途中，派九江王英布将义帝暗中杀害。

刘邦听董公所言，如梦方醒，对啊，我怎么没想到呢？

刘邦立即下令，全军缟素，为义帝服丧三天，自己为义帝哭祭三日，又派使者传檄诸侯，说项羽杀死义帝，大逆不道，我现在要替天行道，愿与各诸侯王一起铲除这擅杀义帝的罪人！

董公的愿景看起来很美好，问题在于，天下诸侯百姓对义帝的被杀真的那么在乎，那么关注吗？

在我看来，其实不然。

义帝熊心确实是项氏家族在反秦之初树立的一面旗帜，在天下百姓乃至各路诸侯心中有一定的分量。但这是一个凭实力论输赢的时代，谁的胳膊粗，谁的拳头硬，谁就是大哥。项梁之所以立熊心为名义上的带头大哥，不过是为了团结更多的六国百姓，共同对付秦帝国。虽然在项梁死后，义帝也曾一度夺回兵权，试图收回权力，却遭到了项羽无情碾压。试问，这样一个没有实权的放牛娃，真的能够成为万人敬仰崇拜的带头大哥吗？

显然不会！

既然如此，为什么刘邦还要为义帝举行隆重的葬礼，向天下人公开声讨项羽？

这是因为，刘邦需要义帝这面正义的旗帜，进而宣布自己是正义之师。既然汉军是正义之师，那么反面角色自然就是项羽的楚军了！

刘邦不是个优秀的军事家，但绝对是一个出色的政治家。刘邦深谙军事是政治的延续这一真理，他需要一面正义的旗帜，为未来的"楚汉战争"抢占一个道义上的制高点，以便利用这个制高点打赢这场战争。

因此，刘邦此哭，政治目的非常明确：为消灭项羽捞取政治资本。

我们常说，得道多助，失道寡助，其实是有一定道理的。在我看来这里面的"道"，其实就是人心，要知道，人心才是事业的基石，制胜不在骁勇，而在于人心所向，刘邦此人最大的特点就是对人心和人性敏锐的洞察力。他知道仅凭自己目前的实力，根本无法与不可一世的项羽抗衡，所以他在听闻三老董公的建议后，迅速转变思路，拿义帝熊心之死大做文章，批判项羽的滥杀和不仁义，团结一切可以团结的力量共同对付项羽。

事实上，从刘邦起兵反秦时，他就深知人心向背对于事业的重要性。反秦战争中，项羽坑杀秦降兵，尽失三秦民心，刘邦则收之；项羽尽毁秦公室，而刘邦却散之；项羽压制反秦诸侯，刘邦却许之以利（刘邦称帝后则相反）；楚汉战争爆发后，项羽所到之处皆屠城，刘邦却抚之。这一反一正间，天下的人心已经做出了选择。

彭城之战，刘邦为何一败涂地

随着刘邦向项羽宣战的檄文传遍天下，各个诸侯国纷纷响应，他们早就对项羽的分封心生不满，只是慑于项羽的神勇无敌，都不敢挑这个头。既然有人带头向项羽发出挑战，自己也乐得跟在后面摇旗呐喊。

首先响应刘邦的是赵国，河南王申阳、韩王郑昌、魏王魏豹、殷王司马卬等诸侯也相继出兵，这样一来，刘邦的联军人数激增到五十六万人，这让刘邦兴奋不已。要知道，这还是他第一次统帅这么多军队，一路上人心归附，打了无数胜仗，难免心里有一点飘飘然。他已经磨刀霍霍，等不及要去抄项羽的老巢了。

公元前205年，刘邦抓住项羽在齐国平叛不能分身的机会，率领五十六万大军东出函谷关，去攻打项羽的大本营——彭城（今江苏徐州）。

彭城守兵寥寥，所有精兵猛将都随项羽伐齐去了，只剩老弱几千人留守城中。听闻刘邦率五十六万大军打过来了,纷纷弃城而逃。所以这次出兵,刘邦打得非常顺利,几乎没有遇到什么抵抗就攻入了彭城。对于刘邦来说,他已经忍了太久了。此时此刻,刘邦"贪于财色,好美姬"的本性暴露无遗,他在温柔帐里夜夜笙歌,在声色犬马之中流连忘返。

今朝有酒今朝醉,莫使金樽空对月。连老大都这样了,手下的官兵自然也不甘落后,五十六万诸侯军队都沉浸在这巨大的胜利之中,在城内花天酒地,肆意享乐。

刘邦占了项羽的老巢,项羽会怎么办呢?

两个字:大怒!

我们不妨先来分析一下项羽眼下面临的局势。

首先,项羽此时身在齐地城阳前线,远离彭城,鞭长莫及。如果率大军回援,必定要面临两线作战的局面,腹背受敌。

其次,刘邦此时统率着五十六万诸侯联军,坐镇彭城,可以说是以逸待劳,而项羽久攻城阳不下,军队人数远远少于刘邦,双方实力差距太大。

再次,项羽的盟友或背叛,或中立,就连自己的心腹九江王英布也装聋作哑静观其变,政治大环境陷入极度孤立。

面对如此凶险的局面,项羽不仅没有胆怯,反而激发了他的全部潜能。大战在即,他的目光愈发坚定,他召集诸位将领,制订了一个大胆的长途奔袭计划。

项羽的计划是这样的:留下诸将继续猛烈进攻齐地城阳,给刘邦制造自己还在齐地的假象,他自己则精选三万士兵疾驰南下。

沉沉的夜色中,刘邦照旧在彭城的王宫内举行宴会,仆从们往来各席之间，为客人们的酒杯续酒，浓郁酒香漂浮弥漫在王宫上空。喝就喝吧，男子汉不就得醉几回吗？几杯酒下肚，刘邦看堂下舞姬曼妙身姿的眼神也渐渐迷离起来，再喝下去，他就不知道这酒的滋味了。

千里之外，一支三万人的精兵正驰骋在齐国的大地上。

为首的正是西楚霸王项羽，他剑眉紧锁，目光如电，内心中犹如一团火焰在燃烧。他现在终于明白了，以前实在是太轻视刘邦了，以至于酿成今日祸端。项羽自负是有原因的，他出自楚国贵族世家，血统高贵，万人瞩目，虽然出生之时，已是国破家亡，但他年少成名，武艺超群，相貌堂堂。反观刘邦出身底层，不过是市井猥琐之辈，从内心深处，项羽对他有种说不出的鄙夷。

正因为如此，项羽在分封诸侯之时，觉得像刘邦这样的人能够受封汉中，已是万般欢喜才是。然而，如今才发现，自己低估了此人的野心，以至于他悄无声息间已经壮大到与自己抗衡的地步，这是项羽万万没法接受的。

如今，诸侯背叛，楚地皆失，而齐国战线绝对不能有任何闪失，不然自己将陷入万劫不复之地，怎么办？

世人都知道，项羽是以打硬仗著称，当年率军渡河，与秦军巨鹿一战，扬名天下，此后作战都是硬碰硬，从不屑于搞偷袭等手段。但如今形势危急，项羽决定反其道而行之，千里奔袭，出其不意，杀刘邦个措手不及。

刘季，你且勿高兴太早，鹿死谁手尚未可知，彭城将是你我决一雌雄之地，鸿门宴上可以放过你，但这一次，你就没有这么幸运了。

项羽心中焦急，不由得下意识双腿夹了一下胯下的乌骓马，乌骓马极通人性，马上明白了主人意思，愈发加快步伐，风驰电掣般奔驰起来，蹄下扬起一阵尘土，随风弥漫开来。

或许有人会问了，刘邦攻入彭城后，难道就没有在周边设防吗？

当然有！进入彭城后，刘邦一面派吕泽，也就是吕雉的哥哥驻军下邑，一面让樊哙率军在外围驻守，协防彭城。

只是，项羽的军队速度实在太快，在以迅雷不及掩耳之势击破了樊哙的防线后，迅速绕到了彭城西面的萧县，等待黎明时分攻城。

次日一早，薄雾逐渐消散开来，守城的士兵揉揉眼睛，望向城外，看到远处似乎有一些小黑点。接着，黑点越来越大，黑压压的兵，俨如溃堤的海潮，奔腾着杀来。

"敌军杀来了！敌军杀来了！"

士兵们纷纷从睡梦中惊醒，连兵器也顾不上，爬起身便仓皇向城内奔逃。

此时的刘邦还在昨日的宿醉中未醒，接到项羽兵临城下的消息后，酒意登时醒了大半，连忙召集众人赶快迎战！

可是已经晚了。项羽的士兵作战能力实在是太惊人，由西向东突袭彭城外诸侯联军的侧背，联军来不及准备，无法组织有效抵抗，乱作一团，在彭城近郊被项羽的精兵斩杀十余万人。中午时分，项羽的精兵便大破诸侯联军，兵临彭城城下。

汉军出城迎战，但他们哪里是项羽的对手？一交战便被击溃。刘邦感觉形势不利，顿觉心慌，赶快拨转马头往后退。联军上下无心恋战，纷纷四散奔逃，项羽在后面奋力追击，直杀得天昏地暗，日色无光。

联军在逃跑时需要经过两条河：一条叫谷水，一条叫泗水。由于队伍混乱，过河时自相践踏，溃军们跳入谷水、泗水之中，死伤者达十多万人。汉军又向南逃，结果，楚军在灵壁追上汉军，展开了又一轮大屠杀，十多万联军被挤入睢水，睢水一度因此而断流。

那么，此时的刘邦呢？他从城里逃出来了吗？

刘邦就在包围圈中，楚军将他包围三匝，貌似插翅难逃。不料平地刮起一阵狂风，一时间飞沙走石，拔树卷屋，天色一下子昏暗下来。突如其来的恶劣天气让毫无防备的楚军无所适从，刘邦趁乱冲破了包围圈，带着十多名士兵向北逃窜，侥幸死里逃生。

这场沙尘暴来得太过诡异，史书上有明文记载，而且记载在《史记·项羽本纪》中，这么多人见证，应该不是杜撰。

刘邦一路奔逃，路上碰到了自己的一对儿女，刘邦将这一对儿女接上了车子，但是没有见到父亲和妻子吕雉。楚军在后面死死咬住不放，刘邦为了减轻车的载重，一狠心，把儿子和女儿推下了车。

虎毒不食子，刘邦为了自己活命，却可以牺牲自己的儿子和女儿，天底下最自私的人莫过于此。

车夫夏侯婴实在看不下去，把两个孩子重新抱到车上。

孩子在一旁哭，可刘邦毫不理会，又把孩子推下了车。夏侯婴再一次把孩子抱上了车。如此反复几次，刘邦最终作罢。

这一战，项羽以三万精兵大败刘邦五十六万诸侯联军，创造了冷兵器时代的战争奇迹，堪称巨鹿之战的翻版。

西楚霸王，名不虚传。

彭城之战是楚汉相争的第一次大战，刘邦遭到了自起兵以来最大的一次惨败，几乎全军覆没。

彭城之战后，刘邦带着残兵败将一路西逃，从彭城一直逃到了下邑（今河南夏邑县），他已经一无所有了。

面对这种惨败,刘邦还能重拾信心,从头再来吗?

历史上有很多人在面临失败时,都一时想不开,自暴自弃。晚清的曾国藩在和太平军交战时,不堪战败,曾多次投河自杀,幸而被身边的将领拉住,才有了后来平定太平天国的成果。

敢于面对最坏的结局,是创业者身上应必备的品质。在我们的一生中,总会经历大大小小数不尽的失败。有的失败,甚至超出了我们的心理承受能力,即便如此,我们依然不能气馁,不能向失败认输。真正的失败只有一个,那就是自我放弃。如果刘邦在此刻承受不住压力,选择放弃,中国历史恐怕就要改写了。

幸而刘邦在短暂的失落后,迅速恢复了斗志。而此时,萧何带着一支关中老弱军队赶来支援,给了刘邦极大的信心。

实施股权激励,向刘邦看齐

彭城大败后,各路诸侯见风使舵,纷纷倒戈投向了项羽。这些诸侯们都是墙头草,他们看到谁的势力占据上风,就倒向谁。刘邦出关中,势如破竹,他们就倒向刘邦;项羽以三万精兵击败刘邦浩浩荡荡的五十六万兵力,他们又马上倒向项羽。

为了尽快扭转局面,刘邦找来了张良,共同商议对策。

刘邦问道:"我想把函谷关以东的土地捐出去给别人,共同对付项羽,先生觉得给谁合适呢?"

张良沉吟片刻,答道:"英布战斗力超强,是西楚的猛将,但人品差一些。听闻近期英布和项羽互相猜忌,矛盾不小,我们可以借机把英布策反过来。而彭越和项羽是死仇,擅长打游击,适合在这一带给项羽挠痒痒。您手下的将领中,只有韩信值得托付大事,在军事上可以独当一面,扫平中原。您要是想把函谷关以东的地方拿来封赏,这三人是最合适的人选。"

刘邦点点头,会心一笑。

张良与刘邦的这番对话就是历史上著名的"下邑画策",看似简单,实际上给刘邦指明了将来取得天下的人才战略。

刘邦的这个设想可以说非常豪气,早在汉中时,韩信就对他说过,"以天下城邑封功臣,何所不服",当时刘邦认为有道理,但未必真心想这么干。

彭城一战,刘邦一败涂地,也让他清醒地认识到,仅凭自己的实力是不足以战胜项羽的,各路诸侯都是墙头草随风倒,根本靠不住,只能另想办法。

什么办法呢?

裂土封侯,用管理学的术语讲,叫股权激励。

如果把国家比喻成一个公司,那么和股权激励最接近的激励措施就是"裂土封侯",这就意味着不仅可以共享公司的价值,还成了公司的主人,可以极大地提升激励对象的归属感和荣誉感。

在现代企业当中,为员工设置远景,规划蓝图,让员工工作有奔头是非常重要的。正所谓:"羊群需要肥沃的草地,老虎需要独占一个山头。"

我们以秦国的军功爵位制度为例,来看看秦帝国是如何鼓励士兵在战场上奋勇杀敌的。

秦国士兵的激励机制十分具体、实惠:打一次胜仗,小官升一级,大官升三级。三级爵可以分得精米一斗,二级爵位只能吃粗米。秦国的士兵只要斩获敌人一个首级,就可以获得爵位一级、田宅一处和仆人数个;如果斩获两个敌人首级,他做囚犯的父母就可以立即成为自由人,如果他的妻子是奴隶,也可以转为平民。斩杀的首级越多,获得的爵位就越高。

这种"绩效目标"使士兵们明确了通过在战场的"业绩",就可以得到房产、田地,还有仆人。这对普通士兵有着极大的吸引力,放到战场上,哪个不奋勇争先?

秦失其鹿,天下共逐之;风云际会,一时诸侯并起。在当时的反秦武装力量中,实力最强的几家诸侯都是六国王室后人及贵族。既没后台又没资源,不具备贵族血统,欠缺品牌号召力,也不是"高富帅"的刘邦,唯一能做的就是竭尽所能笼络人才,为自己所用。可问题在于,你刘邦拿什么吸引人才?靠描画愿景?靠人格魅力?靠人情关系?事实证明,这些都是靠不住的。能留住人才的,只能靠实实在在的利益。

刘邦用人,哪怕自己并不喜欢的人才,也能隐藏自己的情绪。唯才是用,虚怀若谷,论功行赏,甚至对一些功高者采取"股权激励"模式。

刘邦有所谓"四字得天下",即一奖、二赏、三封、四用,综合运用这四种手段激励员工。刘邦是怎么样激励韩信的呢?只要你把对方的三个城池打下来,其中有一个就是你的,给你封侯。而项羽在此方面就做得很不好,官印揣在手里磨圆了都舍不得给部下,"于人之功无所记,于人之罪无所忘,战胜而不得其奖,拔城而不得其封",就是用来形容项羽不懂得激励员工的。

刘邦虽然拿关东之地作为激励筹码，但仔细一想不难发现这只是一张空头支票，因为此时的关东之地大多数不在刘邦手中，这种激励措施会有效吗？

当然有！

要知道，函谷关以东的土地可不是一点点，而是整个秦帝国一半的疆土。无论是谁，面对这么大的一个蛋糕，必定会动心。为了打败项羽，刘邦不惜下了血本！

在这里，张良提到了三个人：韩信、彭越和英布。

为什么是这三个人呢？为什么不是跟刘邦一起从家乡出来打拼的战将周勃、樊哙、曹参等人呢？

那是因为，在刘邦的丰沛集团中，除了萧何有点知识水平，其他的个个都是泥腿子，他们信奉一句话：跟着大哥有肉吃。这些人的实力和水平都有限，刘邦无法靠他们取得天下。

刘邦的用人之道是会审时度势地分果果，依据时局和需求的变化进行亲者疏、疏者亲的分配，他的组织管理法则是：初级阶段，用兄弟，心齐；高级阶段，用专家，强力；完胜阶段，用外援，集势。

这是刘邦作为一个管理者的分配策略，他的内心始终信奉一句话：赢了，丢掉的可以再抢回来；输了，拥有再多也会化为泡影，因为命没了。

先来看韩信。

韩信是一位不世出的军事天才，虽然被刘邦拜为大将，但刘邦对他的军事才能仍然怀有疑虑。彭城之战时，刘邦几乎带来了手下所有将领，有曹参、周勃、樊哙及灌婴，这些人都是刘邦的嫡系，且都具有一定的指挥作战才能。但唯独缺少了韩信，此时他究竟去哪里了呢？

司马迁在《史记》中对于彭城之战有着不少记载，但关于此时韩信的情况，只有短短几个字："复收兵与汉王会。"综合当时的局势，我们可以断定，项羽在彭城虐刘邦的时候，韩信并没有在刘邦身边，若是韩信当时在彭城的话，刘邦绝不至于输得那么惨。

刘邦虽然还没有认识到韩信身上潜藏的军事才能，可身为谋士的张良却是看得一清二楚。他很早就看出，如果这个世上还有人能与气势如虹的西楚霸王决一胜负，那这个人必定是韩信！

再说彭越。

彭越是水泽强盗出身，此时已归附刘邦。项羽曾派出萧公角收拾彭越，结果却被彭越给收拾了。刘邦在战场上失利后，彭越带领军队向北驻守黄河沿岸，甘当汉王的侧翼急先锋，将游击战发挥到了极致。

外交谈判是门艺术

那么英布呢？

英布是楚国人，封为"九江王"，是眼下项羽集团的核心将领，其勇猛无畏堪称项羽麾下众将之首。

既然如此，张良为何还会向刘邦推荐这样一个敌方阵营的将领？

这是因为，此时的英布虽然表面上是项羽的部下，可两人的关系已经出现了裂缝。

项羽原本对英布颇为欣赏，这对于刚愎自用的西楚霸王来说，实属难得。然而，自从项羽分封天下后，英布的表现一直都很消极。项羽在北伐田荣的时候，曾经征调英布人马，英布推说身体不好，只是派人带了几千人马随同作战。彭城大战时，英布自称病未痊愈，居然袖手旁观。

项羽待英布不薄，而英布却在彭城陷落之时隔岸观火，确实匪夷所思。合理的解释似乎只有一条，那就是英布对项羽能否最终获胜信心不足，所以他选择了中立旁观，等待时局明朗再做判断。

这一切，都被张良看在眼里，他知道，这是一个策反英布的绝佳机会！

听完张良的一番分析，刘邦心动了，如果真能将英布这员猛将拉入自己麾下，对项羽而言绝对是一个重大的打击！

只是，派谁去完成这项任务呢？

刘邦环顾左右，感慨道："你们这些人啊，没一个有能力帮我打天下的。"

就在此时，一位名叫随何的侍从挺身而出："我没听明白汉王这话是说谁？"

刘邦道："如果有人能去淮南劝降英布，让他起兵背楚，我就有把握打赢项羽。"

随何毫不犹豫地回答："这有何难？让我去！"

这是一项艰巨的任务，要说服英布背叛军威正盛的项羽，给一个被打得落荒而逃的刘邦当小弟，谈何容易？随何此行注定任重而道远。

果不其然，随何一到淮南，就遇上一个大麻烦，英布早就知道了

第十章 楚汉争雄

他的来意,根本不见他。他把随何安排到驿馆,让太宰陪着随何,每天好吃好喝招待着,就是晾着他,而且一晾就是三天。

随何坐不住了,他知道自己必须得采取行动了,于是对太宰说:"九江王不想见我,不过是不想跟着汉王背叛项羽罢了,但是不至于连我的面都不敢见吧?你告诉九江王,如果我说得有理,对他有用,就让他听我的;如果对九江王没用,那就让他把我杀了送给项羽,岂不是表示忠心的好方法吗?何必躲起来不见人呢?"

一句话,你见我也没什么害处,决定权在你。

英布也知道老躲着不是事儿,随何毕竟是刘邦的特使,如果连面都不见,有点说不过去。

既然如此,那就不妨见见,反正也只是一次象征性的见面,大家在一起吃吃饭、喝喝酒、摆摆龙门阵,不会达成什么重要共识的。

一见面,随何首先发难:"大王为什么愿意亲近楚国而疏远汉王?"

英布的回答倒也干脆利落:"我本身就是项羽封的,当然要臣属楚国了!"

随何冷笑道:"天下有九江王这样当下属的吗?如果九江王忠于西楚,项羽北伐田荣的时候,九江王就应该亲自带兵援助,担当西楚的先锋。结果九江王假装生病,只派了几千人助阵,这难道是忠臣所为吗?"

一句话就噎住了英布,英布不禁哑口无言,满面通红。

随何继续进攻:"就算项王宽厚,这些事情都可以既往不咎,但是彭城沦陷的时候,你近在咫尺,手握重兵,见死不救,这又是什么意思呢?"

英布正想找个借口搪塞过去，随何却根本不给他辩驳的机会："事情的真相是，大王你已经有了背叛项王之心，而且有了背叛行为，之所以没有撕破脸皮，只是你内心恐惧而已！"

英布听到此处，已是一身大汗。随何却放缓了咄咄逼人的语气，从容地告诉英布："项羽虽然强大，但是已经被汉军阻挡在荥阳，无力前进。而天下的诸侯国，大部分已经背叛西楚，与汉联手，所以项羽的失败乃是不可扭转的必然，九江王如果能够起兵，牵制住项羽几个月，便是大功一件，日后封赏，汉王一定会另眼相看！"

随何的话很有鼓动性，他明确告诉英布，项羽并没有看上去那么坚强，这棵大树靠不住，将来夺取天下的必定是刘邦，希望你早做决断。

在听了随何的一番慷慨陈词之后，英布悄悄地表示："我愿意跟汉王干，不过这件事，你知我知，汉王知道就行了，先别公开。"

英布还想拖延时日，然而这边项羽的使者也到了，催促英布赶快出兵，与项羽会合。

英布一面满口应承，一面按兵不动。刘邦和项羽，两边都来了使者，可他两边都不想得罪，只能采取一个办法：拖！

项羽使者到访的事，随何第一时间就知道了，他很清楚自己必须要采取行动，砸碎英布的小算盘了。

一次，英布宴请楚使，席间，楚国使者再次督促英布，要求他立刻出兵协助项王。哪知道随何混进帐中，直接坐在楚使的上位，大声喝道："九江王已经降汉了，怎么可能为楚国出兵？"

英布愕然，他根本没想到随何会玩这一出，直接跟楚国的使者摊牌。面对这突如其来的变化，楚国使者起身就走，他要报告项羽，英布果然叛变了!

英布已经没有选择了,如果等使者回去向项羽一汇报,那自己反叛的罪名就坐实了,与其坐以待毙,不如先发制人!在随何的怂恿下,英布终于被迫下定决心,杀了楚国使者,正式投靠了刘邦。

不得不说,随何确实是一名出色的外交家,纵观他策反英布的整个过程,充分展现了他的外交技巧。他对人心的揣测,对大局的把控能力,使得他圆满完成了此次任务。

第十一章　韩信北伐

先得人心，再得天下

彭城一战，刘邦几乎赔光了家底，就连老爹和老婆也被项羽扣为人质。虽然暂时在下邑找到了落脚处，但楚兵显然不打算放过这条大鱼，一路穷追不舍。刘邦只得继续逃命，好不容易逃到了荥阳，才算喘了口气。

荥阳位于现在的河南省，原为韩地，后来被秦国吞并，成为秦三川郡下辖的一个县。在当时，荥阳是东西南北运输的交汇处，陆路有四通八达的驰道，水路有黄河与济水航道，交通十分便利。

最为关键的是，荥阳附近的敖仓乃天下第一大仓，囤积了帝国无数粮草。秦灭六国时，敖仓就是支持秦军南征北战的中原后援基地，这无疑为刘邦解了后顾之忧。

而此时，远在关中的萧何已经得知了刘邦在彭城战败的消息，他

第十一章 韩信北伐

连忙征召关中地区的老弱，设法调往荥阳前线。没办法，关中连年的战乱已经耗尽了青壮年，只剩这些老弱病残了。

秦朝时，全国人口约两千万。但是，秦始皇好大喜功，不恤民力，动用大量人力去修建陵墓、长城和阿房宫，极大地消耗了关中的民力。项羽入关中后，肆意屠杀，咸阳城里的一把火足足烧了三个月，再加上长期战乱，青壮年多战死沙场。放眼望去，关中已是满目疮痍，残破不堪，田野荒芜，只剩下老弱妇孺在田间地头辛勤劳作。

刘邦平定关中时，面临的就是这样一幅景象。为了稳定关中这个大后方，刘邦将重任交给了自己最信任的伙伴——萧何。

萧何留守关中后，马上安抚百姓，恢复生产，全力收拾关中的残破局面。他一方面重新建立已经散乱的统治秩序，另一方面对百姓施以恩惠，以定民心。他不仅颁布实施新法，重新建立汉的统治秩序和统治机构，还开放了原来秦朝的皇家苑囿园地，让百姓耕种，赐给百姓爵位，减免租税等。他还让百姓自行推举年龄在五十岁以上、有德行、能做表率的人，任命他们为"三老"，每乡一人；再选各乡里的三老为县三老，辅佐县令，教化民众，同时免去他们的徭役，并在每年的年末赐给他们酒肉。

由于萧何办事细致，施政有方，农业生产逐渐得到恢复，建立了稳固的后方，保障了前线的需要。

都说路遥知马力，日久见人心，看着眼前这些风尘仆仆、脸上挂满疲惫与伤痛的将士们，刘邦心中大为感动。自己把关中地区交给萧何，果然没有看错人！

然而，就在此时，又一个不幸的消息传来，从彭城出发乘胜追击的楚兵已经到了荥阳城下！

为了迎战，刘邦不得不临时抽调善于骑马的士兵，组建汉军的骑兵队伍。

好不容易凑够了人，刘邦一看，还缺个带队的，选谁合适呢？

为了选出最合适的人选，刘邦决定采用民主选举的办法，让大家推荐心目中的最佳人选。投票结果出来，名单上有两个人：李必、骆甲。

这两人都是原来大秦黑色铁骑中的骑士，刘邦当即宣布，任命二人为骑兵将领，不料李必、骆甲二人却摆摆手表示拒绝。

刘邦郁闷了，这年头给官还不要的，真是少见啊！他召来二人，询问缘由。

"说说看，为什么不愿意当这个骑兵统领？莫不是嫌官太小了？"

"岂敢？我二人原来隶属于秦军，如果统领汉军骑兵的话，恐怕将士们会不服。为了内部团结，希望汉王能派左右善于骑射的近臣来担当此任。"

刘邦一听，是这么个理儿，于是任命灌婴为中大夫令，以李必、骆甲为左右校尉。

这支新组建的骑兵果然不负使命，在荥阳东大破楚军，拦住了楚军继续追击的步伐。

这一年，刘邦还做了两件事。

六月份，刘邦返回关中栎阳，立嫡子刘盈为太子，也就是后来的汉惠帝，实行大赦，安定关中民心。

紧接着，汉兵引水灌废丘，坐困孤城的章邯选择了自杀。至此，大后方关中全定，刘邦可以安心谋楚了。

第十一章　韩信北伐

然而，正当刘邦雄心勃勃，准备再出关中与项羽一决胜负之际，关中又出事了。

这年夏天，关中大旱，赤地千里。粮食产量锐减，很多地方颗粒无收。老百姓连树皮都吃光了，一时关中米价暴涨，人人相食，尸横遍野。

看着关中百姓受苦受难，自己却无力赈灾，刘邦心如刀绞。

让刘邦更担忧的不仅是天灾，还有流民问题。

古往今来，流民问题，是一个从夏朝以来便根植在华夏土地上的社会现象，历经数千年而无法根除。产生流民的原因，无非是天灾和人祸，如果两者叠加，便一定会造成"赤地千里，流民百万，盗贼蜂起"的情景，动摇国家的统治基础。对于刘邦而言，关中是他的大本营，要想在楚汉战争中站稳脚跟，关中地区绝对不能生乱。可是，如何才能解决天灾和流民问题呢？

这一日，萧何找到刘邦，告诉他，巴蜀地区土地肥沃宽广，纵横交错地遍布着逶迤的河川，主公何不将这些流民迁往那里？

刘邦一听，是个好主意，只是，民众会听从自己的建议吗？

要知道，中国自古是一个"恋土"情结很重的国家，历代人民均恪守"安土重迁"，生于斯、长于斯、老于斯，若非生计逼迫，是不会抛家舍业，去往一个陌生的地方谋生的。

出乎意料的是，当刘邦提出让关中的百姓暂时到蜀郡、汉中郡避难，官府还可以发给路上的口粮时，民众欢呼雀跃。原因也很简单，刘邦入关中时约法三章，所过之处秋毫不犯，已经赢得了民众的信赖。何况，刘邦入蜀后，致力于开发建设巴蜀之地，已初见成效。民众相信刘邦，一定会带领他们走出困境。

这是一个明智的决定,既解决了令人头痛的流民问题,又充实了巴蜀地区的人口,更是稳定了饱受秦朝压榨的关中百姓的民心。不管在哪个年代,民心都是一个政权取得成功的关键。刘邦本人不如项羽勇武,但拥有民心这一最强有力的武器,这就使得他虽然屡战屡败,但萧何每次都能征发关中兵,补足汉军缺额,让他得以重新振作,多次转危为安。

知己知彼,方能百战不殆

在楚汉对峙阶段,刘邦并不是一味地防守,他还在不断地开辟新的根据地。

魏豹的反叛一度让刘邦耿耿于怀,当初魏豹借口回家探视生病的父亲向刘邦请假,然而一回到魏国,他马上占据了黄河渡口的蒲津关,派出使者与项羽订约讲和。

魏豹是魏咎的堂弟,项羽在巨鹿打败章邯秦军主力后,魏豹趁机收复魏地二十余城,被项羽封为魏王。作为报答,魏豹率领精兵追随项羽西入函谷关,参与了灭秦的最后一战,此后被分到山西南部一带割地称王。

刘邦席卷函谷关以西地区后,渡过黄河,进入魏豹领地。魏豹顺应大势,直接率领臣民投降刘邦,并跟随刘邦东征项羽。

这一次,刘邦在彭城一败涂地,魏豹气喘吁吁跟着一路撤退到荥阳,缓过神来,觉得跟刘邦混没前途,又一次倒向了项羽。

很显然,魏豹就是墙头草,见风使舵两头倒。

第十一章 韩信北伐

魏豹的叛乱也让刘邦意识到，楚汉之争绝非一朝一夕能见分晓，双方的实力对比决定了诸侯的忠心程度，战事一天不结束，骑墙观望的各路诸侯们就会朝秦暮楚，他们今天可以成为汉王的羽翼，明天也可以成为楚王的爪牙。

眼看着刘邦要发兵去攻打魏豹，谋士郦食其适时站了出来，劝谏道："主公且慢！我跟魏豹平时有点交情，不妨让我先去劝他一劝，如果他仍然不肯回心转意，再揍他也不迟。"

刘邦一听，郦食其说得在理，于是说道："你去替我劝劝魏豹，如果能说服他，我可以既往不咎。封你为万户侯！"

在刘邦的授意下，郦食其赶到平阳（今山西临汾市），见到魏豹后，反复陈说利害，希望他能归附汉王。

那么魏豹什么反应呢？

面对郦食其的拉拢，魏豹不为所动，摇头道："人生一世间，如白驹过隙耳！汉王眼里只有他自己，哪有别人？他把诸侯和臣下看作奴仆一样，今天打，明天骂，我可受不了！先生还是从哪儿来回哪儿去吧！"

郦食其在魏豹面前碰了钉子，只得悻悻回去。这次出使，虽然郦食其没能完成任务，但他在魏国随时收集留意对方的情报，摸清了对手的底牌，为大军的进攻扫清障碍。

软的不行就来硬的。眼见郦食其无功而返，刘邦即刻命韩信为左丞相，与灌婴、曹参统帅十万大军渡河击魏。

临行前，刘邦又一次找来郦食其，详细了解魏国的内政。

刘邦："这次去魏国招降魏豹，郦老先生受累了！我想问你，魏大将是谁？"

郦食其回答道:"据老臣了解,是一个叫柏直的人。"

刘邦摸着胡须笑道:"柏直就是一个乳臭未干的小儿,不足挂齿,怎么会是韩信的对手呢?那么他的骑兵将领是谁啊?"

"冯敬!"郦食其回答道。

刘邦收住笑容,想了想说:"如果我没记错,冯敬是秦将冯无择的儿子吧?这小子还是有点本事的,名声也不错,不过缺少谋略,肯定不是灌婴的对手!那步兵将领呢?"

郦食其接着回答道:"是项他!"

刘邦闻听大喜,说道:"他也不是曹参的对手!既然如此,我就可以高枕无忧了!"

从这件事不难看出,刘邦熟知天下英雄,对于对手的底细摸得一清二楚,他绝不容许打一场无准备之仗。

与刘邦一样,韩信也深谙"知己知彼,百战不殆"的用兵之道,当他接到刘邦讨伐魏豹的命令后,也在第一时间把郦食其请过来问道:"请问郦老先生,魏国难道没用周叔做大将吗?"

郦食其拍着胸脯,十分肯定地回答:"确实是柏直!"

韩信暗喜,说了一句:"竖子也,不足为惧!"

公元前205年八月,韩信率军从关中出发,兵临黄河岸边。

汉军一路浩浩荡荡,来到了临晋关,这是一道连接山西和陕西的重要关口,也是一个重要渡口。只见黄河水势滔天,对岸山西境内全是魏军重兵把守,戒备森严,一副如临大敌的阵势。汹涌澎湃、浊浪翻天的黄河水,胜过百万雄兵,汉军即便是有翅膀,也飞不过黄河。

更何况,为了阻止汉军渡河,魏豹把黄河两岸的船全部弄走了,

第十一章 韩信北伐

连两岸大树都给砍了。

怎么办？第一次正式领兵出征的韩信，陷入了深思。

为了迷惑对岸的魏军，韩信表面上让军队赶造过河的船只，摆出一副一定要从这里渡河的架势，暗中却派人到上游查看两岸地形，寻找渡河的最佳地点。

没多久，派去的人回来报告："大将军，上游一直都有魏兵把守，只有二百里外的夏阳水流相对平缓，适合渡河。"

就是这里了！

韩信立即下令，留下一部分兵力继续赶造船只，迷惑对面的魏军，主力部队迅速赶往二百里外的夏阳集结！

地点是选好了，可是夏阳依然没有渡河的船只。

这一日，韩信看到周边农民使用的罂缶，灵光一现，顿时有了主意。

罂缶是一种小嘴大肚子的容器，可以用来汲水、存水，也可用来盛粮。

在夏阳，韩信收集到了很多这样的罂缶，这些罂缶就是汉军的渡河工具。

在韩信的安排下，汉军把罂缶封住口，排成长方形，口朝下，底朝上，用绳子绑在一起，再用木头夹住做成筏子，放入河中，士兵们三三两两一组坐上去，用兵器划水，向对岸驶去。就这样，汉军主力神不知鬼不觉地从夏阳渡口全部渡过了黄河，踏入了山西境内。

再说临晋关这边，魏军在魏将柏直的指挥下，一直在渡口瞪大了眼睛严阵以待，以防汉军突然渡河。每天晚上，对岸汉军阵营中都会鼓声雷鸣，杀声震天，使得魏军更加小心谨慎，一夜都不敢合眼。

就在魏军在黄河渡口严阵以待的当儿,守军来报,说汉军主力渡过天险黄河,已经攻克了东张和安邑两地,现在正向魏国都城平阳方向杀将过来。

魏豹大惊:汉军不是都在临晋关对岸打造船只,准备在那里渡河吗?他们是怎么过来的?难道都长翅膀了不成?

不过,眼下不是自责的时候,魏豹仓促之间领兵去阻挡,但是汉军在渡过黄河后,士气正旺,一路势如破竹,魏军哪里抵抗得住?在韩信和灌婴的两路夹击之下,腹背受敌的魏豹只得向北逃跑。汉军在后面紧追不放,最终魏豹在东垣投降,汉军占领了都城平阳。从起兵伐魏到平定魏地,韩信仅仅用了两个月的时间,让后方的刘邦欣喜不已。

张耳、陈馀的塑料兄弟情

击败了魏豹以后,韩信收编了魏国的散兵,兵力得到了极大的扩充,一时间声势浩大。

当时,黄河北岸尚有代(今山西北部)、赵(今河北南部)、燕(今河北北部)三个割据势力,他们都投靠了项羽,成为楚国的羽翼。

刚刚平定了魏国的韩信兵不解甲箭不松弦,紧接着向刘邦提出了下一步的战略构想:由自己率军开辟北方战场,逐次消灭代、赵、燕,东击田齐,南绝楚军粮道,对楚军实施侧翼迂回,最后同刘邦会师荥阳。

第十一章 韩信北伐

消息传回荥阳,刘邦对韩信的这个构想初步表示认可,但他同时也提出了一个条件:要求韩信将麾下年轻力壮能打仗的精兵调到荥阳前线对抗项羽。

即便如此,刘邦对韩信依然不放心,他派出了自己最信任的张耳,跟随韩信一起北伐。

韩信把矛头先指向了弱小的代国。代国这个地方之前是项羽分封给赵歇的,后来陈馀把分封在赵地的常山王张耳打跑之后,又恢复了赵国,仍拥立赵歇为赵王。陈馀自己做了代王,但是他并没有留在代国,而是继续留在赵国辅佐赵王歇,只是派国相夏说管理代国,因此代国和赵国其实就是一家。

对于这趟差使,张耳异常兴奋,他终于有机会与自己的对手陈馀在战场上会面了。

为什么这哥俩会从当初的刎颈之交成为陌路乃至仇人?我们不妨来回顾一下两人的关系。

张耳和陈馀曾经是亲密友谊的代名词,两人志同道合,成为刎颈之交。秦灭六国之后,大力搜捕六国后人,张耳和陈馀从此逃亡江湖,后来到陈国的城门口当了门卫。

有一回,一个地方官经过这里,对陈馀皮鞭相向,陈馀哪里受得了这样的侮辱?打算反击。就在这时,张耳悄悄踩住陈馀的脚,暗示他不可轻举妄动。陈馀会意,咬着牙忍受了这一次鞭笞。

事后,张耳将陈馀拉到一处僻静的地方,对他说:"咱们当初交朋友的时候怎么说来着?约好了一起干事业,同生同死,怎么今天你稍微受了点屈辱就要逞匹夫之勇,自取祸端呢?"

什么是好朋友?不是好酒好肉,也不是专门对你说好听的话,而是在关键时刻,愿意冒风险将你从错误的边缘拉回来。张耳和陈馀当时就是这样的关系。

陈胜、吴广起义后,张耳和陈馀看到了改变自身命运的希望,两人立即投身于轰轰烈烈的农民起义,扶持赵国的武信君将事业越做越大。

然而,考验来了,友谊的小船开始经受更大的风波。

巨鹿城下,章邯将赵国团团围困,张耳与赵王歇就在巨鹿城内。重围中的张耳屡次向外围的陈馀求援,而陈馀在掂量了自身的实力后,选择了避其锋芒。巨鹿解围后,张耳怒气冲冲地质问陈馀为何见死不救?陈馀解释说:"我不是不救你,只是秦军势大,我派遣了五千救兵,结果全部玩完,实在是鞭长莫及啊!"

张耳则一口咬定陈馀见死不救,陈馀大怒道:"行,既然你不信我,那我把我的军队指挥权交给你,这是你给我的将印。"而后去了趟厕所。

陈馀当时就是一时气愤,觉得自己的好兄弟怎么能这么质疑自己呢?所以才如此赌气般把将印交给了张耳。当陈馀回来后,才愕然发现,张耳居然就真的收下了自己的将印,并且拒绝交出,还派人全面接收了自己的军队。

什么是背叛?这就是背叛,赤裸裸的背叛。

经此一事,两人友谊的小船说翻就翻,张耳投奔了过去的老友刘邦,选择跟他一起干,而陈馀则继续留在赵国。

楚汉战争开始后,刘邦出兵进攻项羽,邀请陈馀出兵相助,不料陈馀提出一个条件:"汉王杀死张耳,我就出兵。"

这就有点过分了,不过当时的刘邦急需外援,于是命人杀了一个和张耳长得很像的人,将那人的头颅送给了陈馀。陈馀验完货,当即派兵助汉。然而彭城之战后,陈馀发现自己受骗了,于是又撤回部队,背叛了刘邦。

网上流行一句话"友谊的小船,说翻就翻",说的就是很多友谊是经不起现实考验的。为什么呢?我们每个人都有自己的底线,一旦触及这个底线,或者强人所难,或者索求无度,友谊也就破裂了。张耳和陈馀从一开始的刎颈之交,一步步走向对立面,不得不让人感慨。

"聪明过人"必将自食恶果

回到主题,让我们把目光重新聚焦到代国。

由于陈馀此时不在代国,主政的是夏说,而夏说不懂军事,仓促应战,一战即溃,最终在鄡东(今山西介休)被斩于马下。

代国被韩信拿下的消息第一时间就传到了陈馀的耳朵里。得知韩信马不停蹄,正在来赵国的路上,陈馀和赵王歇不敢有丝毫大意,迅速在井陉口集结了主力部队,号称有二十万,准备迎战韩信。

井陉口是太行山有名的八大隘口之一,是从山西翻越太行山进入河北平原的必经之地。在它以西,有一条长百余里的狭窄驿道,易守难攻,不利于大部队的行动。在陈馀的指挥下,赵军扼守住井陉口,居高临下,以逸待劳,且兵力雄厚,处于优势和主动地位。

韩信带着三万新兵上路了,没办法,经验丰富的士兵都被刘邦调走了,自己只有这点兵力,而且全是新兵蛋子。一路上,韩信不断派出斥候四处打探描画地形，显得忧心忡忡的样子。他知道井陉口四周皆是崇山峻岭，一旦西边的那条狭长通道被堵住，自己只能徒唤奈何了。

在亲自视察了这条天险后，陈馀心中一直悬着的那块石头终于落地了，凭借着这样的天险，韩信大军就算是插上翅膀，也绝难过来。

尽管如此，部将李左车还是很谨慎。这一天，他找到陈馀，向他提出一个建议："听说汉将韩信渡过西河，俘虏魏豹，生擒夏说，新近血洗阏与，如今又以张耳辅助，计议要夺取赵国。这是乘胜利的锐气离开本国远征，其锋芒不可阻挡。可是，我听说千里运送粮饷，士兵们就会面带饥色，临时砍柴割草烧火做饭，军队就不能经常吃饱。眼下井陉这条道路，两辆战车不能并行，骑兵不能排成行列，行进的军队迤逦数百里，运粮食的队伍势必远远地落到后边，希望您拨给我三万奇兵，从隐蔽小路拦截他们的粮草，您就深挖战壕，高筑营垒，坚守军营，不与交战。他们向前不得战斗，向后无法退却，我出奇兵截断他们的后路，使他们在荒野什么东西也抢掠不到，用不了十天，韩信和张耳的人头就可送到将军您的帐下。要是真跟他们硬碰硬，恐怕我们会吃大亏的。"

李左车是战国时赵国大将李牧之孙，秦中大夫詹事李泊之子。此人继承家学，精通军事，足智多谋。秦末战乱中，李左车辅佐赵王歇，因功被封为广武君。

然而，陈馀说到底是个懦弱书生，自称赵军是正义之师，不用欺诈奇谋，他还引经据典，反驳道："我听兵法书上讲，十则围之，倍则战之。现在韩信所将之兵，号称数万，其实不过几千。他们不远千里来袭赵国，已经师老兵疲，没有多少战斗力。如果连这样的军队都不敢迎战，以后再有强者来攻，我们怎么应对？"

就这样，自大的陈馀拒绝了李左车的建议。

李左车与陈馀的对话第一时间就传到了韩信的耳朵里。得知陈馀不用李左车之计，韩信非常兴奋，再无顾忌，立即下令：全军火速出发，目标井陉口！

教条主义要不得

在经过连日的长途奔袭后，这一日，汉军抵达了赵国边境，韩信命令全军在离井陉口还有三十里的地方安营。夜半时分，韩信突然传令，挑选轻骑兵两千人，每人手拿一面红旗，走山间小路，暗中隐蔽接近赵军的大营。他对众人说道："明天赵军见我军退却，必然会倾巢出动追杀。你们要趁机驰入赵军营垒，拔去赵军旗帜，换上汉军红旗。赵军大败之日，就是我军在赵军大营聚餐之时！"

当晚，韩信以一万步兵背河布阵。天亮时，他打出大将韩信、张耳的旗帜，擂响战鼓，大张旗鼓地直出井陉口。赵军远远地看见汉军前来，打开营门迎击汉军，两军一阵混战。过不多时，韩信、张耳见时机已到，假意丢下大将旗帜和战鼓，仓皇撤退。赵军见汉军主将和副将均在溃败的乱军之中，深信无诈，败退无疑，于是倾巢而出，全力追击。

当赵军一路狂追，看到汉军背水而设的战阵后，纷纷忍不住哈哈大笑。先前听闻刘邦手下有个叫韩信的，用兵如神，现在看来也不过如此嘛！连带兵布阵的基本常识都不懂，徒有虚名罢了！这样的布阵无疑是自绝后路,只要对方一个冲锋,汉军立马玩完!韩信啊韩信,你还真以为自己有霸王的万夫不当之勇,想来个破釜沉舟啊?

眼前是来势汹汹的赵军,身后就是滔滔江水。面对如此绝境,胆怯者有之,咒骂者有之,毕竟汉军只是一群新兵蛋子,没经历过大的战争场面,韩信也无法用严明的军纪去约束他们。

望着焦躁不安的士兵们,韩信拔出腰间长剑,激励众人道:"将士们,眼下我们已经被赵军逼到了绝路上,如果我们害怕了,这身后的滔滔江水就是我们的葬身之地!只要我们能熬过这一关,击退赵军,我韩信必定为大家向汉王请功,升官发财指日可待!弟兄们!不怕死的就跟我上!"

这番话大大鼓舞了将士们背水一战的勇气,大家纷纷打起精神来,与赵军做最后一搏。在漫天的厮杀声中,面对如狂风骤雨般袭来的赵军,汉军顶住了一轮又一轮的冲击,还瞅准机会发起了反击。几个回合下来,赵军死伤惨重,汉军的阵地却岿然不动。

而此时,韩信的另一支两千人奇兵见赵军营垒空虚,趁机驰入,拔掉赵旗,换上汉军鲜艳的旗帜。

赵军久攻不下,被拖得疲惫不堪,无法取胜,又抓不住韩信等人,只得鸣金收兵撤回营寨。一抬头,却见营寨上汉军红旗飘飘,个个大惊失色,大家都以为汉军已经占领了自己的大本营,俘虏了赵王,全军乱成了一锅粥,纷纷四散逃命。

战场上最担心的就是士兵溃逃,赵将怒不可遏,拔出剑当阵斩杀了许多逃兵,可依然也控制不住场面。此时,韩信带着河岸边的汉军发起反攻,两厢夹击,大破赵军。赵王歇见大势已去,夺马南逃,到鄗地(今河北柏乡北)被擒,反倒是书生气重的陈馀跑得最快,一路南逃，最后被追兵赶上杀死，赵国灭亡。

井陉之战，双方在作战指挥上的得失高下是显而易见的。韩信取得作战胜利，关键在于他能够及时掌握利用情报，巧妙地掌控士卒"兵士甚陷则不惧，无所往则固，深入则拘，不得已则斗"（《孙子兵法·九地篇》）这一心理状态，奇正并用，背水列阵，灵活用兵，速战速决，从而一举全歼赵军，谱写了中国古代战争史上的精彩篇章。赵军的失败，则在于主帅陈馀迂腐而又傲慢，拒绝采纳李左车正确的作战方案，昧于了解汉军的作战意图，终使赵军丧失了优势和主动地位，在处处被动中遭到全歼。

这一仗，韩信打得是非常之精彩，也赢得了将士们的信赖。打完仗，所有的部下都集中到韩信的军帐中，向韩信表示祝贺，同时也提出了一个大家百思不得其解的问题。

大将军带我们打的这一仗，确实打得很漂亮，但是我们到现在还没想通这个事儿。兵书上说，"右倍山陵，前左水泽"，让我们在安营扎寨和布阵时，要右靠山陵，左临水泽。可是将军您却完全反着来，还那么坚定地说破赵后聚餐，当时我们谁都不信，没想到最后真的打了胜仗。哎呀，臣等左思右想还是想不明白。

韩信笑了笑，道，兵书上确实是这么写的，只是各位平时没有留意兵书上还有一句话，"陷之死地而后生，投之亡地而后存"。眼下精兵都被汉王调走了，我们缺少训练有素的士兵，只有一群新兵蛋子。这种情况下，只有将队伍置于绝境，才能激发大家的战斗力，让每个人为了生存拼死一战，我们才有赢的机会。

大家恍然大悟，哦，原来是这个道理，还是大将军熟读兵书，指挥有方！

背水一战的计策，普通的将领掌控不了，搞不好会适得其反。三国时期，曹魏猛将徐晃在汉中之战时，决定效仿自己的偶像韩信，在汉水布置重兵，结果被赵云和黄忠打得落花流水，多数魏兵并不是战死，而是落水而亡。

由此可见，背水一战不仅需要天时地利人和，更考验统帅的能力和魄力，估计在这方面也就项羽能与韩信一决高下。

韩信确实是一位卓越的军事家，早年在淮阴老家时，就手不释卷，读遍了当时所能找到的所有兵书。最关键的是，他没有死读书认死理，被经验主义和教条主义束缚，而是能根据实际情况采取灵活多变的策略，去赢得战争的胜利。

兵书是死的，人是活的，战场的形势瞬息万变，按照兵书生搬硬套是行不通的。如果一个人缺乏判断力与逻辑分析的能力，只是一味拘泥于教条之论，后果无非两条——轻者落入窠臼，重者作茧自缚。

上兵伐谋，其次伐交

井陉口之战中，韩信识得了一个人才：他的对手李左车。战后，他下令不许伤害李左车，活捉李左车者赏千金。

重赏之下必有勇夫，没过多久，五花大绑的李左车就被送到了韩信的大帐前。

韩信一见李左车，大为高兴，亲自解开绳索，然后将他请到了主座上，自己则恭恭敬敬坐到了客座上。

为什么韩信要这般礼遇一个败军之将李左车？

第十一章 韩信北伐

很简单,因为韩信的北伐大计还没完成,他需要李左车的帮助。

当初,李左车背后阻断汉军退路的建议虽然没被陈馀采纳,却让韩信出了一身冷汗。倘若陈馀依计行事,那此时站在这里的阶下囚就是韩信了!从当初陈馀与李左车的对话中,韩信就判断出这李左车绝对是个难得的军事奇才!

二人依照主宾坐定,韩信向李左车深施一礼,虚心请教道:"我欲北攻燕国,东伐齐国,依李将军之见,该从何处着手?"

李左车推辞道:"'败军之将,不足以言勇;亡国之大夫,不可以图存。'在韩将军面前,我哪敢妄谈什么兵法谋略?"

韩信道:"非也!今日之前,你我各为其主,不得不在战场上兵刃相见,对于将军的兵计谋略,我韩信虽已久仰,却无缘求教。今日在此相会,将军是我韩信的贵客,我还有重要事情当面求教,还请将军不吝赐教!"

李左车依然道:"将军谬赞了,我何德何能,能得将军您的赏识?"

面对李左车的拒绝,韩信没有轻易放弃,而是继续劝说:"想当年,百里奚在虞国而虞国灭亡,在秦国而秦国称霸,这并非是在虞国愚蠢,到了秦国却聪明,关键在于国君是否愿意用他,听取他的意见。如果当初陈馀听从了您的意见,我韩信哪这么容易打胜仗?我是诚心想听您的意见,还望您不要推辞。"

看着眼前毕恭毕敬的韩信,李左车被他的真诚打动了,他思虑再三,给韩信出了如下建议:"古人有言,智者千虑,必有一失;愚者千虑,必有一得。'哪怕狂夫之言,圣人亦可选择。我虽愚顽,计策也不成熟,既然将军想听,那我就说说我的看法。"如今将军渡河虏魏王，擒夏说，一举攻克井陉，击垮赵军二十万，威震天下，即便草野农夫都惊恐万状，静待将军您的战况，这些都是您的优势。问题在于，眼下百姓困苦，士卒疲惫，难以继续作战。现今将军如果发动疲惫之师，屯兵于燕国的铜墙铁壁之下，恐怕一时难以攻克，一旦实情暴露，威势自减，时间一长，粮食耗尽，必然进退维谷。如果燕国攻打不下来，齐国将来还会臣服于您吗？不可能的。燕、齐相持不下，那么刘、项则胜负难料，这都是将军的劣势。我虽见识浅薄，但窃以为攻燕伐齐是下策。故善用兵者不以短击长，而以长击短。"

虽然打了一系列胜仗，但部队的确已经疲惫不堪了，如果继续再打下去，不知会出现什么样的后果，这也是韩信所担心的。

韩信继续追问道："既然如此，那依将军之见，该如何是好？"

"不战而屈人之兵。"

"如何做？"

李左车沉吟片刻，道："将军不如按兵不动，安定赵国秩序，抚恤阵亡将士遗孤，每天好酒好肉犒劳将士，摆出北攻燕国的架势，然后派出使者携书信至燕国，把您的优势显摆一番，燕国不敢不听您的话。等降服燕国后，再派说客往东劝降齐国，齐国必然望风而降。如此一来，将军不费一兵一卒，便可平定燕齐之地了！"

韩信听完后，不禁拍案叫绝，他听从了李左车的建议，派人出使燕国。燕国接到信后，果然不战而降。

韩信在第一时间就将这个喜讯传给了刘邦，为了稳定赵国局势，韩信还推荐了张耳为赵王，镇守赵国。

刘邦闻讯，喜不自胜，让自己最信任的张耳镇守赵国，正合自己的心意，于是当即予以批准。

韩信能够兵不血刃，派一个使臣拿一封书信就降服燕国，是因为李左车的提议让他想起了《孙子兵法》里的一句话：

凡用兵之法，全国为上，破国次之；全军为上，破军次之；全旅为上，破旅次之；全卒为上，破卒次之；全伍为上，破伍次之。是故百战百胜，非善之善者也；不战而屈人之兵，善之善者也。

什么意思呢？

战争是政治的延续，只是手段之一，并不是最终目的；拥有高超的兵法，不一定就能取得最后的胜利。一个战略上的失误往往能让无数次战术上的胜利化为乌有。

所以，不战而屈人之兵，是最高境界。

怎样才能做到这点？要靠综合实力，这其中当然包括军事力量。

曹操在给《孙子兵法》做注解时，写了一句话："欲攻敌，必先谋。"

谋什么呢？王皙注解说："谋利害关系，趋利避害。打仗不是为了杀敌，因为杀敌要付出代价，杀敌一千，自伤八百。最好是不战而屈人之兵，晓之以利害，让他主动投降，全城全人全财全货尽归于我。"

简而言之，就是要心眼子，说得好听点，叫博弈技巧，再说得邪乎一点，就是通过前期策划，获得一种战略上的优势。

把对手围起来，让他绝望，认清形势，主动投降，那是最好不过。他若做困兽之斗，我们攻城那就得付出代价，得到的也不是全城,而是一个破城。更何况,战场上什么事都有可能发生,不一定就能取得胜利。

东汉末,曹操伐江南,刘琮投降,曹操兵不血刃得到了荆州,还得到了蔡瑁、张允的水军,这就是全国为上。

第十二章 生死突围

格局决定高度

韩信在北方一路过关斩将，灭魏、亡代、破赵、胁燕，打得顺风顺水。反观身在荥阳前线的刘邦，可就没这么幸运了，被韩信抢了风头不说，打起仗来也没韩信那么顺利。没办法，两人的对手不一样，韩信北伐的对手都是魏豹、夏说、陈馀等平庸之辈，而刘邦在前线要面对的，可是西楚霸王！

也许有人要问了，韩信在北方闹得天翻地覆，连续降服了好几个诸侯国，项羽难道就无动于衷吗？

其实不然。对于韩信在北方的闹腾，项羽看在眼里，急在心里。他很清楚，一旦韩信平定了北方的各个诸侯国，自己将处于两面受敌的不利境地。为此，在韩信北伐期间，项羽曾不止一次地派出援兵渡河救赵，企图阻遏韩信北伐的步伐。

然而，韩信和张耳也不是吃素的，面对远道而来的楚军，韩信不慌不忙，从容应对，一次次击退了楚军的进攻，化险为夷。

随着韩信兵不血刃拿下燕国，北方的局势逐渐明朗，楚军被困之势也初见端倪。

为了破局，项羽只得在荥阳前线猛攻汉军，他将进攻的重点放在了两处，一处是敖仓，这里是天下粮仓，储备丰富；另一处是军事要塞成皋。

对于项羽的意图，刘邦怎能不知？在郦食其的建议下，刘邦加大了对这两处的军事防御，总算是顶住了楚军的轮番"轰炸"。

攻了许久，项羽也看出了一些门道，刘邦之所以能坚持这么久，除了有敖仓的军粮外，大后方关中也有源源不断的粮食送到前方。为此，项羽集中兵力，专攻汉军运送粮食的甬道。

这下子，可算是掐住了刘邦的命脉，他急得团团转，恰巧张良此时不在营中，身边连个出主意的人都没有了。

就在这时，闲不住的郦食其又一次出场，他给刘邦出了个主意："过去商汤讨伐夏桀，封夏朝的子孙于杞国。当今秦朝丧失道德抛弃理义，侵略攻伐各个诸侯国，灭了六国的后代，使他们没有立足的地方。汉王如果能够恢复封立六国的后裔，使他们都接受您的印信，这样各国的君臣百姓必定都会感戴汉王您的恩德，钦慕您的德行道义，愿意成为您的臣民。到了那个时候再称霸，楚国也奈何不得，还得来朝拜呢！"

病急乱投医，火急火燎的刘邦听完郦食其的提议，貌似很有道理，一拍脑门说，就按先生你说的去办，赶紧去刻六国的君印！

郦食其回去后就筹备此事，正巧这时张良出差刚回来，向刘邦汇报工作。刘邦正在吃饭，对张良道："子房，有个人为我出了一条挫败楚国的计策。"然后把郦食其的建议全都告诉了张良，说完后问道："子房你看怎么样？"

孰料张良听完，却是眉头紧蹙，一脸严肃地问道："谁为汉王出的这个主意？要是真这么搞，汉王的功业要完蛋了！"

刘邦吓得一哆嗦，连忙问道："子房为何这么说？"

张良也不客气，拿过刘邦手里的筷子，一口气讲了八个不可。

当初商汤灭夏桀，之所以分封其后人于杞地，是因为他们掌握着敌方的生死大权，眼下大王能够决定项羽的生死吗？此其不可一也。

武王伐纣，之所以封其后人于宋地，是能取商纣王的首级，眼下大王能得项羽的人头吗？此其不可二也。

周武王进入商朝的都城殷都之后，把箕子从监狱里释放出来，为比干营造高大的坟墓；眼下大王能封圣人之墓吗？此其不可三也。

周武王能把巨桥粮仓的粮食分发给百姓，把鹿台府库里的金钱分发给百姓，使贫苦百姓得到赈济，眼下大王能拿出钱粮救济贫苦百姓吗？此其不可四也。

殷商灭亡之后，周武王废战车为乘车，毁干戈为锄犁，以此来表示再也不打仗了。眼下大王能刀枪入库，不再用兵吗？此其不可五也。

周武王把战马全都放养在华山的南面，以此来表示再也不东征西讨了，眼下大王能停战吗？此其不可六也。

周武王在种满桃林的山丘上放牛，以此来表示再也不用它们来输送粮草辎重了，眼下大王能放牛停运吗？此其不可七也。

更何况，那些漫游天下的豪杰之士，他们之所以抛弃亲人、远离故乡,甘心情愿追随大王南征北战,无非是希望有朝一日能接受大王的分封、赏赐。如果您恢复了六国后裔的王位,那么这些人就要返回故乡,各归其主,这样一来您还能期望谁来帮助您夺取天下呢?此其不可八也。

这一连串的"八不可",句句点到了刘邦当时的处境,敲打了不自量力的刘邦,同时也重重打了异想天开的郦食其一巴掌。刘邦听得目瞪口呆,吓出了一身冷汗。

如果我们把张良的上述论点总结一下,那就是,在项羽强、刘邦弱的形势下,分封六国后人,只会有一个恶果——被分封的六国后人随时会投靠项羽。

天资过人的刘邦马上明白了其中的利害,一口喷出嘴里的饭,大骂郦食其:"这个臭书生,专出馊主意,几乎坏了老子的大事!"立刻下令取消郦食其的任务,并令其销毁已刻好的君印,分封提议就此罢止。

关键时刻,张良制止了刘邦一项错误政策的出台,避免了刘邦的战略失误。

分封的不利后果似乎是显而易见的,既然如此,为何身为顶级外交家的郦食其还要提出这个建议?

很简单,因为郦食其的身份决定了他必然会支持分封这种模式。

郦食其是外交家,也是纵横家。只有选择分封制,他们才能继续游走在列国,腾挪有余;如果天下一统,他们就没市场了,也就没有了用武之地。

然而,从上述这番对话中,我们也许还会有一个疑问:张良,这位曾经强烈坚持恢复六国的贵族公子,为什么在刘邦意图恢复六国的时候要坚决反对呢？他的反对意见确实对汉王刘邦的事业有利，然而恢复六国不是他坚决反秦的初衷吗？

真正的缘由是，这么多年的观察和体会，尤其是项羽分封的一系列后果，让张良认识到六国的湮灭是注定无法恢复的，分封必然会再次引起天下纷乱。经历了长达五百多年的社会大分裂，直到秦朝建立，社会人心才稳定下来，没有人愿意看到天下再次分裂。换句话说，张良虽然渴望恢复韩国，但他也知道，只有统一才能带来和平与稳定。他的格局注定了他看得比郦食其更远，更能明白天下人心。

我们常说，格局决定高度，可见，一个人的思维格局有多重要。看一个人，首先要看他的思维格局。曾国藩也说："谋大事者，首重格局。"

郦食其与张良，一个是纵横家，一个却是帝王师。纵横家格局不大，只能从自己的角度出发，选择对自己最有利的一面；而帝王师的格局显然更大，站得更高，看得更远，知道只有集权才是对刘邦最有利的。

格局不同，看到的东西自然也不同，人与人之间的差距就体现在此处。

信任毁了，人心就没了

随着楚汉之争的延续，刘邦的境遇越发窘迫，汉军断粮的问题依然没有得到根本性的解决。无奈之下，刘邦只得派出使者，要求与项羽议和，荥阳以东为楚，荥阳以西为汉。

汉使言辞恳切，加之项伯在旁吹风，项羽也有点犹豫了：西楚连年征战，百姓疲敝，将士思归，不如就依他讲和，且得休养生息，将来再作筹划？

然而，谋士范增却坚决反对："眼下刘邦虽然陷入了困境，但他还有大片的河山在手，还有韩信的十几万兵马可搏，他怎么可能轻易言和，此不过缓兵之计耳。眼下刘邦正缺粮，这是解决他的最好时机！大王当急攻荥阳，切不可听信其一面之词！"

项羽却道："亚父此言差矣！今天下纷乱，人心思定，汉王若真有心言和，我又何必苦苦相逼？不如暂且与他议和，以观后事！"

范增怒急攻心，拍着桌子对项羽大吼："天予不取，必受其咎，今日若养虎为患，君王后必悔之！"

在范增的竭力劝说下，项羽只得再次增兵围攻荥阳。此时此刻，荥阳城就像一个大铁锅，而刘邦本人就是被架在铁锅上的一片待煎的生牛肉。

眼看着城中粮食越来越少，士兵厌战的情绪越来越严重，刘邦终于切身体会到什么叫煎熬，这才是真真正正的煎熬。

就在刘邦快坚持不住的时候，一个人的出现，给他带来了转机。

这个人叫陈平。

关于陈平，我们之前讲到过，如果说张良擅长阳谋，那么陈平就是玩阴谋的行家。

这一天，陈平找到刘邦，给他出了一个主意：项羽身边忠诚可靠的臣子只有范增、钟离眜、龙且几个人，他的猜忌心一向很重，汉王如果愿意拿出重金厚礼离间他们君臣关系，必然能让楚军内乱。我军伺机全力进攻，必定可以大破楚军！

第十二章 生死突围

刘邦一听，有道理，问陈平："你需要多少钱？"

陈平道："我只需三万斤金（黄铜），定能促成此事！"

刘邦索性一挥手："给你四万斤金，你随便花，只要你能办成此事，花多花少我一概不问！"

在陈平的策划下，楚军内部开始流传一个谣言：钟离昧这些人立下那么多战功，却没有被封王，心中对项王早有怨恨，听闻他最近正在跟刘邦秘密接触，想联手刘邦灭了项羽，再瓜分项羽的地盘称王。

钟离昧听到谣言后，严厉呵止，并对众将士说道："我钟离昧追随项王出生入死多年，对项王忠心不二，是谁在外面乱嚼舌头？"

钟离昧心中无愧，对这些谣言充耳不闻，但耳根子软的项羽听进去了，他开始怀疑钟离昧等人的忠诚。

但问题在于，眼下棘手的不是钟离昧，而是项羽手下的谋士范增。这老头子一口咬定，眼下汉军内外交困，正是消灭他们的最佳时机，千万不可错过！

陈平不得不再次正视这个难缠的对手，你不是挺能蹦跶的吗？看我下一个就灭了你！

在陈平的授意下，汉军不断派出使者前往楚军大营，协商谈判议和之事。

这一天，汉军大营也迎来了项羽的使者。

楚使一入汉营，立即受到非常热情的欢迎和款待。

为了演好这出戏，陈平让刘邦特意摆了一桌丰盛的酒宴，还准备了华丽之极的歌舞表演，气派非凡。

楚使受宠若惊，不禁感叹：虽然霸王的威名赫赫，汉王也忒客气了些，在下受之有愧……

正当西楚使者准备大吃一顿时,陈平却表情怪异地进来,下令把大餐全部撤走。"不好意思搞错了,我还以为是亚父的人,原来是项王派来的使者……"

楚使正在疑虑,然而当他看到新端上来的饭菜只是一桌发馊的食物时,终于怒了:"有这么接待贵宾的吗?你们这简直是在喂狗!"他丢下碗筷,拂袖而去。

陈平望着楚使离去的背影,笑了。

回到楚营,楚使将如上情形添油加醋地向项羽汇报。本来就对亚父心存芥蒂的项羽听了谗言,一个奇怪的问题突然在脑袋里跳了出来:范增之前为什么执意要我速击刘邦,难道范增真的是别有用心?

这一天,范增又来催促项羽继续围攻荥阳,但项羽认定范增与刘邦勾结,反倒质问范增到底是何居心。恼怒的范增气急败坏道:"天下大局已定,大王好自为之吧,我老朽不忍心看你身败名裂,就让我叶落归根吧!"

对于范增的离去,项羽没有做太多的挽留。初出茅庐的青年,往往都不耐烦老父亲的絮叨。年少就名满天下的西楚霸王,或许已厌倦亚父的唠叨,更不满于他老人家的说教训斥。

荒凉的古道上,范增一个人孤零零地驾着马车,默默前行。

人生七十古来稀,几十年雨雪风霜,他到底收获了什么?他不过像一只老鸟一样,在这混沌的天空上转了一圈,如今又不得不沿着老路重新回到他的老巢。

范增前往的方向是彭城,行至半路时,急火攻心,背上长出一颗毒疮。

但他仍然背负沉重孤独前行,他一路孤独地停,孤独地走,没有旅伴，没有慰问，空气里弥漫的仿佛全是阴谋者的怪笑和愚蠢者的悲剧。

几天后，范增恶疮发作，死在了半路上。

为什么陈平这看似简单拙劣的反间计，项羽偏偏就是识不破，还要主动跳进去？

其实，抛开项羽多疑的性格，他与范增的关系不睦，两人之间早有分歧。正如苏轼在《范增论》中所言："物必先腐也，而后虫生之；人必先疑也，而后谗入之。陈平虽智，安能间无疑之主哉？"

战略比战术更重要

范增虽然被气走了，但楚军依然将荥阳围得如同铁桶一般，汉军无法保障粮草，将士们士气低下，疲惫不堪，战斗力直线下降。这一次，刘邦注定在劫难逃！

荥阳城随时有被楚军攻破的危险，在这危急时刻，一个名叫纪信的部下主动求见刘邦，对他说道："我的相貌很像大王，我愿意假扮成大王从东门向敌人投降，大王您带领人马从西门突围出去。"

当天夜里，荥阳城的东门忽然打开，两千余名披盔戴甲的士兵迅速出城。围攻的楚军一看，立即朝东门方向聚集，将出城的汉军围困。合围而来的楚军走近了才发现，原来这只是一群妇女假扮的士兵。这时，一辆黄屋车缓缓驶出，就着火把的光亮，楚军认出车上坐的正是刘邦！

楚军见刘邦投降，兴奋莫名，将刘邦押送到项羽的大帐内。项羽听闻刘邦被活捉了，喜不自胜，然而，当他看到眼前被五花大绑的"汉王"时，脸色立时就变了！

此人不是刘邦！

眼前这人，虽然身材和面貌与刘邦相似，但骗不过项羽！

"你不是刘邦！"

"我确实不是汉王，我是纪信。"

"刘邦何在？"

纪信惨淡地笑了笑："我家主公已经平安出城了，要抓就抓我吧！"

项羽气急败坏道，刘邦必定是从西门出的城，赶紧去追！

项羽没有猜错，真正的刘邦带领自己身边仅有的几十人马成功从西门逃离，消失在了茫茫夜色中。楚军无功而返，恼羞成怒的项羽下令将假扮刘邦的纪信处以火刑。

这是刘邦第三次从项羽手上逃离，且一次比一次狼狈。

逃出荥阳城的刘邦不甘心，准备重整旗鼓，带着关中士卒再打回荥阳去。谋士袁生却建议刘邦改变进军方向，让荥阳、成皋的军民喘口气。毕竟，荥阳将是楚汉未来争天下的焦点。

袁生认为，刘邦不妨率军南出武关，在南阳郡治所宛城驻扎，深沟高垒，吸引项羽南下，为荥阳成皋的汉军争取喘息之机。与此同时，让韩信以赵地为中心，联合燕、齐包围楚军。这样一来，楚军要同时防备刘邦和韩信两路夹击，必将疲于应对。

刘邦依计行事，改道武关，出兵南阳。项羽果然率兵南下，刘邦却坚守不战，将项羽牢牢拖住。

与此同时，彭越带兵打起了游击战，袭击西楚后方粮道。

第十二章 生死突围

粮道被阻断，对楚军可谓是灭顶之灾。要知道，在古代冷兵器战争中，粮食补给一直都是左右战局的关键要素。东汉末，曹操就是通过切断对手袁绍的粮道，才最终赢下了官渡之战。所以，高明的将领都十分重视粮食供应。

项羽军队战斗力虽然强劲，但由于粮草供应短缺，只得派出项声、薛公两个人率兵前去救援。然而，这两人岂是彭越的对手？一场仗打下来，楚军被打得丢盔弃甲，四散而逃。

没办法，项羽只得亲自率大军东进收拾彭越。临行前，他将成皋交给了终公，反复告诫他："在自己回来之前，千万不可受城外汉军的蛊惑，主动出击！"

然而，这位终公没能将项羽的话听进去，就在项羽前脚离开后，汉军后脚迅速围拢上来，挑衅楚军。气愤不过的终公率军出战，结果中了汉军的埋伏，全军覆没，成皋重新回到了汉军的手上。

另一头，彭越见项羽亲自前来，知道自己不是对手，充分发挥"敌进我退，敌驻我扰，敌疲我打，敌退我追"的游击战术，索性跟项羽兜起了圈子，就是不跟强悍的楚军正面硬碰硬。项羽虽然勇猛无敌，但面对这样一条滑不溜秋的泥鳅，有劲儿无处使，也是无可奈何。

彭越闪了，刘邦重新夺回了成皋，项羽只得带着疲惫不堪的将士们返回荥阳。面对强大的楚军，刘邦再一次选择了出逃，临走前，他指派了御史大夫周苛、枞公、魏豹三人镇守荥阳。

面对天生神勇的楚霸王，这三人哪里是对手？楚军还没到跟前，三人先内乱了。这天，周苛跟枞公商量道，这个魏豹一会儿投靠项羽，一会儿投靠主公，反复无常，不值得信任，不如我们携手将他除掉？

周苛的话说到了枞公的心坎里，他当即赞成，而且说倘若汉王追责，他愿意共同承担。于是，在二人的设计下，魏豹被送去见了阎王。

荥阳城很快陷落，周苛、枞公二人被活捉。项羽见周苛人才难得，便许以上将军、封邑三万户招降他，却被周苛一口回绝："你若不降汉，必被俘虏，你不是汉王的对手！"

项羽暴怒，一锅沸水将周苛活活烹死了。随后，又劝降枞公，照样不从，被推出斩首。

旷日持久的对峙中，荥阳、成皋饱受兵戈之苦，楚汉双方都向这里投入了大量兵力和物力。在面对不可一世的项羽时，刘邦虽然屡战屡败，却能很快东山再起，卷土重来。反观项羽，被刘邦一路牵着鼻子走，虽然每战必胜，但他像一个救火队员，四处征战依然改变不了大局，楚军被困之势初见端倪。

为什么会这样？

如果将项羽和刘邦单独做个比较，不难发现，项羽不是输在了正面战场上，而是输在了后勤补给上。

项羽的粮草补给地在他的根据地彭城，距离前线荥阳四百多公里，对于秦末时期的物流水平来说，这是一个相当艰巨的任务。

再看刘邦这方，虽然屡战屡败，但别忘了，坐镇汉军大后方的可是萧何，有他在，关中人力物力可以源源不断地送往荥阳前线，协助刘邦迅速投入战斗。

更何况，彭越又在北方大打游击战，时不时地切断项羽的补给线，项羽不得不两头跑，先击退彭越再重回荥阳与刘邦对峙，疲于奔命。

说到底，战争比拼的不仅仅是将领的英明指挥和士兵的奋勇作战，也考验着双方的后勤补给能力。项羽在战术上的勤奋，无法弥补他在战略上的惰性。面对西部刘邦和北方韩信逐渐形成的合围之势，项羽虽然也察觉到了危险的临近，但他对局势缺乏统筹规划，没有目标，没有方向，赢了战术，却输了战略。

快速掌握主动权

从成皋逃出来后，刘邦带着夏侯婴，将落脚处选在了修武（今河南修武县）。

为什么要去修武？因为那里有两位重量级人物：大将军韩信和名士张耳。

在拿下赵国后，韩信听取了李左车的建议，一方面采取休养生息的政策，把大军驻扎在修武和齐地遥望，做出随时进攻的态势；另一方面采取恐吓威逼的方式，引导各种舆论对齐地施压，力争达到不战而屈人之兵的目的。

韩信在北方打得顺风顺水，难为了身在荥阳前线的刘邦，面对强大的楚霸王，刘邦在陈平的谋划下又是使缓兵之计，又是使离间之计，结果还是没能挡住项羽所向披靡的兵锋，被打得头都抬不起来。从成皋逃出来后，刘邦又变成"光杆司令"了。

要想东山再起，手上必须有一支军队，可是刘邦手上的汉军都快被打光了，哪里还有可以调动的部队？

有，韩信的部队在北方不是打得挺顺手的吗？他的部队不就是汉军吗？

问题在于，面对刘邦无节制的借兵要求，韩信会心甘情愿将好不容易训练好的部队拱手让给刘邦吗？

虽然韩信名义上归刘邦指挥，但今日的韩信已今非昔比，他现在可是一支庞大军队的主人了。随着他在北方战场上的节节胜利，风头甚至盖过了荥阳前线苦苦支撑的刘邦，几乎可以与刘邦平起平坐了。谁能保证此刻的韩信还能对刘邦忠心不二？

如果你问刘邦，他会告诉你，不管你信不信，反正我不信。

更何况，孤身一人入万军之中夺人兵权，稍有不慎就会有性命之忧，刘邦冒不起这个险。

其实，刘邦对韩信一直就没有完全信任过。韩信每打赢一次仗，刘邦就对他多一层提防和怀疑。要压制韩信，唯一的办法就是夺取他的兵权，在他羽翼丰满前将他打回原形，让他重新开始。

如何才能夺回韩信手上的兵权？一路上，刘邦一直在苦苦思索这个难题。

这一日，刘邦带着夏侯婴到达修武。天色已晚，两人没有直接去找韩信，而是在当地找了一家简陋的旅馆住了一晚。

委身于异地的小旅馆，刘邦自然是一夜无眠。眼看着东方露出了鱼肚白，刘邦的眉头渐渐舒展开，心中已有了初步的计划。

一早，刘邦便带着夏侯婴前往韩信的大营，却在大门口被士兵拦了下来。

"什么人？"

"我乃汉王派来的特使，有机密之事要面见韩信。"说着话，刘邦从怀中摸出来一枚印符。

士兵仔细看了看，一挥手，放行。

进入韩信的军营后，刘邦熟门熟路，到了韩信日常办公的地方，在对守卫亮出自己的身份后，收缴了韩信的兵符。

破晓时分，韩信手下的将领们接到了一条紧急集合的命令，大家都以为有紧急军情，急急忙忙穿好衣服就往议事厅赶。到了才发现，厅内根本没有韩信与张耳，而是手握虎符的汉王刘邦，以及手持符节的夏侯婴。

面对众人眼中的狐疑之色，刘邦嘉勉了大家一番，然后发布了新的人事任免命令，调换诸将职守，瞬间便完成了对这支军队的大洗牌。

为什么要重新洗牌？很简单，这些将领大多是韩信自行任命的，他们只听命于韩信一人。只有打破这种人事安排，由自己给他们重新授予官职，才能让他们效忠自己，对自己感恩戴德。换句话说，这是快速掌握主动权最有效的方式。

俗话说，将在外君命有所不受，但现在君在内，且有兵符在手，再骄横的将军也得俯首听令。

刘邦此举不仅仅是因为猜忌心理作祟，也是维护政治地位的需要，即争夺对军队的控制权，进而掌握主动权。

这一轮人事任免过程出奇的顺利，那么此时的韩信在干什么？

答案是，他还在睡觉。

当刘邦完成新一轮的人事任免后，后知后觉的韩信和张耳才穿好衣服，慌慌张张跑到议事厅内，口中连声道："不知汉王远道而来，有失远迎，罪该万死！"

刘邦大马金刀地坐在案后,玩弄着虎符,装模作样地长叹一声,道:"我带着几个人就闯进了中军大帐内,日上三竿,将军尚睡未起,印已取过,左右亦无人报知。如果真有刺客诈称汉使而入营,取将军之首如探囊取物耳!将军坐镇一军,怎能如此疏漏?"

韩信与张耳又惊又惧,听到刘邦挑出不少毛病,后背直冒冷汗。刘邦满脸欣慰地看着韩信张耳二人,终于长长舒出一口气。

"起来吧!楚军甚是强悍,修武之军要随我到前线,你没意见吧?"

就在两人还没缓过神儿的工夫,刘邦又发布了新的任务:任命张耳镇守赵地,韩信为相国,率领未被抽调的部队攻打齐国。

此言一出,韩信顿时愣住了,有没有搞错啊,你把我好不容易训练出来的士兵全都调走,还要我带剩下的老弱病残出兵齐国,这也太强人所难了吧?要知道,齐地方千里,有城池七十余座,带甲三十余万,实力不容小觑。当年项羽亲自出马,转战千里,都迟迟未能平定齐国。你现在把我的兵都调走了,还要我攻下齐国,这不是把我往火坑里推嘛!

面对韩信不解的眼神,刘邦只是拍了拍他的肩膀,勉励他:我相信韩大将军的能力,不要让我失望哦!

刘邦心里很清楚,要想钳制势力不断膨胀的韩信,掌握正面战场的控制权,最有效、最直接的方法就是借正面战场需要补充兵员这一借口,抽调韩信军中精锐,壮大正面战场汉军的实力。

韩信心里很不是滋味,但他还是忍了。

望着大队人马远去的背影,韩信看着周围剩下的士兵,深吸一口气,眼中重新燃起斗志和希望。一切都为了大局,自己以前不就这样被抽调过兵力吗？还不是挺过来了？想到这里，韩信一扬鞭，往北方赵国疾驰而去，他要在那里重新打造一支军队，再创一次让天下惊叹的神奇！

小不忍则乱大谋

酒足饭饱之后，刘邦带着韩信军中的精锐，匆匆踏上了南下的征程。

已是九月，凉风骤起，潦水尽而寒潭清，烟光凝而暮山紫。雁阵惊寒，声断征夫之魂，鼓角唱晚，响彻黄河之滨。望着天空掠过的南归大雁，一股强烈的思乡之情涌上了刘邦的心头，他已经五十多岁了，放在普通人身上，早该在家含饴弄孙、颐养天年了，可刘邦没有这份兴致，他还要继续为了自己的理想而奋斗。

手上有了兵，刘邦的底气也足了许多，他想南下渡过黄河，回到荥阳、成皋一带与项羽继续掰手腕。

关键时刻，又有一个人站了出来表示反对。

谁？谋士郑忠。

他拦住刘邦的车驾，对他说道："汉王可是想渡河与项羽开战？"

刘邦点了点头。

郑忠一拱手："我以为，汉王此举不妥。"

刘邦来了兴趣："有何不妥？说来听听。"

"汉王虽然新收了韩信的士兵，但项羽的楚军南征北战多年，经验丰富，实力不可小觑。成皋、荥阳这两座城池易守难攻，楚军长年累月地发动猛攻，损兵折将无数，好不容易才从我们手中夺走。如果我们用这些新收编的将士发动反攻，屯兵于坚城之下，难保不会重蹈楚军的覆辙。更何况，项羽神勇无敌，天下几无对手，汉王若是与他硬碰硬，恐怕占不到什么便宜。"

经郑忠这么一提醒，刚刚还意气风发的刘邦马上冷静下来，问道："先生所言确有道理，那我该如何应对呢？"

郑忠道："楚军锋芒太盛，汉王应该继续高筑壁垒，深挖战壕，不要轻易和楚军交战。同时，选派少量精兵渡过黄河，援助彭越，继续骚扰项羽的后方补给线。待到项羽回兵时，汉王再以逸待劳，必能挫伤楚军！"

有道理！刘邦眼前一亮，接受了谋士郑忠的提议，派卢绾、刘贾二人率领两万步兵、数百骑兵，从修武下游的白马津渡过黄河，与彭越呼应配合，展开了大规模的游击战和破袭战，烧毁了楚军军粮，还接连攻克了外黄、睢阳等十几座城池，切断了成皋的楚军与彭城的联系。

刚刚攻克成皋不久的项羽，又面临后方粮道被阻的不利局面，这对身处前线的项羽可谓是重大打击。

为了打通粮道，项羽安排了大司马曹咎驻守广武，自己亲自领兵回去收拾彭越。

曹咎原本是秦国蕲县的一名狱掾，一次，项梁犯法被关到监狱里，是曹咎给栎阳狱吏司马欣写了一封信，救了项梁一命。所以说，曹咎是项氏叔侄的救命恩人，此后一路官运亨通，官拜大司马。

项羽似乎很了解曹咎其人的真实水平，可眼下，他实在找不出其他人代他守城了。

第十二章 生死突围

临走前,项羽还不忘对曹咎千叮咛万嘱咐:"任凭城外如何叫阵辱骂,你只需坚守十五日,千万不可出城迎战,我十五天即可平定彭越,到时再来与你会合。"

问题在于,曹咎能做到吗?

世间无限丹青手,一片伤心画不成。项羽在夕阳中感慨完早岁那知世事艰的忧伤,调转乌骓马,带着精兵匆匆踏上了征程。

得知项羽大军离开广武,刘邦立即派一小撮人到楚军阵前寻衅滋事,怎么难听怎么来,目的只有一个:逼你出兵!

项羽的叮嘱犹在耳前,城内的曹咎会上当吗?

议事厅内,众多将领分列两旁,曹咎坐在上位。听着外面的辱骂声,众将领纷纷请战:"将军,他们都问候您祖宗十八代了,这事儿您能忍,我们可忍不了!"

曹咎面色很难看,仍是默然不语,他知道这是刘邦搞的激将法,坚决不能上当!

曹咎的境遇,跟面对诸葛亮时的司马懿颇有相似之处。

《三国演义》中有个故事,诸葛亮想用激将法激怒司马懿,让他出来跟自己决战,于是想了一个非常有趣的羞辱方法,他送了司马懿一套女人的衣服,还写了一封非常具有挑衅性的信,里边说:"仲达既为大将,统领中原之众,不思披坚执锐,以决雌雄,乃甘窟守土巢,谨避刀箭,与妇人又何异哉?"

面对这种羞辱,满营众将怒发冲冠,恨不得出去跟蜀军决一死战。司马懿也表现得很愤怒,连剑都拔出来了,表示自己要和诸葛亮决一死战,但是话是这么说,司马懿最终还是没有出战。

他明白诸葛亮的打算,也知道按兵不动才是唯一的对策。棋子悬而不落,军队守而不出,耗的是蜀军的心神。

小不忍则乱大谋,正面对抗就是中了圈套,忍辱负重才有胜利的希望。

回到曹咎身上,面对城外难听的叫骂声,他虽然时刻牢记着项羽的嘱咐,可是他节制不了手下的将领们。要知道,这些领兵将领追随项羽征战沙场多年,每战必胜,早就养成了一股骄横之气,各个一副老子天下第二(第一是项羽)的样子。

看着纷纷请战的将领们,曹咎无力阻拦,只能被迫出城迎战。

汉军人少,一触即溃,楚军乘胜一路追击,从成皋城下追到汜水岸边,然后渡河继续追击。正当前锋部队渡河渡到一半时,突然前方出现了无数汉军士兵。曹咎大叫一声:"中计!快撤!"然而已经来不及了。岸上早已埋伏好的汉军万箭齐发,一时间矢如雨下,在汜水中的楚军士兵冲又冲不上去,退又退不回来,只能做了汉军弓箭手的活靶子。

望着蜂拥而来的汉军,曹咎知道这次无论如何都脱不了身了,将手中的剑一横,选择了自刎。

曹咎死后,汉军顺利进入了广武城,收缴了楚军囤积在此的大批军需。

人心不是靠武力征服,而是靠宽容征服

刘邦避实击虚的战略很快就取得了成效,他与彭越的配合可谓是完美。当项羽在广武与汉军对峙时,刘邦避而不战,却派出了援兵支

第十二章 生死突围

援彭越,袭扰楚军的粮道。

当项羽一离开广武,刘邦迅速冒了出来,趁机拿下了广武,重新找回了战场上的主动权。

而此时,项羽正带着西楚大军,日夜不停地赶往梁地。他本以为,大军一到,梁地必定可以传檄而定,没想到梁地的百姓却主动支持彭越,不遗余力地协助汉军守城。这一战,楚军打得很艰难,每攻下一城,都要付出极大的代价。

时间已经超出了自己的预期,项羽却依然没有平定梁地,这让他很是恼火。从底下人的汇报中得知,自己离开广武后,刘邦的汉军已经南下,直奔成皋而来,大司马曹咎现在很危险。

必须尽快平定梁地,否则一旦成皋失守,楚军将面临两面夹击的被动局面,到那时可就危险了。

项羽下令:全军日夜不停攻城,务必在三日之内攻下外黄!

然而,面对楚军如潮水般的攻击,外黄城依然不肯投降,彭越将城内的男女老少全数赶上城楼,据堞死守。

项羽怒不可遏,这些百姓竟敢抗拒楚军,城破之日,我必屠此城!

再看城内,彭越虽然顶住了楚军一轮又一轮的攻击,但城内的粮草辎重也已消耗殆尽,兵少将疲,随时都有可能被楚军攻破。

好在彭越早有准备,他此轮迎战项羽,就是为了配合刘邦南下,眼下自己已经在梁地拖了项羽十余日,目的既然已经达到,自己也该撤了。再守下去,恐怕自己真的走不了了。

一个月黑风高的夜晚,彭越带着自己的队伍悄悄从北门出了城,避开了楚军的哨兵,逃离了外黄县城。

次日一早，得知彭越已经逃跑的外黄县百姓只得打开城门，宣布投降。

项羽带着大军入城，立即宣布了一项命令：外黄县城中所有十五岁以上的男子集中到城东，全部坑杀！

杀！似乎是项羽一生唯一的生活方式。在那个弱肉强食的时代里，残暴是满足残暴者最大的娱乐，没有比杀戮更让人痛快，更能刺激人的感官功能！

此令一出，全城恸哭，抵抗是死，投降了也是死，外黄满城当即响起了一片末日来临时的号哭，百姓们纷纷拉住楚军的衣袖，请他们向项羽求情。然而，楚军的态度却很傲慢：哭，哭有什么用？谁叫你们当初不肯投降的？早知如此，当初何苦要帮助彭越守城？

就在全城百姓彷徨无助的时候，一个人站了出来，对项羽说："不！"

准确地说，是一个孩子，因为他只有十三岁，他提出要面见项羽，为全城百姓的生死存亡请命。

看着这个弱不禁风却神色如常的少年，项羽微微一愣，哪里来的小屁孩，竟敢来跟我讲道理？

少年昂然道："我不是什么小屁孩，我是外黄县令的儿子，有话想要对项王您说。"

项羽仰起头，道："好一个大言不惭的少年，有什么话你就说吧，我洗耳恭听！"

少年道："彭越劫持了外黄百姓，百姓只能被逼着抵抗。如今彭越已逃，百姓们开城投降，是为了等着项王您来拯救他们。如今项王您来了，却把怒火全发到百姓身上，要坑杀全城百姓，岂不令全城百姓寒心？对项王您而言，屠一座小小的外黄县城轻而易举，但梁地的其他十几座城池，恐怕没有哪个会向您投降了，还望项王三思而行！"

说完，少年抬头看着高大魁梧的项羽，就像在看一座山。

有的时候，我们很容易被仇恨和愤怒冲昏头脑，做出一系列过激的行为。项羽不是没听过大道理，自从范增离开后，已经很久没有人给自己讲过这些了。而眼下，这样的道理竟然是从一个十三岁的孩子嘴里脱口而出，不得不让项羽重新审视这个其貌不扬的少年。

孺子与英雄，在那一刻，他们是平等的。

项羽不得不感叹，这位少年说的话不无道理，杀戮不能解决问题，也不是他的最终目的。他要的是威服天下之诸侯，让天下人心都归附自己，单纯的杀戮只会让百姓更加厌恶自己，反倒会激发他们的反抗之心。人心不是靠武力征服，而是靠爱和宽容征服，既然如此，何不退一步，用宽容感化他们？

项羽当即承诺不杀，撤销了屠城令，还承诺此后不再妄杀一个百姓。

外黄百姓又是一场号哭，这哭声不是悲天抢地的哭声，而是告别地狱的哭声，是他们生命本能对死的恐惧及生的渴求的极致宣泄！

这之后，项羽继续东进，梁地的百姓听闻项羽撤销了屠城令，争相归附项羽，所过之处，举城投降。项羽没费一兵一卒，就平定了梁地的叛乱，彭越没了根据地，只得继续到外围打游击。

第十三章　龙战于野

郦食其：一人之辩强于百万之师

在击败彭越后,项羽郁闷地得知广武已被汉军攻破,曹咎、司马欣、董翳兵败自杀。

没办法,项羽只得再一次充当救火队员,赶往广武前线。

得知项羽亲自领兵前来,广武城内的汉军可是吓得不轻。项羽可不是曹咎,谁也没有把握能打赢他。双方在成皋一带形成对峙局面,再次进入战略相持阶段。

楚汉争斗至今,刘邦深深陷入了正面战场的泥淖,进退维谷的痛苦一日甚于一日。楚军多次叫阵,汉军每每都挂出免战牌,就是不与楚军接战。

当两股势力相持不下时,要想破局,只能引入第三股势力打破这种平衡。问题在于,谁是这第三股势力?

第十三章 龙战于野

韩信!

只有尽快拿下齐国,才能从北方完成对项羽的合围,取得战略优势。

很显然,刘邦身边的顶级说客郦食其也发现了这一点。这一天,他找到刘邦,对他说道:"兵久用则疲,将久守则懈,眼下楚汉双方相持不下,我方士兵已经露出疲敝之相,不知大王心中可有破敌之策?"

刘邦心中暗骂一声,老子要是有对策,还用得着跟项羽在这里耗吗?

郦食其接着说道:"方今燕国、赵国都已经平定,只有齐国还在死扛。如今齐王田广占据着幅员千里的齐国,齐将田间统领二十万大军,屯驻于历城(今山东济南)。田氏宗族力量强大,他们背靠大海,凭借黄河、济水的阻隔,南与楚国接壤,再加上齐国人狡诈多变、反复无常。大王即使派遣几十万军队征讨,也不可能在一年半载内攻破它。"

刘邦黯然一叹,道:"先生所言,正是我所忧虑的。我已督促将军韩信尽快攻破齐国,可眼下却毫无进展,为之奈何?"

郦食其心中暗喜,道:"大王,我倒是有个办法。"

刘邦见郦食其胸中已有成见,心中大喜,立马一改前态,和颜悦色地躬身请教道:"先生既有良策,何不早说?"

郦食其侃侃而谈:"大王不如派我去齐国,凭借着我这三寸不烂之舌,必能说服齐王,让他主动投降。到那时,大王就可以不费一兵一卒而拿下齐国了。"

刘邦狐疑道:"要想说服齐王,谈何容易?先生有几成把握?"

郦食其拍着胸脯，信誓旦旦地保证："我都活了七十多岁了，什么场面没见过？大王就静待佳音吧！"

刘邦深知郦食其在外交方面颇有经验，二话不说立即派他出使齐国。

郦食其信心满满地出发了，看着他远去的背影，刘邦心里也在打鼓：连项羽和韩信都搞不定齐国，就凭这老家伙，能说服齐王吗？

此时，曾经与项羽斗得你死我活的齐王田荣已经战死，齐国的实际掌权者是田横、田广叔侄，田广为国君，田横为丞相。随着楚汉之争的白热化，齐国没有勇气参与这场纷争，只得选择中立自保的政策。

轩敞阔气的大殿内，齐王田广热情地接待了汉军使者郦食其。郦食其开门见山地问："大王知道天下将归向何处吗？"

齐王回答："不知道。"

郦食其道："大王若是知道天下的归向，那么齐国就可以保全；若是不知道天下归向的话，那么齐国恐怕就危险了。"

虽然知道郦食其是在卖关子，但还是勾起了齐王的兴趣，问道："先生看来，天下将归向何处？"

郦食其答道："归汉。"

齐王又问："先生为什么这样说？"

郦食其见时机成熟，首先列举了刘邦的优势："汉王和项王并力西进，攻打秦国，事先就在义帝面前约好了，先入关中者为王。汉王先入咸阳，但是项王背弃了盟约，将他发配到巴蜀之地，不让他在关中称王。项王擅杀义帝，汉王知道后悲愤交加，立刻发兵攻打三秦，出关中为义帝发丧。汉王召集天下军队，拥立六国诸侯的后代，攻下城池立刻就给有功的将领封侯，缴获了财宝立刻分赠给士兵，和天下同得其利，所以那些英雄豪杰、才能超群之人都愿意为他效劳。"

接着，郦食其——列举了项羽的几大罪状，丑化项羽："而项王呢？既有违背盟约的不义名声，又有杀死义帝的不义行为；他对别人的功劳从来不记着，对别人的罪过却又从来不忘掉；将士们打了胜仗得不到奖赏，攻下城池也得不到封爵；除了项氏家族的亲戚，旁人很难能得到重用；手中的印信棱角都快磨光了，也不愿意给别人；攻城得到财物，宁可堆积起来，也不肯赏赐给大家；所以天下人背叛他，才能超群的人怨恨他，没有人愿意为他效力，全都投归了汉王。"

对于项羽在分封方面的吝啬与失当，齐王田广是知道的，当初项羽分封诸侯，将齐国划分为三块。从那时起，齐国便与项羽结下了仇恨。

在分析完刘邦与项羽二人的优势和劣势后，郦食其开始给齐三施压了："汉王征发蜀汉的军队，平定了三秦，东渡黄河，击败了魏豹，占了三十二座城池，又援引上党的精兵，攻下了井陉，除掉了陈馀，这就如同战神蚩尤的兵锋一样，并非人力所为，而是上天之助。现在汉王已经据敖仓，占成皋，天下诸侯若不赶快向他投降，被灭掉那是迟早的事。大王若是先向汉王称臣，便可保全齐国社稷，否则，亡国之祸指日可待。"

史书记载，齐王田广、齐相田横听了这话，心悦诚服，解除了齐国的紧急战备，天天拉着郦食其喝酒，准备与汉军联合，共同对付项羽。

不动干戈，仅靠一张嘴就降服齐国，让齐王对刘邦称臣，郦食其真有这么大的能量吗？你会相信吗？

我不信。

真正的原因是，此时韩信的军队在经过短暂的休整后，已进至平原县（今山东平原南），准备渡黄河，与齐国一决胜负。齐国虽然有七十余座城，对外号称有二十万精兵，但齐王田广深知这些都是表象。事实上，齐国田氏与项羽的矛盾由来已久。

想当初在灭秦之战中，项梁请田荣出兵救赵抗秦，田荣却提出以杀田假为先决条件，否则拒绝出兵。项羽因为田荣当年不与项梁合作，又不参加巨鹿之战和诸侯联军入关，拒绝承认田荣反秦有功，未封田荣为王，并且将齐地划分为三块。项羽分封十八路诸侯王之后，田荣立刻起兵造反。

在与项羽军团的一系列战争中，齐国损失惨重，元气大伤。因此，在面对横扫北方、风头正健的韩信大军时，齐王实在没有与之一战的勇气。

就在齐王纠结的时候，郦食其适时地出现了，他带来了一个折中的方案：向汉王称臣，握手言和。只要齐王愿意，他愿意居中说和，给齐王一个体面的收场。

换句话说，郦食其的出现，给了齐王一个台阶。

争功的韩信

郦食其靠着一张嘴，成功说服齐国归顺了刘邦，顺带还留在了齐国混吃混喝。

韩信厉兵秣马，在训练好被刘邦挑剩下的士兵后，正准备向齐国进发，期望毕其功于一役。得知齐国已被郦食其说服的消息后，韩信先是有些不敢相信，待消息被证实后，他随即命令大军停止前进，就地扎营。

这天傍晚，韩信登上附近的一处山头，望着东方苍茫辽阔的齐鲁大地，心中颇为不服。

老子辛辛苦苦带着弟兄们在战场上浴血厮杀，天天把脑袋系在裤腰带上，好不容易才拿下了魏、代、赵、燕这四个国家，你郦食其，一个黄土都快埋到脖子根儿的老头子，何德何能，靠着一张利嘴就能说服齐王，将功劳据为己有？凭什么？

不只是韩信，他身边的将领们也个个义愤填膺，眼看煮熟的鸭子就这么飞走了，大家胸中都憋着一口气。

辩士善于察言观色，揣度人心。韩信下令原地待命的一刹，蒯通从韩信的神色中就察觉到了犹豫狐疑，他知道，是时候主动出场了！

蒯通上前问道："大将军不欲立功于天下乎！为何罢平原之兵？"

"你不知道郦食其已经说服田横了吗？齐与汉和，我欲用兵于何处？"

蒯通说道："郦食其不过是一个糟老头子，靠着忽悠人的本事竟然降服了齐国，抢了大将军您的功劳，不知大将军您有何打算？"

韩信喟然一叹，道："郦食其是汉王派去的，如今大功告成，齐地被收服，我还能有什么打算？"

蒯通摇了摇头，道："大将军不必如此悲观。您受汉王命令攻齐，虽然汉王派了使者前往齐国劝降，可到现在，您收到过停止进攻的命令吗？没有！郦食其不过是一介穷酸书生，凭三寸不烂之舌，就拿下齐国七十余城，再看将军您，这多年四处征战，也不过才攻下五十余城，难道还不如区区一个儒生吗？且田横归汉，并非郦食其之功，而是畏惧大将军威名。平齐之功，大将军本当居其首，却让郦食其独得。此后天下皆知高阳酒徒郦食其，又有谁知道淮阴韩信？"

与其说这是劝谏，不如说是变相的羞辱。

韩信的面色有些苦涩，问蒯通："先生的意思是？"

"继续发兵，攻打齐国！"蒯通的话掷地有声。

韩信有些迟疑，"这，如何向汉王交代？"

蒯通道："不需交代！"

韩信越想越恼火，他不是贪功，在这次事件中，刘邦做得非常不靠谱，他明明知道韩信正在厉兵秣马攻伐齐国，却连个招呼都不打，就让郦食其出使齐国。郦食其显然也考虑欠妥，从他与田横的对话中，绝口不提韩信之功，已经说明了问题。换句话说，郦食其与刘邦对韩信欠缺一份尊重。

"出兵！"韩信思虑良久，从牙缝中挤出这两个字。

十一月的长夜，似乎比任何时候还要寒冷。

历下城西门的城头，几名巡夜的士卒冒着风雪，无精打采地来回走动着。就在几天前，他们刚刚接到指令，齐国已与汉王刘邦缔结了和平条约，解除了战备状态。因此，这一夜负责值守的每个人都心不在焉。

忽然，远处传来一阵隆隆的马蹄声，紧接着，城下的黑暗中响起了窸窸窣窣的声音。守军中有人听到了这种奇怪的声音，睁大眼睛探头向城下望去，他们惊奇地看到一片铺天盖地的黑影就像巨浪般向历下城拍来！

守将想发出示警，可是已经晚了，几支尖利的弩箭嘶嘶尖啸着射穿了他们的喉咙。齐国将士们猝不及防，他们根本没有任何心理准备，就被汉军纷纷斩杀。经过一夜的厮杀，汉军顺利占领了历下城。

第十三章　龙战于野

与此同时，灌婴率领的骑兵军团、曹参指挥的步兵军团也攻下了齐军大营，二十万齐军全军覆没。

在拿下历下城后，韩信带领汉军一路追击，兵锋直指临淄（今山东淄博）。

得知汉军突袭的消息，田广暴怒欲狂，他认定汉军此次进兵完全是一个阴谋，而那个口灿莲花的郦食其是一个不折不扣的骗子，他出使齐国的目的就是让自己放松警惕，便于汉军突袭。

此时此刻，郦食其的心中也如同波涛翻涌，心中不住地骂道：小儿韩信，你这是要害死老夫的节奏啊！

郦食其被带到了大殿之内，暴怒的齐王指着旁边沸腾的油锅，说道："你能让汉军退兵，我就让你活下来，否则就烹了你！"

看着暴怒的齐王，郦食其知道这次无论如何也逃不过这一劫了，韩信的汉军岂会因保全自己而退？既然如此，何不再疯狂一把？

郦食其看一眼滚烫的油锅，深深吸口气，抬起高傲的头颅，昂然道："成大事者不拘小节，品行高尚之人做事从不推脱不前，你老子我不会遂你心意！"

"烹了他！"田广歇斯底里地喊道。

在处死郦食其后，齐王带着剩余的兵力向高密逃窜，同时向项羽发出紧急求救信号。

千里之外的刘邦，在得知韩信破齐后，心中颇为复杂。他已经明显感觉到韩信正在脱离自己的控制，都说团队协调决定成败，可眼下这样一个团队能完成灭楚的最终目标吗？

刘邦：从泗水亭长到歌动大风

狮子也会败给狐狸

　　雨水洋洋洒洒地连飘了五天，太阳终于从阴霾的天际中探出头，照着湿淋淋的大地。

　　项羽拧眉坐在中军大帐中，他面前摊开着一卷书信，那是齐王田广紧急送出的求救信。在信中，田广历数刘邦不守信用的罪状，恳请项羽出兵援助，不然，待韩信统一了北方，楚军也将面临两面夹击的境地。

　　当年那个跟在自己身后，唯唯诺诺的懦夫居然能成为一军主帅，世道多么荒唐滑稽！难道真是自己当初看走了眼？想到这里，项羽唯有一声长叹。

　　抬起头，看着帐下分列左右的将士们，项羽开始部署下一步的计划，他安排龙且和项他带着二十万楚军迅速北上，与齐王田广的残部汇合，救援齐国。

　　而此时，韩信也没有闲着，在攻占历下城之后，他率领大军星夜兼程奔袭临淄，兵分三路横荡齐军。落魄的齐王田广只得带着剩余兵力逃亡。

　　得知项羽手下的头号猛将龙且亲自带着二十万大军前来支援，田广喜不自胜，亲自到城外迎接，绝口不提过去的恩怨。

　　抵达高密的第二天，龙且带着自己的部下到城外视察地形。眼前的这条河名为潍水，河道比较宽，高密城在河东，韩信的军营在河西，站在河边能够清楚看到汉军大营中高高飘扬的红色大旗。

　　眼下正值冬季，潍水水位很低，只到膝盖部分，徒步就可以走

第十三章 龙战于野

过去。

望着前方的汉军大营,龙且陷入了沉思。

"诸位有何高见?"龙且问身边众人。

一个谋士站出来说道:"汉军远离国土作战,锋芒锐不可当。齐楚两军在本土作战,容易逃散,我们不如深沟高垒,坚守不出,让齐王派遣亲信在沦陷区招抚旧部。沦陷区的士兵和百姓如果知道他们的国君还在,楚军又来救援,一定会抗击汉军。届时汉军将落入四面皆敌的境地,我们则可以迫使汉军不战而降。"

不得不说这个建议和之前李左车建议严守不战一样,皆是高明之策。

然而,龙且听完,却摇了摇头。他想起在出征前,项羽单独召见他,给他面授机宜:此行阻击韩信倒是其次,关键是要拿下齐国一半的土地为我所有!

如果只是坚守不战,如何能够将齐国据为己有?再看河对岸的汉军大营,自从汉军在此扎下营寨后,一连几天都没有动静,也不见他下战书,韩信到底在搞什么名堂?龙且皱眉苦思,半晌都没有猜透韩信的意图。

潍水西岸,汉军大营,韩信坐在上席,看着沙盘陷入了沉思。

"大将军,属下已打探清楚,楚军阵营中大将是项他,但军中主事的是龙且。"一名斥候匆匆来报。

龙且?

韩信轻轻擦拭着手中的剑,他知道这个人,此人号称项羽麾下的头号猛将,战功赫赫,不可小觑。想当初,英布被刘邦的使者策反,正是龙且带兵平叛,才逼得英布走小路投奔了刘邦。如果硬碰硬,凭自己手底下这点兵力，很难讨到什么便宜。

如何才能打败龙且？韩信沉思良久，眼角的余光不经意地落到了潍水河上，忽然有了主意。

就在龙且视察战阵之时，韩信也没闲着，他紧急召集诸将，将一部分兵力悄悄派往潍水上游，命他们准备一万多只麻袋，在河边挖出沙土，填满麻袋，在潍水上游筑起了一道临时大坝，堵住了大部分河水。

几天后，龙且的战书送到了韩信的桌案前。

韩信看了一眼，对身边的士兵吩咐了几句，然后露出了一丝诡谲的笑容。

次日一早，当清晨的薄雾散去后，两军在潍水两岸拉开了阵势。汉军前锋渡过潍水，直奔齐楚联军的大营。龙且一挥手，数十万士兵齐声高呼，嗷嗷叫着冲向汉军阵营。战鼓雷雷作响，瞬时战场上血雾弥漫，断肢残骸遍野。

龙且紧紧盯着前方，只听汉军鸣鼓撤退，红色头巾就像潮水般开始涌退，楚军士气正盛，乘胜追击，一时间，汉军败退的队伍被冲得七零八落，战场上滚落了无数人头，眼中布满了惊恐和绝望。

当战马踏上潍水西岸的时候，汉军阵脚开始后移，龙且越发坚信汉军即将溃败，心中再无疑虑，一拍马，带领一队精兵冲了上去。

就在此时，汉军阵营中传出一阵尖利的呼啸声，紧接着，一股足以开山裂石的滔天洪流裹挟着沙石枯木滚滚而下，河床当中一窝蜂似的楚军来不及喊叫就被洪流淹没了。

总攻的时机已经来临！韩信一声令下，郎中骑兵率先发起闪电一击，围剿被困在河岸边的齐楚联军。联军被洪水淹死无数，又被打掉了指挥部，阵亡的阵亡，被俘的被俘，全军覆没。

这一战，楚军二十万人败亡，大将龙且战死沙场，韩信彻底平定了齐地。

刘邦与项羽之争，自始至终其实是一场不对称战争，尤其是在楚汉战争初期，项羽一方在军事上占有绝对优势。但经过数年对峙和攻防，双方势力出现了换位，原因是多方面的，但跟双方所采用的战术策略有很大关系。

以楚汉双方主要战将龙且和韩信为例，就能很好说明问题。龙且拥有骄人的战绩，就连九江王英布这样的猛将，也败在他的手下，其作战之勇猛，可见一斑。但是两军对垒，决不能单靠主将个人之勇气和魄力，最主要的还是靠战术谋略，充分调动士气，并且做好后勤保障。

没有任何史料可以证明，龙且是个靠匹夫之勇的只懂蛮力的武夫，但是在战争艺术方面，很显然，龙且远逊于韩信，或许龙且作战的刚猛之风是受到了项羽的影响，似乎很少见他从战略高度来影响战争的胜负。这就好比狐狸和狮子的搏斗，狮子固然勇猛，但狐狸借着狡猾的谋略，让狮子有劲没处使，最终狐狸实现了以弱胜强、以小博大，笑到了最后。

齐国封王，刘邦第一次动了杀机

围剿龙且，破齐楚联军二十万，这则消息很快像风一样传遍了中原大地。项羽在得知龙且战死后，几乎不敢相信自己的耳朵。这怎么可能？龙且可是自己麾下最勇猛的悍将，当初接到齐王田广的救援信后，项羽深知齐国的存亡对自己事关重大，思之再三，才派出了自己最信任的龙且前往救援，没想到刚一接触就被韩信轻松拿下，这多少让项羽感到有些不安。

回忆起自己这么多年的征战岁月，项羽还是第一次感到恐慌，既有对韩信的恐慌，也有对未来的恐慌。

面对这样一位战功显著的军事天才，刘邦的态度是怎么样的呢？

刘邦既高兴，又忌惮，更多的是忌惮。

一方面，他为韩信平定了齐地感到高兴，毕竟，随着齐地被平定，汉军就可以从北面给项羽施加压力，完成战略合围。另一方面，刘邦也为韩信的迅速崛起和壮大感到忧虑，他已经看出，韩信此人确实是一位不世出的军事天才，自己今后恐怕再也无法约束他了。

就在刘邦心中忐忑之际，另一份快报也被送到了他面前。

刘邦展开一看，火冒三丈，当场就摔了一个精贵的茶盅："韩信小儿，欺人太甚！"

张良接过书信一看，原来是韩信请求封代理齐王，他在信中称，齐人狡诈多变，齐国又与楚国接壤，眼下虽然平定了齐地，但各地尚有散兵游勇，极容易发生变乱，请求汉王册封自己为代理齐王，以镇抚齐国。

刘邦接着骂道："我被围困在这里，日夜盼望你来援救，你却想称王！岂有此理？"

张良合上书信，心中颇为复杂。自古以来，恩自上出，这是千古不易的法则。对于一个臣子而言，恩赏或许可以要，但官衔不能要，爵位更不能要。就像在今天的职场上，工资待遇可以谈，职位级别最好不要主动伸手。张良粗略一看，一眼就看出了韩信强烈的政治欲望和贪婪的占有思想。想当初，韩信在拜将时对刘邦的慷慨陈词中，就要求刘邦"以天下城邑封功臣"，或许正是登坛拜将的荣耀满足了韩信的心理，也蒙蔽了他的双眼。在他看来，自己平定了北方，理应得到应有的封赏。以张耳之功，犹能封为赵王，韩信之功远在张耳之上，封王又有什么不可以的？何况韩信并没有狮子大张口，他要求得到的只是一个代理齐王而已。

然而，韩信的这些想法，在刘邦这位老谋深算的政治家眼中，又是多么幼稚和抢眼！打工最忌讳的事情，就是逼老板就范，因为这会让他有一种失控的感觉。更何况，韩信想要的可是君主最忌惮的权力！权力只能私有，岂能分享？

然而，张良想的却比刘邦要深远，眼下正是汉方急需韩信效力的紧要关头，岂能因为这一件小事而与韩信结怨，白白损失掉一条臂膀？

此时此刻，稳定住了韩信，就是稳定了大汉天下！

想到这里，张良看了对面的陈平一眼，两人目光相接，都看懂了彼此的心思。陈平挪到刘邦身边，踩了刘邦一脚，刘邦叫出了声，正要骂陈平无礼，不料张良却凑到跟前，附耳轻声给刘邦讲解此中关窍："我军现在被项羽挤在河南，进退不得，大王自问，以我们现有的实力，能阻止韩信自立为王吗？有没有大王的旨意，韩信都有自立的实力，他今日派人来求为王，说明他心中还有汉王。汉王不可错失良机，为今之计，不如善待韩信，就封他做个齐王，稳住他，使之灭楚。如果激怒了韩信，与项羽合兵，还有我们的活路吗？"

刘邦听完，心中悚然一惊，他刚才只顾着过嘴瘾，却没有想到这一层。可是，韩信的使者就在不远处，想必他已经听到了，这该如何收场？

要说刘邦也是急中生智，他话锋一变，说道："大丈夫者，当纵横天下，万夫授首！韩信定三秦、擒魏豹、斩陈馀、降臧荼、定东齐，威震天下，此真大丈夫也。没有韩信，我刘邦何以有今日？韩信定齐，当封为真齐王，以酬不世之功，何必做什么假齐王！"

使者喜滋滋地回去复命了，可刘邦越想越觉得不是个滋味，这个新封的齐王怎么着都让刘邦心里感觉不踏实。但他同时也深知，眼下只能给韩信充分授权，先稳住他，最大限度地调动他的积极性，才能让他无限的潜能得以发挥。毕竟，楚汉之争即将进入最后的决胜阶段，刘邦容不得自己这方出任何差错。

面对三分天下的诱惑，韩信犹豫了

就在韩信受封齐王之时，一名使者从前线荥阳出发，打马向北急驰，奔赴千里之外的齐国都城临淄。

他叫武涉，是项羽派出的使者。望着武涉远去的背影，项羽怅然若失。

项羽从二十四岁起兵反秦，一生大小七十余战，从无败绩，亦未曾有人能令他心生寒意。但是现在，他不得不重新审视这个迅速崛起的对手：韩信。

龙且是他最看重的一员猛将，齐国有近三十万大军，是一块最难啃的骨头，然而，韩信仅凭借着自己匆匆忙忙训练出来的十万大军，

第十三章 龙战于野

在不到一个月的时间内,横扫北方齐国,兵锋直逼楚都彭城!

这个人究竟有什么魔力,竟然可以让自己的二十万楚军主力死的死,降的降,逃的逃,转瞬之间,化为乌有?

眼下,项羽的二十万主力大军已被韩信击溃,他手上已经没有多少兵力了,兵源也几近枯竭,而汉兵则越打越多,已经在数量上对自己形成了压倒性优势。

项羽是最不屑于纵横之术的,在他看来,游说只是卑鄙的政治手段而已。可眼下,即使骄傲如项羽,也要向现实低头,他不得不派人去说服韩信,让他成为自己的盟友,给自己缓解一些压力。

公元前203年二月,韩信迎来了项羽的使者武涉。

武涉是盱眙(位于今江苏西部)人,离韩信的故乡淮阴只有百里,两人也算半个老乡。一见面,武涉就拉着韩信聊起家乡旧事,回忆当年在项羽帐下一起共事的场景。韩信也是个念旧之人,他想起自己在淮阴的落魄遭遇,心中没来由一阵感伤。

两人寒暄一阵,武涉开始步入正题,他首先列举了刘邦的两个缺点。

第一,刘邦胃口很大,贪得无厌。

当初各路诸侯勠力攻秦,秦朝灭亡后大家论功行赏,刘邦被封汉王,坐拥巴蜀及汉中之地。可他仍不满足,还要重出三秦,出关与项王死磕,这是摆明了不独吞天下誓不罢休啊!

第二,刘邦不值得韩信信任。

汉王曾多次落到项羽的手里,项羽心软,才给了他一条生路。然而,汉王一脱离危险,立刻违背约定攻击项王。足下自以为和汉王情谊深厚,替他东征西讨,到头来一定会被他所擒的。

韩信静静地听着武涉发言，若有所思。

武涉见韩信毫无反应，继续说道："您自以为与汉王交情深厚，供其驱策，却不知道您能有今日，全是因为项王还在。眼下刘、项二王相争，胜负完全取决于您，您帮助汉王则汉王胜，帮助项王则项王胜。但是您要知道，如果项王被消灭，下一个要消灭的就轮到您了。您曾经在项王手下任职，与项王有交情，为何不反汉联楚，三分天下呢？您是聪明睿智的人，难道不知道应该怎么做吗？"

武涉的口才没话说，他站在韩信的立场上，已经将局势分析得相当透彻。假如韩信稍微有点政治野心，楚汉争霸就变成了汉、楚、齐的三国鼎立了。

可是，面对武涉提议，韩信说："不！"

他不接受。

为什么？

韩信前半生贫穷落魄，他最恨别人看不起自己。他对武涉说道："先生之言，听起来颇有道理，然信不能受。昔日我在项王手下做事，官不过郎中，爵不过执戟，言不听，计不从，故背楚而归汉。汉王授我上将军印，予我数万众，解衣衣我，推食食我，言听计用，故吾得以至于此。汉王信任我，待我恩重如山，我岂能背叛他？我就算是死，也不会有负于汉王，烦请先生为我深谢项王。"

这句话看似很决绝，但其中似乎也有一些无可奈何的伤感。韩信是一个很念旧情的人，他念念于刘邦曾经给他的温暖，始终无法做出违背自己意志的决定。

武涉见韩信心意已决，明白此行目的绝无实现的可能，只好告辞。

武涉前脚刚离开齐国，谋士蒯通又上场了。

蒯通不仅仅是一个纵横家,他还懂得阴阳之术。一见面,蒯通先开口了:"在下曾经学过相面之术。"

韩信颇感兴趣,问道:"先生给人看相用什么方法?"

蒯通道:"人的高贵卑贱在于骨骼,忧愁喜悦见于脸上,成败得失在于决断。以此三点相人,万无一失。"

"先生看我的相如何?"

蒯通端详韩信许久,欲言又止:"希望随从暂时回避一下。"

"都退下吧。"

待身边的人都退下后,蒯通这才说道:"看您的面相,位不过封侯,而且有鸟尽弓藏之险;但看您的背相,真是贵不可言。"

蒯通这段话是一语双关,所谓"背"就是后背,除此之外还有"背叛"之意。

傻子都听得出来,蒯通这是要告诉韩信,如果你还跟着刘邦混,将来一定会被他收拾,只有叛汉自立,才是唯一的出路。

韩信听后,没有半点激动,问道:"此话怎讲?"

"当初秦失其鹿,天下共逐之,英雄豪杰振臂一呼,天下之士争相响应。当时百姓所忧虑的,是何时能推翻暴秦。岂料秦亡之后,楚汉相争,无辜百姓饱受牵连,父子手足暴死荒野,黎民苍生又陷入了一场浩劫。"

韩信默然无语。

"楚人起兵彭城,转战四方,以摧枯拉朽之势席卷天下,然而京索之战过后,却被困在京县与索县之间无法前进一步,算来已有三年。汉王在巩县、洛阳一带设防,凭借雄关险隘与楚军一日数战,然而兵锋顿挫,久战无功,粮仓将竭,民怨沸腾。依在下看来,这非常之乱只有非常之人才能平息。"

看着韩信陷入沉思，蒯通继续说道："如今，汉王与项王的命运都握在您手里，您助汉则汉王胜，助楚则项王胜。更何况，您才智过人，又有一支强大的军队，统领燕赵，牵制着项刘两家的后方，如果能听我的意见，据齐自立，制止楚汉之争，形成三分天下的局面，天下百姓都会感念您的恩德。然后您可以分割大国的领土，用来分封诸侯，诸侯得到好处，就会听命于齐，前来朝拜您。天予不取，反受其咎，希望您仔细考虑一下这件事。"

韩信听后，表情顿然严肃起来："汉王待我有如手足，让我乘坐他的马车，穿他的衣服，吃他的饭菜。我听说，乘人之车要共患难，穿人衣服要为其分忧，吃人的饭要为他献身。我怎么能为了利益而背叛义气呢？"

蒯通冷笑："大王自以为汉王对您很好，以此可以建立万世功业，但是在下以为您的想法是错的。请问大王，如果从朋友的角度来说，你和汉王有张耳及陈馀的关系铁吗？"

韩信："当然没有，张耳和陈馀可是结拜的生死兄弟。"

蒯通："这就对了，张耳和陈馀贵有生死之盟，后来却反目成仇，不共戴天。为何？因为人贪得无厌且人心难测。范蠡和文种当初辅佐越王勾践称霸，到头来却一个逃亡，一个被杀。以交情而论，您和汉王比不上张耳和陈馀；以忠义而言，您和汉王比不上文种、范蠡和越王勾践。且臣闻：功盖天下者身危，勇略震主者不赏。如今大王涉西河，虏魏王，擒夏说，引兵下井陉，诛成安君，徇赵，胁燕，定齐，南摧楚人之兵二十万，东杀龙且，西向以报，此所谓功无二于天下，而略不世出者也。足下危矣！"

讲完这些话，蒯通盯着韩信，该说的他已经说了，下面就要看韩信如何抉择了。

韩信低头饮酒，不发一言。

人生有些事，错过一时，就错过一世，现在就是韩信人生中最重要的时刻。

过了好久，韩信才抬起头来，对蒯通敷衍道："先生先回去休息吧，我会认真考虑你的意见的。"

蒯通一声长叹，黯然不言，转身退出大帐。他知道韩信心意已决，不会背叛刘邦，他很清楚韩信若不背汉，将来定有横祸，与其给韩信陪葬，不如趁早离开……

常言道：狡兔死，走狗烹；敌国破，谋臣亡。韩信不是不懂这个道理，只是他过于感情用事，自以为有功于刘邦，肯定不会遭到刘邦的秋后算账，在该做出决断的时候犹豫不决，错失了大好机遇。

为什么说韩信走错了一步棋？后来的历史告诉我们，刘邦一统天下后，韩信马上被贬为淮阴侯，之后被诬蔑谋反处死，死前叹息说："我真后悔没听蒯通的话。"

第十四章 垓下悲歌

刘邦耍起无赖,项羽也无可奈何

武涉无功而返,项羽见韩信软硬不吃,心中愈发焦虑。战争打到现在,双方都已筋疲力尽,刘邦坚守不战,项羽只能望城兴叹。刘邦兵源和粮草充足,守个三五年不成问题,可项羽就不一样了,楚军本就远离大本营彭城,粮草不足,偏偏彭越还隔三岔五出来袭扰一下楚军粮道,搞得项羽很是恼火。

楚汉战争这时已进入第三个年头。从战争开始后不久,即汉败彭城后,以刘邦为首的汉军主力就与项羽为首的楚军主力相持于荥阳一线。其间,韩信带领一部分人马已陆续平定了北方。天下的大势是,楚汉依旧相持在荥阳一带,但汉的后方关中很稳定,魏、代、赵已为汉平定,燕国也表示臣服,刘邦可以集中精力与项羽对抗。

再看项羽,形势已今非昔比。九江虽然并入了楚,但九江王英布叛楚归汉。英布被项羽击败后，在刘邦的支持下，仍在九江一带继续作战，牵制楚军。而楚的另两个盟国衡山、临江在整个战争期间保持中立。

眼下，双方在广武形成对峙。

广武是一座山名，东连荥泽，西接汜水，地势险阻，山中有一断涧，刘邦在西边依涧自固，项羽在涧东边筑垒。

项羽想速战速决，刘邦偏偏不上当。

怎么办？再这样煎熬下去，这仗恐怕都不要打了，只凭饥饿就足以把楚军击垮！

有道是，人穷志短，马瘦毛长。到了这步境地，就不能再顾什么面子了，在身边人的建议下，项羽想到了一个不要脸的招来。

这一天，项羽命人在两军阵前架起了一口锅，盛满水，下面用柴火点着，把随军当人质的刘邦老爹和媳妇推到锅前，然后派人通知刘邦："刘邦，你小子听着，项王有令，命令你马上投降，敢说半个不字，就把你老爹和媳妇儿给烹了！"

这一幕，是不是觉得很熟悉？

救，还是不救？

对面是自己年迈的老父亲和哭成泪人的妻子，身后是追随自己征战多年的弟兄们，刘邦该怎么办？

难道真要向项羽举手投降？要是这样做，如何对得起自己身后的这帮哥们儿弟兄们？

不行，绝对不可以就此认输！

刘邦将繁杂的念头压下去，重新抖擞精神，找回了那个一贯嬉皮笑脸的无赖样，望着对面的楚军笑道："烦请转告项王，我与项王曾经同为怀王之臣，合力攻秦，那时便是同生共死的兄弟。既是兄弟，我爹就是他爹了，他要是真把他爹给煮了，记得给我也分一杯羹啊！"

听到这句话，项羽差点背过气去，这刘老三竟然连自己的老爹都不要，还能说出这么不要脸的话来！

刘邦的这句话的确很无情，但不得不承认这是解决人质问题最好的方案：沉住气，不慌乱！

沉得住气，就要克服内心的焦躁。做事情往往欲速则不达，因为急躁会使人失去清醒的头脑。只有遇事不慌乱，才能稳住阵脚，做出科学合理的决策。

项羽勃然大怒，你不是口口声声不在乎吗？你不是想喝汤吗？我成全你！拔出佩剑，作势就要杀刘太公。

关键时刻，项伯又一次出场了，他拦住了项羽的剑，劝道："这个仗将来打成什么样，都还不好说呢，咱不至于这样做。再者，为天下者不顾家，您就算杀了太公也没用，只会增加仇恨。"

这招不行，项羽又想了个招，他派人过去给刘邦传话：你我二人打了这么多年了，弄得天下动荡，百姓遭罪。不如咱俩单挑吧，你打赢了，天下归你；我打赢了，天下归我，如何？

刘邦一听，这哪能行？比肌肉，我十个刘邦也顶不上你项羽，他回复道：你想多了，我宁可斗智，也不会跟你硬碰硬！

见这一招也不顶用，项羽只得让手下的将领出城挑战，不料均被汉军的神箭手射杀。眼见自己帐下的勇士未及一合就身死箭下，项羽大怒，亲自披挂出阵，一声暴喝，汉军吓得魂飞魄散，躲进大营再也不敢出来。

刘邦得知此事，为了给将士们打打气，他来到阵前，与项羽隔涧

第十四章 垓下悲歌

对视。

望着对岸那个如同天神一般的汉子，刘邦有一种恍若隔世之感。四年了，项羽还是没有任何改变，他还是那样血气方刚，意气行事。

既然项羽这么容易被情绪带动，那我不妨再添一把柴！想到这里，刘邦开始当面指责项羽犯下的十大罪状：负怀王之约，迁我于巴蜀之地，罪之一也；矫杀卿子冠军，罪之二也；救赵不报而擅劫诸侯入关，罪之三也；烧秦宫室，掘始皇墓，私其财物，罪之四也；杀秦降王子婴，罪之五也；诈坑秦子弟二十万于新安，罪之六也；王诸将善地而徙逐其故主，罪之七也；放逐义帝，自都彭城，夺韩梁地以自王，罪之八也；使人阴弑义帝于江南，罪之九也；为政不平，主约不信，天下所不容，大逆无道，罪之十也。

刘邦滔滔不绝，一口气说出了项羽的十大罪状，义正词严地告诉项羽："我是正义的化身，以刑余罪人击杀你就可以了，何苦要和你单打独斗？"

确实，论个人能力，西楚霸王项羽"力能扛鼎"，泗水亭长出身的刘邦根本不是他的对手。但正如刘邦所言，战场上不是比拼个人武功的大小，而是各自团队综合实力的较量，不是毕其功于一役，而是持久的内功比拼。

项羽骂街不行，动手可是内行，就在刘邦数落完后，一支冷箭突然袭来，正中刘邦胸口。

广武涧西，刘邦捂住胸口痛苦地伏在地上。幸亏是个小箭，力道也小，要不就立即给射死了。他脑子里飞快地转了一圈，伸手搂住脚，喊了一嗓子："这混蛋射中我的脚趾了！"

不得不说，刘邦是一个天生的好演员，明明箭中其胸，他却一狠心拔掉箭矢，说是射中了脚趾，拨马逃回本阵，回到大帐就起不来了。

然而，这一箭毕竟是众目睽睽之下射出的，士卒在私下里难免议论纷纷，军心有些浮动。

张良见此，急忙来见刘邦，让他咬着牙强打精神，做出没事的样子到军中巡视一番，以安军心。为了霸业，刘邦只得咬牙忍痛，装作满脸轻松的样子，出来和大家见了一面，勉励了大家几句，随后立即转往大后方养病去了。

从这场隔空对话中，我们不难看出，随着韩信在北方战场的节节胜利，刘邦已经掌握了这场战争的主动权，他不需要急切地通过一场战争来决定胜负，为了最终的胜利，他可以耐心等待。反观项羽，在这场持久战中已经耗尽了最后的耐心，他像一头愤怒的狮子，面对刘邦这只狡猾的狐狸，总使不上力，这让他产生了深深的挫败感。

项羽前脚刚走，刘邦就撕毁了盟约

就在刘邦赴成皋修养之时，北方传来消息：韩信一举击败了楚国名将龙且，歼灭楚军二十余万，全定三齐之地。

得知这个消息，刘邦激动得从床上坐了起来，他知道，项羽最重要的一支臂膀已被斩断，是时候给他施加一点压力了。

与此同时，项羽也得知了龙且战败身亡的消息。齐国丢失后，楚国北面屏障全数沦于汉军之手，刘邦与韩信可以从西、北两个方向直接威胁楚军，呜呼，西楚危矣！

第十四章　垓下悲歌

从汉二年到汉四年，刘邦与项羽在荥阳、成皋一线对峙了两年多，眼下这场战争已经没法再打下去了，楚军不仅精锐尽丧，而且前线粮草几近吃光，他已经没有了跟刘邦争霸天下的本钱。

双方的力量对比再次易势，摆在项羽面前的只有一条路——和谈。

这一天，一个叫陆贾的人从汉军大营出发，前往楚军大营。他是应刘邦的要求面见项羽，解救刘邦家人的。

然而，项羽似乎并没有释放人质的意思，在他看来，这是他手中仅剩的一张牌，如果轻易就放走他们，还拿什么要挟刘邦？

陆贾无功而返，项伯对项羽提醒道："项王，眼下汉军势头正盛，既然您有意议和，何不放了刘邦的家人？何况，拿对方家人要挟，非男子汉所为！"

项羽脸上一阵赧然。

几天后，刘邦派出了第二位谈判专家侯公，再次面见项羽，商议释放人质及议和之事。

在侯公的协调下，项羽与刘邦正式达成协议，约定中分天下，割鸿沟以西者为汉，鸿沟而东者为楚，双方约定互不侵犯。

刘邦大喜，封侯公为"平国君"，对他有这样一句评语：此天下辩士，所居倾国！然而，当报喜的使者推开侯公的门后，却发现里面空无一人，他早已离开。

在巨大的荣耀面前，侯公保持着难得的清醒。他深知，伴君如伴虎，眼下刘邦封赏自己，只是因为自己对他还有用，待将来刘邦坐稳了江山，指不定哪天自己就人头落地了。

和平条约顺利签订，项羽也遵守诺言，将羁押了很久的刘太公和吕雉放回汉营。

看到年迈的父亲颤颤巍巍下了车，刘邦赶紧迎了上去，长拜哭倒于地，妻子吕雉也露出了难得的笑容。这一家子，终于可以团聚了。

望着对岸楚军渐渐离去的背影，刘邦心中若有所思。放眼望去，故乡正值晚秋，但见一川夕阳中，千峰如簇。而今兵戈已息，扰攘既定，刘邦带着家人开始收拾东西，准备回关中。久违的和平即将到来，乱世终于要结束了。

就在此时，张良和陈平来找刘邦，反对西撤，并劝刘邦趁项羽东归不备之际，大举东进，一举拿下项羽！

刘邦心中仍有疑虑，这，恐怕不妥吧？从内心深处讲，他当然不甘心就此罢手，但一来担心自己未必能打得过项羽，二来也担心予人口实，才勉强接受了罢兵休战的方案。

张良、陈平攻楚的理由是：现如今天下三分，汉有其二，汉军士气旺盛，兵精粮足，反观楚军，营中无粮，人心涣散。如果汉军趁项羽不备之时发动突袭，必能致项羽之首于麾下。项羽者，豺虎也，今日纵入山，明日必为我患，不若早除之！

刘邦陷入了犹豫之中。

如果换作是项羽，在面临这种抉择时，必定会一口回绝，他是个重情重义之人，他心中的道德感不允许自己背信弃义。而刘邦则不同，他心中没有那么多的条条框框，在听完张良与陈平二人的分析后，忽然觉得楚军并没有想象的那么强大，如果正式开打，自己赢的牌面还是很大的！

要不要搏一把？

如果失败了，大不了从头再来，反正自己之前不是没有失败过，对于失败，早就习以为常了。可如果侥幸成功了呢？

眼下，项羽已经整顿军队，准备回彭城。楚军跟随项羽南征北战这么多年，身上伤痕累累，他们早已厌倦了战场的厮杀，他们的心中渴望安定的生活，希望有一天能解甲归田，回到自己的父母与妻儿身边。

这一刻的楚军，是最为松懈的！

刘邦开始反问自己："我真的尽力了吗？"

好像并没有。

狼群是选择时机的天才，出击总是在对手最薄弱的环节，在最没有防备的时间和地点上，时机最成熟时一击得手，老辣而果决。

那还等什么呢？赶紧出兵吧！

汉军队伍来不及休整，就接到了刘邦发出的继续追击的命令。没办法，将士们只得即刻拔营启程。

尽管汉军的行动十分隐秘，但还是没能瞒住项羽。走到固陵的时候，项羽得知了汉军背信弃义的消息，一怒之下，率军杀了个回马枪，给汉军以迎头重击。刘邦再一次吃了亏，但他并不打算撤退，他以损失数万汉兵的代价，逃回了阳夏壁垒之中，坚守不出，继续与楚军形成了对峙局面。

任凭楚军如何叫骂，汉军就是不出战。

守城，可是刘邦的拿手好戏。

韩信和彭越的心思

十月的北方，秋雨连绵。

刘邦独自坐在帐中自斟自酌，一筹莫展。眼下，楚汉战争又一次陷入了僵局，刘邦不想放弃，既然已经与项羽撕破了脸皮，那就没必要再假惺惺遵守什么协议了。

打又打不过，退又不愿退，刘邦心里到底在想些什么？

他在等两个人。

为了增加胜算，完成对项羽的包围，早在汉军准备出击时，刘邦就派人联络了北方的韩信和彭越，征召他们率军前来参战。然而，一连数十天过去了，刘邦望穿了秋水，也没看到两人的半点影子。

这一日，刘邦找来张良，二人聊起了韩信与彭越之事。

"子房，我已征召韩信与彭越合击项羽，但二人至今仍无动静，为之奈何？"刘邦靠在软榻上，语气中有些无可奈何。他身上的箭伤还没好，一直还在养病。

张良心中黯然一叹，他当然清楚韩信与彭越为何要爽约了。面对刘邦的疑问，他答道："汉王，眼下楚军败亡在即，而韩信、彭越两家却连一块封地都没有拿到，他们当然不会来参战了。"

"依子房的意思是……"刘邦心中若有所悟。

张良进一步分析道："韩信被立为齐王，不是您的本意，韩信内心也不踏实；彭越平定了梁地，当初您因魏豹的缘故封彭越为相国，现在魏豹已死，彭越也希望封王，而您并没有满足他的愿望。如果汉王能够将陈地（今河南周口市淮阳）以东直至东海边的地都给韩信，将睢阳（今河南商丘）以北直至谷城（今山东济宁一带）封给彭越，再督促他们参战，楚军很容易就能被击败了。"

三年前，刘邦败亡之时，张良给他提出了"下邑之谋"，刘邦主动捐出函谷关以东的土地封给功臣，这才得到了韩信、彭越与英布的大力援助，成功挽回了局面。如今项羽被困在阳夏，面对已成气候的韩信与彭越二人，刘邦却没有任何封地的表示，只是一味地督促二人出兵，怎么可能？

张良洞悉刘邦的心态，也明白韩信、彭越的想法。张良婉转地提醒刘邦，战争快要结束了，你的承诺还没兑现，人家怎么会来？

刘邦恍然大悟。

次日，两匹快马载着刘邦的信使驰往北方。韩信亲自接见了信使，得知刘邦将陈县以东直到大海的广袤土地都给了自己，喜不自胜，连忙表示："请汉王放宽心，我这就整顿军队，即日南下，协助汉王合击项羽！"

韩信满心欢喜，他只看到了刘邦的封赏，却没有察觉到这背后刘邦对他的不满，而这，才是最为致命的！

与此同时，彭越也接到了刘邦的信，他答应立即出兵，绝不拖延。

性格决定命运

汉五年的冬天，比任何时候都来得早。

固陵之战过后，项羽几乎每天都会收到此处失守、彼处归降之类的坏消息。这一天，他又接到一个消息：汉军大将刘贾（刘邦堂兄）渡过淮河，包围寿春（今安徽淮南市寿县），派人劝降了自己的大司马周殷。

周殷是项羽安排在南方的最高军事长官，统率九江兵，负责守卫楚军的后方。周殷向汉军投降后，调舒县（今安徽巢湖庐江县）之兵攻克六县（今安徽六安市北），屠杀全城，然后又率九江郡的部队北上与英布汇合，攻克城父（今安徽亳州境内），屠城，随后与寿春的刘贾会师，共十万众，北上合击项羽。

周殷的背叛，切断了项羽所有的退路。

与此同时，看到形势变化对汉有利，韩信、彭越终于出兵了。

这年十一月，韩信带着三十万大军从齐地南下，一路势如破竹，攻至楚都彭城，俘虏楚柱国项他、亚将周兰，尽占淮河南北之地，彻底扼断了项羽的东归之路。

彭越率军从谷城南下，攻克昌邑（今山东金乡县西）旁二十余城，从北向南夹击项羽。

东有韩信，西有刘邦，北有彭越，南有英布、刘贾，四路汉军合计近六十万之众，一步步朝项羽军围逼而来。

那么此时，项羽的麾下有多少兵力呢？

只有十万楚军健儿。

怎么办？难道要坐以待毙？

不，这绝不是项羽的风格。

他想到了江东，那个他发迹的地方。

十二月，项羽引军东撤，原本想撤往江东，但是刘邦四面合围计划，让项羽被迫改变了行军路线。无奈之下，项羽只得向东突围，一直退到垓下，终于走不了了。

中国历史上最悲壮的一幕，即将上演。

汉军虽然从东、北、南三个方向会师垓下，以近六十万的绝对优势兵力将项羽团团围住，但是这场仗该如何指挥？刘邦心里没有任何底气。这么多年来，他与项羽交战，还没有打赢过一次，项羽就是他的噩梦，项羽就是他的地狱。

他想到了韩信。他很清楚，韩信一路横扫北方战场，灭了魏、代、赵，拿下燕、齐，已经证明了他卓越的军事能力。毫不客气地说，眼下韩信是唯一一个能与项羽一较高下的军事天才了。

"兵仙"对决霸王，一个是谋战派的代表人物，一个是勇战派的巅峰，两个人都是绝世名将，这场历史上级别最高、含金量最足的对决即将开始！

然而，这场对决从一开始就是不对等的，汉军这边，光韩信麾下就有三十万大军，而项羽只有十万。

韩信将自己的三十万大军分成三部：一部由自己亲自率领，直接向项羽挑战；一部由大将孔熙率领，埋伏在左侧；一部由大将陈贺率领，埋伏在右侧。那么刘邦呢？他带着十万部队作为后军，周勃与陈武两支预备队则安排在最后。

在决战开始之前，我们先来看一下双方的实力对比。

汉军这边，几乎集结了全体群雄，论谋略，有张良、陈平；论指挥，有不世出的军事天才韩信；论名将，有彭越、英布、灌婴、樊哙、周勃一众人，可谓是将星云集。

再看楚军这方，项羽手下原本有五位骁勇善战的猛将，跟随项羽出生入死，征战沙场，为项羽立下显赫战功，他们分别是龙且、季布、钟离眛、英布、项庄（有种说法是虞子期，即虞姬的哥哥，佢史书并无记载）。

但如今，龙且在与韩信的对决中已阵亡，英布叛楚归汉——曾经的兄弟已变成对手，钟离眛逃离楚军的阵营，只有季布与项庄还陪伴在左右。那个脾气耿直的老头子范增也早已离世，想到这里，项羽一阵感伤。

为什么项羽会沦落到众叛亲离的境地？很简单，他的性格害了他。而性格，往往决定了一个人最终的命运。

首先，项羽自恃智勇，打仗亲力亲为，不听劝谏，凡事一意孤行，很难留住人才。

读《史记·项羽本纪》可以看到项羽是一个有本事、有理想、有霸气、有傲骨、有情有义，又浅薄无知的理想主义者，他身怀绝技、勇武绝伦，又暴戾凶残、杀伐无度。不可否认，项羽本身是个军事奇才，自封为西楚霸王，在行军打仗上，可以说他几乎不把任何人放在眼里。亚父范增可谓对项羽忠心耿耿，项羽前期对他也是十分信任，可是再多的信任也抵挡不了内心那颗多疑善妒的心，在刘邦集团使用离间计后，范增愤然离去，抑郁而死。正如高起、王陵所言："项羽妒贤嫉能，有功者害之，贤者疑之，战胜而不予人功，得地而不予人利，此所以失天下也。"

在项羽的世界里，自己就是最强悍的人，谁不服，我一个人灭了他就是了，哪里还需要旁人来指手画脚？

反观刘邦集团，虽然刘邦是平民出身，"智不比张良、勇不如韩信、才不敌萧何"，但他很谦虚，他知道自己的缺点，所以他很善于扬长避短，只要对自己有帮助，他可以听取任何人的意见，重用一切有才之人。他很清楚，要想成事靠自己一个人不行，最能依靠的是自己的亲哥们弟兄，最能仰仗的是有能力的干将，最能利用的就是合纵连横的外协。也唯有在刘邦这里，底下的人才会有一种被尊重、被需要的感觉，从而有机会实现毕生的抱负。

萧何曾问过韩信，为什么会从项羽阵营跳槽到刘邦阵营？

韩信的回答是:"项羽是神,是无所不能的战神,攻必克,战必胜,所以不需要人帮他。刘邦是人,俗人一枚,所以需要人帮助,而我就是那个能帮他的人。"

项羽的过于自负,使得他留不住身边的人才,一个个都离他而去,最终成了孤家寡人。

其次,项羽遇事过于冲动,在失败面前往往沉不住气,心浮气躁。

公元前206年,楚汉战争发生时,项羽二十六岁,刘邦五十岁。

可以说,楚汉战争是一场青年人与老年人的对决,项羽是单纯的青春人格,年轻气盛;刘邦是标准的老年人格,老奸巨猾。

项羽二十四岁时,便与叔父项梁在江东起兵反秦,他敢于破釜沉舟,毫不考虑退路,这是年轻人勇往直前的大无畏精神,但这也往往意味着他不具备刘邦那种权衡利弊的政治理性,做事不计后果。

楚汉战争中,项羽和刘邦相持不下。项羽用刘邦的家人威胁。刘邦依旧沉着冷静。从心理上讲,项羽就已经输给了刘邦。

在挫折面前,项羽表现出来的是心浮气躁,容易冲动,还希望展现个人英雄主义,想约刘邦单挑。而这一切,在刘邦眼里是何其幼稚的行为!

为什么最后赢的是刘邦

面对周边越来越多的汉军,项羽知道自己已经陷入了绝境。

但是项羽不怕。他坚信,自己还没有输呢,六十万又怎样?彭城之战，我项羽还不是带着三万精兵把五十六万汉军打了个落花流水？

项羽错了，此一时彼一时也！他不知道，当年刘邦虽然五十六万输给了自己的三万，但那个时候刘邦所领导的是诸侯联军，说穿了就是一群乌合之众。而此刻，刘邦通过裂土封王等一系列股权激励手段，成功团结了韩信、英布、彭越等地方实力派大佬。各方利益已达成一致，目标只有一个：干掉项羽！

如果说彭城之战时刘邦的队伍只是一群乌合之众，眼下他已经成功组建了自己的团队。他坚信，成功靠的是团队的力量，而不是单打独斗。

气韵沉雄的战鼓擂响了，项羽一挥手，士兵前锋发出炸雷般一声暴喝，像山洪一样涌向敌军。韩信举起一面令旗，汉军一层层地压上来，根本不给项羽喘息的机会。楚军士兵攻势很猛，但韩信对此早有准备，他以连环阵重重防御，然后故意诱使楚军突入，接着左右大军合围，把楚军围得水泄不通。

经过一天的厮杀，项羽没能突破韩信布下的三层防御体系，楚军损失惨重，只得退回垓下。沙场上，横七竖八地躺满了尸体。

一晃又过去了好多天，楚军大营内的粮食早已吃光，不得已只能杀马充饥。而汉军这边，韩信也为迟迟无法攻破项羽而愁闷无比。

这一晚，张良来见韩信，给他出了个计策。

西楚士兵离家已久，眼下走投无路，思乡之情最是迫切。将军可派数名乐师在夜阑人静的时候吹箫，激发他们的思乡之情。管教一吹之后，数万楚军无心作战，自然离散。

韩信闻言，大喜，立即照办！

夜已经很深了，楚军士兵们都窝在营帐内，挤在一起互相取暖。

第十四章 垓下悲歌

项羽没有睡意,他独自一人站在帐外,望着不远处的点点星火,目光深沉。

有雪花静静飘落,落在他的眼睫上,化成冰水流入眼睛。项羽抬头望着无垠的天空,两行泪水无声滑落。

忽然间,从汉营那边传来一阵呜呜咽咽的箫声,如泣如诉,低回悲凉。楚军士兵听了,更无睡意,抬头一看,几只巨大的风筝在天空飞舞着,上面绑着的竹哨随风响起,与箫声相和,更添几分悲凉。

不多时,四面的汉营里又传出楚歌声:

> 腊月寒冬兮,四野飞霜;天高水涸兮,寒雁悲怆。
> 最苦戍边兮,日夜傍徨;披坚执锐兮,骨立沙岗!
> 离家十年兮,父母生别;妻子何堪兮,独宿孤房。
> 虽有腴田兮,孰与之守?邻家酒熟兮,孰与之尝?
> 白发倚门兮,望穿秋水;稚子忆念兮,泪断肝肠。
> 胡马嘶风兮,尚知恋土;人生客久兮,宁忘故乡?
> 一旦交兵兮,蹈刃而死;骨肉为泥兮,衰草濠梁。
> 魂魄悠悠兮,不知所倚;壮志寥寥兮,付之荒唐。
> 当此永夜兮,追思返省;急早散楚兮,免死殊方。
> 我歌岂诞兮,天遣告汝;汝其知命兮,勿谓渺茫!
> 汉王有德兮,降军不杀;哀告归情兮,放汝翱翔。
> 勿守空营兮,粮道已绝;指日擒羽兮,玉石俱伤。

这歌声如怨如诉,把人的离情引动,愈闻而欲感,欲感而愈悲,虽铁石之肝肠为之摧裂,虽冰霜之节操为之改易,果真是伤感悲不,思乡之情愈发迫切。

众军士在私下里开始骚动起来,我们追随项王奋勇杀敌,多年来并无一日安定,何日能平安回家?现如今陷入绝境,倒不如各自逃命,好歹还有活下来的机会。

众人三五成群商定,乱纷纷各弃铠甲离了大营,霎时八千子弟十有八九皆骚动,就连那许多的楚将也离开了楚营。

项羽听闻歌声,大惊道:"汉军已尽得楚乎?为何楚人如此之多?"

回到帐内,项羽饮了几觞酒,看着一旁楚楚可怜的虞姬,心中一阵绞痛,突然泪如泉涌,不能自制,他情绪激动地走到案前,拔出长剑,慷慨赋歌:

> 力拔山兮气盖世,
> 时不利兮骓不逝。
> 骓不逝兮可奈何,
> 虞兮虞兮奈若何!

项羽,这位一生叱咤风云的英雄人物,面对此情此景,竟也流露出儿女情长、英雄气短的哀叹。

看到项羽如此悲伤,虞姬凄然拔剑起舞,含泪唱和道:

> 汉兵已略地,
> 四方楚歌声。
> 大王意气尽,

第十四章 垓下悲歌

贱妾何聊生!

虞姬唱罢,望着孤独而伟岸的项羽,凄然一笑,拔剑自刎。

"虞姬……"项羽冲上去,抱着虞姬痛哭失声。

是夜,项羽率领八百士兵突围而出,一直被汉军追至乌江,乌江亭长劝说项羽渡过乌江,以图东山再起。但项羽说自己已无颜面再见江东父老,把自己心爱的乌骓马交给亭长,然后与他告别。

望着渐渐围上来的汉军,项羽一横手中的长戟,傲然道:"诸公!吾起兵至今八岁矣,身七十余战,所当者破,所击者服,未尝败北,遂霸有天下。然今卒困于此,此天之亡我,非战之罪也。今日固决死,愿为诸君快战,必三胜之,为诸君溃围,斩将,刈旗,令诸君知天亡我,非战之罪也。"

好一个天亡我,非战之罪!

在千金万户的刺激下,杀红了眼的汉军源源不断地涌上来。经过一轮轮反复冲锋,项羽身边的二十七名楚国勇士一个个倒了下去,到最后只剩下了他一人。

身后是滔滔江水,眼前是黑压压的汉军将士。项羽最后望了一眼大江对岸的故土,别了,我心爱的虞姬;别了,我出生入死的将士们!咱们来世有缘再见!

锋利的剑锋划过颈项,在众人的目瞪口呆之中,项羽轰然倒地。

他失败了。

当项羽的人头被送到自己面前时,刘邦百感交集。面对这个有万夫不当之勇的强大对手,刘邦在之前的较量中几乎没有占到什么便宜,每一次正面对抗,刘邦一直是被项羽打得满地找牙,从来没尝到过胜利的滋味。有几次还特别惨，几十万大军被打得灰飞烟灭，自己惶惶如丧家之犬，连老爹老婆都被项羽抓走了。

但不得不佩服，刘邦的心理素质特别过硬，用现在的话说就是：他哪懂什么坚持，还不就是死扛！队伍打没了，没关系，接着招兵买马，继续整！只要自己还活着，总是有希望的！他已经习惯了失败的滋味，习惯了逃亡的落魄，这一切，他都不在乎。

为什么最后一次，赢的人是屡战屡败的刘邦，而不是屡战屡胜的项羽？

原因其实很简单，刘邦没皮没脸，经得起失败。对他来说，前面失败多少次都没关系，只要赢最后一次就是胜利者。

而项羽过于自负，经不起失败，对他来说，前面胜利多少次都不顶用，只要输了最后一仗那就是失败者。

电视剧《楚汉传奇》中，刘邦在一次失败逃跑时说："我也不是败一次了，我也不是逃跑一次了，我还差这一次吗？"刘邦不怕失败，不怕逃跑，面对最坏的结局，他从来不曾放弃过，擦干眼泪从头再来。正是这种永不言弃和敢于重来的态度，让他最后取得了胜利。

再看项羽，这方面的差距就太大了，也许是出身高贵，先天条件太好，路又走得太顺，出道以来正如他所说"身七十余战，所当者破，所击者服，未尝败北"。正是由于他此前的军事生涯太过顺利，使得他无法接受自己的失败，也绝不容忍自己的失败。

垓下之战时，项羽完全可以东渡乌江突围出去，乌江亭长都讲得很清楚了："江东虽小，地方千里，众数十万人，亦足王也。愿大王急渡。今独臣有船，汉军至，无以渡。"

然而，项羽是什么态度呢？

他摇头道:"天之亡我,我何渡为!且籍与江东子弟八千人渡江而西,今无一人还,纵江东父兄怜而王我,我何面目见之?纵彼不言,籍独不愧于心乎?"

一句无颜见江东父老,项羽便自刎乌江,亲手把刘邦毫无悬念地送上了皇帝宝座,可叹可恨!

与项羽相比,越王勾践卧薪尝胆,"三千越甲吞吴"的壮举更让人景仰。

人的一生不可能永远一帆风顺,失败只是一个阶段,只是一个岔道口,而非终点站。现在你成功了,不代表未来还会成功;现在失败了,不代表未来还会失败。在困难、挫折和失败面前,能救我们的只能是从头再来的信心和勇气,而项羽显然缺乏这种从头来过的勇气,这也就注定了他一生的悲剧!

第十五章　君临天下

有一份坚守叫作道义

公元前202年，项羽乌江自刎，为时四年半的楚汉之争，以刘邦的胜利宣告结束。

项羽死后，楚地大部分都被平定，唯有鲁县（今山东曲阜）宁死不降，欲为项王死节，气得刘邦想率兵屠城。为什么鲁地对项羽如此忠心耿耿？因为项羽最初被楚怀王熊心封为鲁公时，他的封地就在那里。直到最后，刘邦派人挑着项羽的人头昭示鲁地百姓，才得以收服鲁县。

在鲁城平定之后，刘邦以鲁公之礼安葬了项羽，亲自为项羽主持了一场盛大的葬礼，并在项羽墓前哭得稀里哗啦，谁都拉不起来。

都说男儿有泪不轻弹，何况项羽还是刘邦朝思暮想必欲除之而后快的宿敌，刘邦怎么可能哭祭项羽呢？是英雄相惜，是内心有愧，还是大功告成、喜极而泣？

刘项之仇，由来已久，刘邦为了除掉项羽更是不惜代价，现在项羽已死，刘邦心中真可谓乐不可支，怎么可能有伤痛之情呢？

清代的史学家王鸣盛也对刘邦的这种做法提出过质疑，他说："为义帝发丧，尚可理解。逼死项羽，然后又用鲁公之礼发丧，痛哭而去，天底下岂有将其杀死又为之痛哭者？不知从哪里来的眼泪，千载之下读来令人发笑。"

综合以上分析，我们不难看出，刘邦哭祭项羽，绝非伤痛，而是一场政治作秀。

刘邦是一位天生的好演员，他很擅长演哭戏。当初刘邦一出关，就立刻为被项羽害死的义帝熊心举行隆重的葬礼，一哭就是三天。彼时的他，迫切需要一面正义的旗帜。果不其然，"哭"的程序完成之后，他立刻举起为义帝复仇的大旗，东伐项羽。

面对项羽的坟头，刘邦再一次献上了影帝级的表演：他先是深情回忆与项羽共同抗秦的那段艰难岁月，称赞了项羽不避矢石、永远冲在第一线的大无畏精神，为自己这位曾经的战友点了个大大的赞。继而，他又惋惜项羽滥杀无辜、尽失民心，进而为自己的"正义"行为找借口。

刘邦的哭戏演得极为逼真，让周围的人也忍不住动容，大家心里都在暗暗感慨：汉王真是仁义啊！对待自己的敌人也能如此仁至义尽，还准备了这么一场盛大的葬礼，也算对得起霸王项羽了。

然而，熟知内情的人正在暗暗发笑：猫哭耗子——假慈悲！

为什么我一定要说刘邦的哭戏完全是一场作秀？很简单，因为他对项羽无半分惺惺相惜之情，这从后面的故事中可以得到验证。

项羽死后,他手下的大多数将领和士卒都投降了刘邦。而刘邦却下令,原楚军将士在提到项羽时,不许叫"项羽",更不许称"项王",只能直呼其名"项籍"。

要知道,古人称字、称号、称官职、称籍贯,绝对不直呼对方的名,因为这是一种很失礼的行为。现实生活中往往有因为称呼不当,而引起不快的现象出现。因此,恰当地、礼貌地称呼别人,是人际交往中最基本的礼仪。

项羽面前,刘邦是自卑的,为了树立自己的权威法统,唯有一条道,就是彻底搞臭项羽。

刘邦臣下中有相当数量的项羽旧部,让他们直呼其名,就是要求他们与过去划清界限。

即便如此,有一个人站了出来,对刘邦说了不!

他叫郑君,是项羽最忠实的部下。

面对刘邦的旨意,郑君依然坚守自己作为楚国臣子的礼节,每次提到项羽时,都尊称"项羽""项王"。刘邦很是恼火,既然你心中还有项羽,那就从我眼前消失!

最终,郑君被赶出了朝堂,病死家中。

郑君错了吗?并没有错,在那个阿谀奉承马屁连篇的年代,他用自己的坚守诠释了什么才是真正的道义!

与其亡羊补牢,不如防患于未然

在处理完楚汉之争的后事后,刘邦匆匆忙忙赶回了定陶(今山东定陶），策马飞奔至齐王韩信的军营内，做了一件了却心事的大事。

什么事？收兵权！

为什么刘邦要着急收回兵权？原因也不难理解，韩信麾下的二十万军队一直以来都是刘邦心中的一块心病。到灭楚前夕，韩信已经成为与刘邦、项羽鼎足而立的强大势力。

我们都知道，权力是领导活动的杠杆，放权与收权是领导者运用权力艺术的一个重要方面。放与收本来是既对立又统一的两个方面，但在通常情况下，越是才高的人越难驾驭。在刘邦看来，韩信就是这个才高难以驾驭的人。

刘邦深知，放权容易收权难。但该收时必须要收，不收可能就意味着更大权力的丧失，甚至被架空，只有趁其不备时果断出击，掌握主动权，才能防患于未然。

有人或许要问了，韩信是刘邦发掘的，在带兵打仗方面给予了他无条件的信任，韩信的齐王还是刘邦亲自封的，现在收回韩信的兵权，有那么复杂吗？

要知道，古代大将被夺兵权分为两种情况。

第一种是委任大将，比如王翦、岳飞、年羹尧等都是属于这个类型。这种兵权是由皇帝直接任命，指令将士听令于他们的，要想罢免他们，只要皇帝一句话就行了。因为这些兵将理论上都是皇帝的兵，而大将只有管权没有治权。

第二种则是幕府大将，比如唐朝的节度使，管辖数州，总揽辖区内的军事、民政、财政，权力极大，这种状况历史上有一个专有名词来形容，叫"藩镇割据"或者"军阀割据"。他们的兵马全部是自己招募的，他们的将士都是自己一手带出来的，这兵权就不是那么好夺的了。

在楚汉战争陷入胶着之际,韩信独自开辟了北方第二战场,他出征时所带兵力并不多,大部分兵力都是在当地征召的,经过不断积累,才有了如今的二十万大军。可以说,这些部队中的军官都是韩信一手提拔上来的,他们只效忠于韩信一人。

既然如此,刘邦为何还能轻松夺了韩信的兵权?

原因其实很简单:韩信从来都没有想过反叛。

韩信是个很感性的人,他能将天下大势说得头头是道,但对于温情又没有抵抗力。在楚汉战争的艰难岁月里,刘邦屡战屡败,而韩信却在北方高歌猛进,论实力,彼时的韩信不输于刘邦。

在他打败龙且之后,项羽第一次感到了恐惧,派了身边的谋士武涉去游说。武涉跟韩信分析天下形势:"当今二王之事,权在足下。足下右投则汉王胜,左投则项王胜。"又警告他,一旦项羽完蛋了,刘邦下一个收拾的肯定是他:"何不反汉与楚联合,三分天下王之?"

然而,面对这个千载难逢的机遇,韩信却轻轻摇了摇头,念起了刘邦的好来。

无论韩信心中如何感激,刘邦始终不信任韩信,对韩信终留着一手。项羽一死,刘邦就迫不及待地率禁卫军直入齐王大营,轻松夺了韩信的军权。

这里是韩信的地盘。韩信如果要杀刘邦,轻而易举,但他并没有这样做。

大局已定,天下再无战乱,韩信已经完成了自己的使命,还要兵权做甚?

第十五章 君临天下

刘邦的内心显然没有韩信这样坦然,自古以来,兵权对于帝王而言极其敏感,没有任何一个帝王能放心大胆地把兵权交给领兵将领,尤其是在天下安定之后。为了防患于未然,每个帝王都会采取一定的措施,只是手法略有差异。

赵匡胤登基的第二年,有一次在宫中宴请禁军将领石守信等人。

饮到一半,赵匡胤感慨道:"当初要不是靠众将拥立,我不会有今日。但是当了天子,日子也实在难受,还不如当节度使逍遥自在,如今我几乎没有一夜睡得安稳。"

石守信等人问道:"陛下如今贵为天子,还有什么忧虑?"

赵匡胤道:"我这个位置,谁不想坐啊。"

石守信等听出话中有话,忙表白说:"如今天命已定,谁还敢有异心?"

赵匡胤苦笑着道:"你们虽然不会有异心,但是,假如有朝一日部下将黄袍披到你们身上,你们即使不想做皇帝,恐怕也不行吧!"

石守信等一听,大惊失色,慌忙下跪拜叩,流泪道:"臣等愚昧,没有想到这一点,请陛下为我们指出一条生路。"

赵匡胤说道:"人生苦短,白驹过隙。众爱卿不如多积财富,广置良田美宅,以终天年。如此,君臣之间再无嫌猜,可以两全。"

石守信等人听了这一番恩威兼施的话,第二天就知趣地称病辞职,交出了兵权。

论大度,刘邦显然不及赵匡胤,但他同样深知,居安思危、防患于未然才是智者避免灾祸的良方,是降低损失的最佳手段。与其在韩信叛乱发生之后再采取措施来弥补,不如在其之前就对可能发生的危机进行防范,先夺了他的兵权。试想一下,如果养羊人在狼来了之前,先把羊圈的漏洞补好,又怎么会给狼以可乘之机把羊叼走呢?未雨绸缪,防患于未然,在风暴来临之前就赶紧修房补屋,比起在风暴之后重建吹倒的房屋,岂不是更优的选择吗?

当然,刘邦也知道贸然夺权,必定会让韩信心生不快。为了妥善安置韩信,刘邦重新给他安排了职务:"如今楚地已被平定,楚地百姓亟须安抚,需要一位治楚者走马上任。韩将军熟悉楚地风俗,现任命你为楚王,统辖淮北之地,定都下邳(今江苏邳州市)。彭越破楚有功,封梁王,定都定陶。"

刘邦兑现了他的承诺,韩信、彭越也该投桃报李了。

"劝进"是门技术活儿

兵权在手,让刘邦心中有了一丝安全感。此时的他,将目光投向了那个至高无上的位置。

随着韩信和彭越封王,天下已经有了七位异姓诸侯王,他们分别是:楚王韩信、韩王信、淮南王英布、梁王彭越、赵王张敖、衡山王吴芮和燕王臧荼。这七位在目睹了刘邦一系列雷厉风行的手段后,心中忐忑不安,经过初步的商议,他们最终达成协议,联名上书:恭请刘邦早日称帝!

这是历史的必然规律,也是刘邦的必然选择。

经历了这么多年的奋斗打拼,刘邦已经积累了足够多的人脉和实力,也唯有他,能让各路诸侯心服口服。让他当皇帝,也是天下人心所向。

第十五章 君临天下

诸侯们一致上书，理由无非是三条：一，汉王率先入关，稳定了关中大地，功劳最大；二，汉王存亡定危，救败继绝，以安万民，功盛德厚；三，汉王加惠于诸侯王有功者，使得立社稷，如今各路诸侯已获得分封，汉王却和其他诸侯王名义上处于平等的地位，无法区分尊卑上下。

总而言之，言而总之，为了突出汉王的功勋和功德，只能百尺竿头更进一步，请他坐上龙椅，这样大家心里才踏实。

面对众人的盛意推举，刘邦是什么反应呢？

他使劲咽了口唾沫，这才回过神来，婉言推辞道："我听闻，皇帝的尊号是贤能的人才能据有的，我出身卑微，又无才能，可承担不起这尊贵的称号啊！你们这些诸侯王把我捧得那么高，搞得我很被动啊！"

刘邦想当皇帝吗？做梦都想！

早在鸿门宴前，项羽身边的第一谋臣范增就看出了刘邦的政治野心：沛公起兵前，贪于财货，好美姬。到了关中却财物无所取，还扎紧裤腰带，没有宠信咸阳城内的美姬，这说明其志不在小！接着，他又找望气者观察天象，皆为龙虎，成五彩，此天子之气也！

既然如此，面对众人的劝进，刘邦为何还要推辞？

很简单，这是中国历代政治的游戏规则。无论刘邦有多迫切想坐上龙椅，他都必须表现出自己谦让的一面。多年的历练让刘邦有了一颗冷静的心，狂喜之中，他心里还有一个声音一直在提醒自己：要谦虚，要谦虚，要注意吃相。

对于这套劝进的游戏规则，诸侯们是深谙其中奥妙的，一次不行，那就再来一次！紧接着，他们又一次给刘邦上书。

大王起于细微,灭乱秦,威动海内。又以辟陋之地,自汉中行威德,诛不义,立有功,平定海内,功臣皆受地食邑,非私之地。大王德施四海,诸侯王不足以道之,居帝位甚实宜,愿大王以幸天下。

这一次,刘邦不得不装作无奈地说道:"既然诸君觉得我适合当皇帝,那我就勉为其难,多为国家做点贡献了。"

之所以要这么大费周章,无非是为了向天下人表明心意:当皇帝不是我自己的本意,而是顺应人心。

不得不说,"劝进"是中国文化特色,从刘邦称帝、刘秀称帝直到曹丕称帝、赵匡胤称帝,无不需要群臣"劝进"。大臣们甚至还会摆出一副"大哥"不当皇帝,大家没有活路的架势。

刘秀称帝前,耿纯就直言道,大家抛妻别子跟着大王就是为了"攀龙附凤",你不称帝这些人只能一哄而散,各回各家,各找各妈,你说怎么办吧!搞得刘秀只好"勉为其难"称帝。

与上面这两位相比,赵匡胤更像是一位天才导演。为了披上龙袍,赵匡胤先是制造祥瑞,紧接着又制造所谓契丹入侵的谎言,最后顺理成章地带兵出征。根据司马光的《涑水纪闻》记载:就在这一天清晨,一大群底层士兵破门而入,闯入赵匡胤的卧室。这些人乱哄哄地冲到床前,直接对着赵匡胤大吼道:"诸将无主,愿策太尉为天子。"

赵匡胤当时装作宿醉未醒,故作惊慌道:"你们拿着朝廷的俸禄,又不是什么绿林好汉,怎么就'无主'了呢?"

这些人根本不容赵匡胤反驳,扒掉了赵匡胤的衣服,给他披上了一件龙袍,一看,正合身!

在经过一场反复的拉锯战后,刘邦命令叔孙通择选良辰吉日,在泗水南岸举行登基大典。

时逢二月,浅春里的阴霾与寒冷,终是抵不住温暖阳光的驱赶,初春的齐鲁大地,正蕴含着勃勃生机。

祭天神坛中央,放着一个高大的铜鼎。刘邦缓步拾级而上,心中并没有多少狂喜之情,更多的是不安,还有无边无际的孤独。

这一年,刘邦已经五十四岁了,早过了知天命之年,生命已经流逝了大半,几丝华发,盘踞在岁月的鬓角,他已经不再年轻了。

回忆如潮水般袭来,那些遗失的碎片重新组合,形成一幕幕熟悉的画面。

那一天,他第一次到帝国的都城咸阳,恰巧碰到始皇帝出巡。望着只比自己大三岁的嬴政身上自然散发出的威严气势,刘邦感到体内有一股洪荒之力,几欲喷薄而出,不由脱口而出道:"嗟乎!大丈夫当如此也!"

那时的他,只是一名小小的泗水亭长,谁能想到,自己有一天也能比肩秦始皇?

嬴政,你可曾想到过,你的江山,有一天会交到我刘邦的手上?

他看着高台下的芸芸众生,犹如众蚁聚于脚下。

刘邦穿着新制的袍服,戴着冕旒,心潮澎湃地接受着诸侯与群臣的朝拜,看着他们对自己三跪九叩,听着他们对自己高呼万岁,万岁,万万岁!

一个新的皇帝,终于诞生。

刘邦：从泗水亭长到歌动大风

有等级才会有秩序

刘邦当上了皇帝，但他过得并不舒心。

当皇帝，必须要有一辆体面的御辇，方便自己出行。然而，当刘邦看到属于自己的那辆御辇时，心中立马凉了半截：这辆车居然是用四匹毛色杂乱的马拉的！

刘邦很是窝火："天下之大，难道就找不出四匹毛色一样的马吗？"

底下人答道："还真是没有。如今民生凋敝，能找到四匹马拉车就算不错了，诸侯和大臣们出行都是坐的牛车。"

刘邦沉默了。他这才意识到，自己接手的是个千疮百孔的帝国，眼下还不是享乐的时候，自己的首要任务就是恢复民生，调养生息。

可是，要治理这么一个庞大的国家，该从何处着手呢？

这一天，刘邦召集文武大臣开会。说好了是卯时准点到场，结果刘邦左等右等，都过去两刻钟了，大臣们才吊儿郎当地陆续到场。这也不能怪他们，将军、丞相都穷得坐着牛车，低级别的官员只能步行。

刘邦坐在龙椅上，看到大臣们懒懒散散，有的蓬头垢面脸都没洗，有的在人群中大声说话，心中很是不快。

也难怪，刘邦本人以前就是个地痞无赖，他手下这帮弟兄自然也好不到哪去。大将军樊哙跟刘邦是连襟，屠狗卖肉为生；太尉周勃跟刘邦是同乡，偶尔给红白喜事人家吹个唢呐什么的；萧何在县衙打杂，曹参是个狱卒，夏侯婴是个车夫，指望着这帮粗人在自己面前规规矩矩站好，怎么可能？

第十五章　君临天下

晚上，刘邦在宫中举办宴会，宴请朝中大臣。

众人一开始还算守规矩，酒过三巡、菜过五味，这帮人就开始不安分了，为了评出谁的功劳最大，大伙争得脸红脖子粗。一时间酒杯茶杯乱飞，大多数人看热闹不嫌事大，拍手跺脚起哄叫好，把金殿搅得和菜市场一样嘈杂。

刘邦君臣起自闾阎，多年征战，彼此之间本来就没有什么规矩。打下天下以后依然如故，前朝那些礼仪也都一概废去。

看着眼前这乱哄哄的场面，刘邦一开始还好言相劝，可大家似乎都没把刘邦当皇帝。在众人眼中，刘邦还是那个跟大家同吃同住的汉王！当了皇帝，有什么不一样吗？

刘邦怒吼着赶走众人，一时间只剩下他一个人在风中凌乱。

刘邦郁闷地坐在龙椅上，简直开始怀疑人生了，这帮人也太不尊重自己了，得找个法子约束一下他们。

就在此时，一名儒生上前，对他说道："我知道陛下为何苦恼，这些大臣太没规矩了，臣有法子帮陛下整整他们。"

刘邦一看，原来是叔孙通。

叔孙通本是秦朝的儒者，待诏博士。当初，陈胜起义的消息传到宫中后，博士诸生三十余人建议二世皇帝赶紧出兵镇压。秦二世听了很不高兴，大臣们一个个胆战心惊。叔孙通察言观色，上前说道："听他们瞎说！天下一统，太平盛世，哪里有什么乱臣贼子！陛下不必担心，这只不过是鼠窃狗盗的小毛贼，何足挂齿！"二世皇帝这才转怒为喜，把那些说有人造反的儒生关进监狱，转而赏赐叔孙通，拜为博士。

叔孙通出宫之后，儒生们一起责问他："先生为何说这种言不由衷的讨好话？"叔孙通回答："你们懂什么？我差点就逃不出虎口了。"一转身就不见了踪影。

在刘邦眼里，叔孙通就是一个见风使舵的人，又是自己最讨厌的儒生，这种人能给出什么好建议？

"说说看。"刘邦一脸抑郁。

叔孙通："打天下的时候儒生们没有用，守天下时就有用了。臣愿意去鲁地征召儒生，与臣的弟子一起制定礼仪和规矩。"

刘邦一向看不上儒生，听闻这话，便对叔孙通说："不会很复杂吧？"

叔孙通："陛下放心，五帝能异乐，三王亦不同礼，礼这玩意，不是僵死的老古董，而是根据时代人情世故定下一个法则，教导人们去遵守罢了。臣愿参照古时礼仪，再加进一些秦朝的规则，重新编制出一套礼仪。"

刘邦："那就试试看。"

在征得刘邦的同意后，叔孙通回到了鲁地，征召儒生三十多人，其中有两人不肯同行，对叔孙通说："您侍奉过的君主将近十人（叔孙通曾在秦始皇、秦二世、陈胜、项梁、楚怀王、项羽等手下为臣，后来才投靠刘邦），都靠当面讨好君王而得到宠幸富贵。现在天下初定，死者未葬，伤者未愈，又要制定礼、乐。礼、乐的产生，必须积德百年而后可兴，我们不愿意做您所做的事，您走吧，不要玷污我们！"

叔孙通哈哈一笑："你们真是腐儒，不知时代已变！"带着门下弟子编制出了一套朝廷礼仪，与儒生弟子百余人一起演练，并在长乐宫建成之日引导王侯将相朝拜刘邦。

第十五章 君临天下

这一套朝廷礼仪在经过刘邦的检验后,终于在一次国家庆典上得到了验证。

这一年,长乐宫建成,刘邦召集各诸侯王和文武百官朝会。司马迁在《史记》中详细描写了这一次朝仪庄严肃穆的场面和复杂的程序。

天微微亮,在悠扬的礼乐声中,大臣们穿上正装,在侍者的引领下按次序进入殿门,分文武排列于东西两侧。皇宫侍卫官兵沿大殿台阶两边站立,直至殿中,一律手持兵器,竖立旗帜。

在左右侍卫一声又一声的通报中,刘邦乘着御辇出现在众人眼前,缓步踏上龙椅。慑于朝仪威严,诸侯王以下莫不振恐肃敬,大殿上的群臣也伏身低首,大气都不敢出。在叔孙通的指引下,大伙齐刷刷作揖鞠躬、跪倒磕头。刘邦一摆手,群臣口称谢恩,低着头退到两旁站立。

朝贺典礼结束,酒宴开始。侍者奉上皇帝专用的美酒,群臣按照仪轨宴饮,之后又按照地位高低和级别大小,依次向刘邦敬酒。在这个过程中,御史执法,把那些行为不符合礼仪的人拉出去——再也没有人敢没大没小、大呼小叫了。

刘邦心中很是得意,不由得感慨道:"朕今天才知道做皇帝的尊贵啊!"拜叔孙通为太常,赐五百金。

叔孙通趁刘邦正高兴时,提出了自己的一点请求:"我的弟子跟随我很久了,这次和我一起制订、操演上朝的礼仪,费了不少心思,希望陛下能重用他们。"

刘邦大手一挥,准了,都封他们为"郎"吧!

回去之后,叔孙通把刘邦赏的五百金分给那些弟子们,弟子们都大欢喜:"叔孙通先生真是圣人也,懂得什么是当务之急。"

经此一事,叔孙通一举成名,被奉为"汉家儒宗"。

一个好汉三个帮

在楚汉战争中,刘邦和项羽相比,几乎全面处于下风,无论从个人业务能力和声望、前期业绩,还是所掌握的基础资源来看,刘邦都比项羽差太多:论出身,项羽是楚国贵族之后,而刘邦则是草根出身;论为人,项羽恭敬爱人,而刘邦慢而少礼。可为什么,刘邦最后能完成对项羽的逆袭呢?

对于这个问题,不只是后人,连当事人也在苦苦思索原因。

汉五年(公元前202年)五月,刘邦在洛阳的南宫开庆功宴。宴席上,他和众人分析楚汉战争胜败的经验教训:"各位诸侯将领们,你们不要隐瞒朕,大家都坦率说说,朕为什么能成功,而项羽为何失败了?"

高起、王陵两位率先回答:"陛下慢而侮人,项羽仁而爱人。可是陛下派人攻城略地,打下来的地方就直接赏给部下,大家一起发财。项羽呢?妒贤嫉能,见不得别人比自己能干,战胜了不论功行赏,打下地盘了也不分给部下,所以最后失败了。"

这个点评可以说是很到位了,对于那些追随你抛头颅、洒热血的伙伴而言,他们要的当然是加官晋爵,跟着你干无非就是等你发达了,自己也能跟着光宗耀祖,过上好日子,比起只是嘘寒问暖、送汤送饭的慰问,用实实在在的物质作为奖励,才能让别人心甘情愿为你卖命。正如管仲所说"仓廪实则知礼节，衣食足则知荣辱"，只有肚子填饱了，有好处先分给大家，大家才会在意荣誉感，愿意听你说理念、说理想，赴汤蹈火陪你实践。

对于团队的领导者而言，你对团队越大方，就越容易吸引人才，越能汇聚人心，创业越容易成功。这一个重要的前提就是，你得认为每一位伙伴都是来帮助你成功的，大家都有功劳，都应该享受成果，而不是看作抢你功劳、分你利益的敌人。

不料，刘邦听完，却摇了摇头，说道："你们只知其一，不知其二啊！"

刘邦为什么能赢？对于这个问题，他自己有个回答。

夫运筹策帷帐之中，决胜于千里之外，吾不如子房；镇国家，抚百姓，给馈饷，不绝粮道，吾不如萧何；连百万之军，战必胜，攻必取，吾不如韩信。这三人都是人杰，却能为我所用，这才是我最后能赢的原因。

说白了，刘邦最终能战胜项羽，靠的是积极分配利益，团结众人。

一个高明的政治家，他只需把握大方向即可，计谋和方法交给手下去想、去做，手下人干得才带劲，才有成就感。天下能人皆为我所用，又何必像项羽一样亲自冲锋陷阵打天下呢？

那不是勇敢，那是傻子。

刘邦，出生于一个小农民家庭，祖上没有什么贵人。相比他招纳的能人贤才来说，他的能力实属平庸，身上还有很多缺点。司马迁就直言刘邦粗鲁无礼，好酒又好色。对于投奔他的儒者，刘邦甚至解其儒冠，小便于其中。有一次，周昌奏事，打扰了刘邦和戚姬的宴饮，刘邦起身追打周昌，还骑在周昌脖子上，这些都是"慢而侮人"的表现。

问题在于，刘邦虽然品德有瑕疵，却是一个有自知之明的人。古希腊物理学家阿基米德说过："给我一个支点，我可以撬起地球。"刘邦成功的支点就是合理运用了人才，能够将天下人才集结在自己的周围，为己所用：会带兵的韩信，他敢放手给兵；善于谋略的张良，在他手下能够运筹帷幄；会管账的萧何，他能放手给钱。

企业最大的资本是人，最重要的资源是人才，最重要的经营是对人才的经营。彼得·德鲁克说："管理者的任务不是去改变人，而在于运用每个人的才干。"

我们先来看张良。

张良是战国秦汉间"谋士"的代表。在遇到刘邦之前，他原本是打算去投奔景驹的，通过他人的借力，帮助自己恢复韩国，途中正好遇上刘邦，两人开始聊了起来。张良自从悟透《太公兵法》后，给别人讲别人都听不懂，唯独刘邦能听懂，张良很高兴，果断改变主意，决定跟从刘邦。为了辅佐刘邦，张良可以暂时丢下韩王成，入关中为刘邦排忧解难。或许他已知晓，自己满心期待并为之拼搏的复韩大业终究是镜花水月，眼下这位知人善用的刘邦，才是自己真正的伯乐。

再看韩信。

韩信是从项羽阵营跳槽到刘邦阵营的。韩信跳槽时，项羽的势力正如日中天，但韩信在项羽处没有用武之地。为了找到施展自己抱负的平台，韩信跳槽到了刘邦集团。在夏侯婴的推荐下，刘邦任命韩信为治粟都尉。萧何通过几次谈话看中了韩信，认为应当重用，在他的大力引荐下，韩信终于被封为大将军。

刘邦摸准了韩信性格的弱点，给他了父兄一般的关怀。在楚汉战争陷入胶着之际，一众谋士纷纷前往游说韩信叛汉自立，可韩信却说，汉王授我上将军印，予我数万众，解衣衣我，推食食我，言听计用，故吾得以至于此。夫人深亲信我，我背之不祥，虽死不易。

韩信在这里说的几句话，总结起来依然是那几个字——士为知己者死。

能识人，能用人，能驾驭，在用韩信的问题上，刘邦的领袖风范表现得淋漓尽致。

最后再看萧何。

萧何是刘邦集团的元老，刘邦做亭长的时候，萧何是县主吏掾，两人就有交情。刘邦曾说，镇国家，抚百姓，给馈饷，不绝粮道，吾不如萧何。毫不夸张地说，没有萧何镇守后方，征兵纳粮，刘邦就不可能在外安心打仗，夺取天下。这便是古人说的"有容乃大"的道理。成就事业最关键的是要有人帮助你，乐意跟你工作。

俗话说，一个好汉三个帮，一个篱笆三个桩。在社会上摸爬滚打这么多年，你会发现成功人士身上都有一个共同的特质，那就是他们善于笼络各种人才，让这些人各展所长，心甘情愿为自己做事。

春秋时齐桓公之所以能九合诸侯，一匡天下，成为诸侯霸主，也是因为身边有一个以管仲为首的出色的人才团队。这些人才各展所长、尽忠职守，共同推动齐桓公的霸业走向成功。

第十六章　翻云覆雨

田横：气节比性命更重要

　　刘邦的一生中，有两个最大的对手，一个是项羽，一个是韩信。

　　眼下，项羽已经兵败垓下，自杀身亡；韩信也被夺了兵权，徙封楚王。按理说，内忧外患已除，刘邦可以高枕无忧了。

　　然而，每当夜深人静的时候，刘邦独自一人看着帝国的万里江山图，时常心绪不宁，唉声叹气。

　　为何刘邦睡不着觉？难道他心中还有什么遗憾？

　　有的，这个人叫田横，此刻远在千里之外的一个孤岛上。

　　田横一直都是刘邦的一个心病。为什么这么说？只因他是齐国最后的王族。

　　田横是狄县（今山东高青东南）人，本是齐国旧王族，齐王田氏的后裔。田横与哥哥田荣及堂兄田儋是当地的强宗大族，田氏三兄弟都是人中豪杰，能服众而得人拥护，隐然是当地民间社会的领袖。

公元前209年，陈胜、吴广首先点燃了民间反秦的导火索，田横三兄弟趁机杀掉狄县县令，举起了造反的大旗，宣布恢复齐国，由田儋出任齐王。战乱之中，田儋被秦将章邯所杀，田荣也被项羽击败，死于乱军之中。

田氏三兄弟中，田横年纪最小，在两位兄长先后称王主政期间，他身为齐军大将，默默领军支撑着田齐政权。田荣死后，田横收集齐军残部，继续与楚军对抗，让项羽深陷齐地不能自拔。当时，刘邦也瞅准时机，出巴蜀还定三秦，一举攻入了彭城。迫于无奈的项羽只得掉过头来，全力应对刘邦。

借着刘邦与项羽争锋的空隙，田横重新收复巩固了齐地，拥立侄儿，即田荣的儿子田广为新齐王。田横为相，"政无巨细皆断于相"，也就是一切都是田横说了算。

三年后，刘邦为统一天下，派出了纵横家郦食其出使齐国，与田横讲和。田横被说服，放松了对汉军的防御。而就在此时，韩信领兵袭击田横的历下防军，一举攻占了齐都临淄。田横正在宫中宴请郦食其，听到消息，怒发冲冠，大骂郦食其欺骗他，将其处死，并分兵退却。

龙且战死后，田横眼见自己不是韩信的对手，只得带领残部投靠老朋友彭越，以图东山再起。

这之后，刘邦即皇帝位，彭越被封为梁王。田横无法在彭越处继续躲藏，悄悄带着五百个亲信离开，远远地躲到黄海的一个小岛上。这个岛位于现在山东即墨以东，就叫田横岛。

刘邦心中始终有一个心结，田氏兄弟在齐国颇有威望，又与自己有仇怨，万一田横来个回马枪再杀回家乡，一声号召，齐地一定有人跟着叛乱。

为了消除田横这个潜在的隐患，刘邦特意派使者前去招降，表示自己愿意赦免田横等人以前的罪过，并让田横入朝觐见。

田横召集手下众人商议去留，结果没一个人愿意投降。

面对刘邦的使者和诏书，田横委婉辞谢道："罪臣曾经烹杀了陛下的使者郦食其先生，罪行不可不谓深重。如今听说郦先生的弟弟郦商身为汉将，贤明而为陛下所亲近。罪臣实在是恐惧不安，不敢奉诏前往，只想恳请陛下恩准臣做一个普通的老百姓。"

使者回到洛阳将田横的话转告刘邦，刘邦当着郦商的面当即下诏书："我要招原来的齐王田横进京，如果有人敢动他一根毫毛，或者得罪他的随从人员的，满门抄斩！"

随后，刘邦又派人转告田横："若回来，大者为王小者侯；若不回，即刻发兵诛尽。"

田横陷入了两难之中。事实上，他不放心的不是郦商，而恰恰是刘邦。之所以拿郦商当挡箭牌，无非是找个借口。可眼下，刘邦的态度已经很明确了，要么回，要么死。

田横的部下听闻刘邦又一次下诏逼田横入宫，坚决表示反对，他们宁可与汉军拼死一战，也不愿意眼睁睁看着田横去送死。

田横心中计较已定，他摆摆手，动情地说道："从齐国临淄到这荒凉的海岛，你们愿意追随我，我很感激。如果我不去，刘邦一定会派大军前来讨伐，到时候大家都受到牵连，我于心何忍？"

在婉拒了众人的好意后，田横只带着两个门客，跟随着刘邦的使者踏上了前往都城洛阳的路。

第十六章 翻云覆雨

当一行人踏上岸时,田横回首望去,只见一片汪洋中,远处的海岛已变成一个小黑点,在风雨中显得更为凄清落寞。他知道,这一去,怕是再也回不来了。

在距离洛阳只有三十里的时候,田横停下脚步,对使者说,为了表达对皇帝的尊敬,自己需要沐浴一番,再去觐见。

在附近的驿馆住下来后,田横对两个门客道:"我是齐国人,现在齐国被汉军灭了国,曾经的齐王也被汉军杀了,我如果去投奔仇人,那还算是个人吗?还有脸面活在世上吗?如果后世的人都学我不知羞耻、毫无原则,只知侍奉强权,天下还有忠义吗?"

悲愤之余,田横平静地交代道:"想当初我和刘邦都是王,现在他成了天子,我却成了亡国奴,这本来就是莫大的耻辱了。何况我还曾烹杀了郦食其,虽然郦商害怕皇帝的命令,现在不敢对我怎么样,但是终究是个死敌啊。刘邦召见我,不过是想要看看我的面貌,抖抖他的威风罢了。我若不来,必将牵连到我们的族人。现在我来了,距离洛阳只有三十里,割下我的人头,快马送到他面前,容貌不会变,还能让他看清的。"

说完,田横面向齐国的方向,跪拜于地,慷慨悲歌曰:"大义载天,守信覆地,人生遗适志耳。"

祭拜完毕,田横拔剑自刎。

两个门客哭拜完毕,捧着他的头,跟随使者飞驰入朝,奏知刘邦。

身在洛阳的刘邦一心想见到田横,体验王者匍匐脚下的满足感。当他看到呈上来的田横的人头时,大惊失色,感慨道:"田横自布衣起兵,兄弟三人相继为王,都是大贤啊!"随后派了两千兵卒,以诸侯的规格安葬了田横，又封田横的两个门客为都尉。

岂料，两个门客在安葬完田横后，也举剑自杀，追随田横而去了。

刘邦闻之大惊，由此认定田横的门客都是不可多得的贤士，在将两个门客妥善安葬后，第三次派人去海岛，招剩余的五百人回朝。

使者抵达田横岛，五百部下得知田横的死讯后，一个个悲愤莫名，在遥祭主公的悲恨中选择了集体自杀，再一次震惊了远在洛阳的刘邦。

一向崇拜英雄的太史公司马迁称赞田横说："田横之高节，宾客慕义而从横死，岂非至贤！"

称赞之余，司马迁又惋惜道："不无善画者，莫能图，何哉？"他质疑天下的画家，为何无人为田横及其宾客作画，将这一段可歌可泣的历史用图像留存下来？两千年后，徐悲鸿完成了《田横五百士》，用巨幅油画的庄严之美，回复太史公的质疑之声，古今千年呼应。

田横，这位在楚汉战争中的失败者，选择了保留自己的尊严气节，轻生死重大义，将不屈强权的精神薪火相传，两千多年来一直被仁人志士所推崇。

季布：你的宽容必定会有回报

刘邦当上皇帝后，天下初定，一条通缉令就从洛阳发出，迅速传向全国，再一次让那些刚投奔刘邦的各路诸侯和将军们心中惴惴不安

第十六章　翻云覆雨

起来。

这条通缉令内容不长，可分量却很重：挖地三尺，也要找到季布！谁敢窝藏季布，灭三族！

季布是谁？为什么这么招刘邦嫉恨？

季布是楚国人，平素爱打抱不平，在楚地很有名气，后来追随项羽南征北战，在楚军中担任领兵大将，作战勇猛，曾好几次打得刘邦叫天不应叫地不灵。

更难得的是，季布还是个重然诺、讲信用的侠客。楚人流传一句话：得黄金百斤，不如得季布一诺！这就是成语"一诺千金'的由来。

刘邦建立大汉当上皇帝后，第一个通缉的要犯就是季布。可想而知，刘邦对他的恨，简直是恨到了骨头血液里去了。

季布无处可去，最后只得躲到濮阳一户周姓人家，但汉兵全城搜索，危险迫在眉睫。周家主人对季布说："将军，我有一计可令您脱身，但一定要听我安排。如若将军不信任我，我立刻死在您面前！"

季布心中大为感动，道"我信你，你来安排吧！"

在周家主人的安排下，季布剃了光头，脖子戴上铁箍，穿上粗布衣服，打扮成一副犯人模样，被放在运货的大车里，和周家的几十个奴仆一同卖给了鲁地的朱家。

剃掉头发，用铁箍束住脖子，是古代一种叫作"髡钳"的刑罚，也是奴隶身份的标志。周家把季布作为奴隶卖给朱家，是因为朱家比自己更有实力和办法保护季布。

那么我们不禁要问了，朱家是谁？他愿意保护这样一个被朝廷通缉的要犯吗？

朱家，秦汉之际的游侠。在古老的社会中，游侠是一群跳出了纲纪法度的存在，他们有着自己的独立观念和原则，行为虽然常常出入于律法之间，但言必信、行必果、诺必诚，可以为了毫不相干的人赴汤蹈火，也可以为了国之存亡劳苦奔波。

朱家为人重义气，在看到送来的奴隶时，已心知此人就是被刘邦通缉的要犯季布，但并没有当场说破，只是嘱咐儿子：干活时，此人可随意，但你记得，吃饭时，一定要和他一起。

在安排好家中事务后，朱家驱车赴洛阳拜见汝阴侯滕公，也就是夏侯婴。

夏侯婴长期位居太仆，早年即追随刘邦，又在乱军中救过刘邦的儿女，所以极得刘邦信任。他久闻朱家大名，得知他上门求见，立即出门迎接。

一见面，朱家开门见山："敢问滕公，季布到底犯了什么罪，陛下这么着急捉拿他？"

夏侯婴答："只因季布屡次将陛下逼至困境，所以对其恨之入骨，必欲除之而后快。"

朱家又问："滕公您怎么看季布这个人？"

夏侯婴："季布的名声我早有听闻，是个贤人。"

朱家一听，心里有底了。他接过夏侯婴的话，道："我听说身为人臣的，应尽忠职守。当日季布在项羽麾下听命，楚汉相争，季布也只是尽其职责而已。如今天下初定，陛下为个人恩怨搜捕季布，反而显得心胸狭隘。您也说了，季布是个贤人，如其情急投敌，北有匈奴，南有南越，反而不美。得天下者，最忌讳的就是逼人太甚，当年伍子胥被迫逃离楚国，后又杀回楚国鞭尸楚平王，就是前车之

第十六章 翻云覆雨

鉴啊！"

夏侯婴听到这里，心中一动，知道朱家心有所指。两人四目相对，笑而不语。

这之后，夏侯婴找了个单独面见刘邦的机会，委婉地将朱家之意向刘邦讲明。刘邦一听，确实有道理，于是下令赦免了季布，还给他封了官。

不得不说，刘邦这个人虽然有时候有些无赖，但有一个优点：从善如流。只要别人讲得有道理，他就听取。而他对季布的宽容也在此后得到了回报。

刘邦去世后，汉惠帝刘盈继位，季布时任中郎将。

这一日，匈奴单于寄来了一封书信，信中对吕后多有侮慢之意：我这个孤独之君，生于湿泽之中，长在平野牛马之地，几次曾到达边境，希望能到你们中原游历。陛下现在无夫，一个人独守空房，一定身心寂寞，干脆和我一起过算了！

吕后是个暴脾气，看到单于的来信，火冒三丈，立即召集群臣商议对策。

上将军樊哙站出来第一个回应道："陛下，末将愿带十万兵马，去匈奴境内杀他个来回！"

此言颇合吕后心意，"凤颜"大悦，群臣会意，纷纷同声应合。

此时的樊哙还有另一层身份，他妻子是吕后之妹，从这层关系上讲，樊哙是吕后的妹夫。看到樊哙放出豪言，一时之间朝堂上群情振奋，纷纷说匈奴小儿欺人太甚，樊将军神勇无敌，此次出征必能得胜归来云云。

就在一片恭维声中，有一人突然出列，高声道："樊哙可斩也！"

群臣一听大惊，谁啊，敢出此狂言？众人循声看去，发现是中郎将季布。

中郎将的职位和上将军差了好多，而且樊哙又是吕后的妹夫，季布怎么敢这样理直气壮？

在众人的瞠目结舌中，季布继续大声说道："当日高祖在时，曾亲率四十万大军，不料却被匈奴兵困平城，费尽周折，险得脱。今樊哙怎可能以十万兵力在匈奴中杀个来回？况且当年秦朝覆灭，原因之一即是始皇帝穷兵黩武，连年对胡人用兵，才引起陈胜起义。旧时之创，今日犹在。如今我大汉新君刚刚上位，国基不稳，如果现在和匈奴打仗，吃亏的必定是我们。匈奴人的习俗本就如此野蛮，太后您又何必在意呢？"

季布说完，朝廷上再无人敢言。

吕后脸色一阵难看，拂袖而去，她也知道此时不是逞血气之勇的时候，只得命谒者张泽以她的名义写了一封信给匈奴，还送去宗室女和大量财物。信中说：我已年老色衰，怕玷污了单于，不敢前去侍奉。汉朝从来没得罪过您，还希望您能原谅汉朝，我送您几辆车马，您先用着吧！

平心而论，以当时汉朝力量，绝无可能与匈奴抗衡。此时刘邦已故去，韩信已死，汉军帐下可谓人才凋零。倘若樊哙贸然带十万兵出击，必然如羊入狼群，有去无回。这一点，吕后知道，群臣也知道。

但只有季布一人能够秉义执言，不徇私情、不阿权贵，真正从汉家天下角度来考虑，避免了一场战争。如果刘邦地下有知，想必他也会为当日的赦免而感到欣慰吧！

丁公：如果没有忠诚，能力无足轻重

田横与五百壮士的气节赢得了刘邦的敬仰，季布屈身为奴，在大侠朱家和夏侯婴的斡旋下，获得了刘邦的宽容。然而，不是所有人都有这样的运气，比如，这位季布的亲舅舅丁公就玩砸了。

丁公原本是项羽手下的将领，颇有军事才能。汉二年（公元前205年）四月，楚汉双方在彭城展开了一场大战。趁着刘邦在彭城内志得意满、斗志最为松懈之际，项羽带着三万精兵日夜兼程赶往彭城，大破刘邦率领的五十六万诸侯联军，打得刘邦丢妻弃子，父与老婆都成为项羽的俘虏。

刘邦见形势不对，一路狂奔，被楚军追得穷途末路，恰碰上飞沙走石，天昏地暗，在一片混乱中才得以逃脱。

然而，楚军并没有忘记刘邦这条大鱼。项羽手下大将带着一队人马，紧紧咬着刘邦不放，领兵之人正是丁公。

刘邦坐着马车在前面跑，丁公带着士兵在后面追，不多时就追上了刘邦。刘邦回头一看，大声喊道："这不是丁公嘛！你干吗追得这么紧啊？咱们两个都是聪明人，做人留一线，日后好相见，不要太过相逼嘛！"

按理说，丁公此时拿下刘邦可谓轻而易举之事，可偏偏刘邦的几句话竟然起作用了，丁公居然放缓了马，回军了！

看到此情此景，刘邦先是愣了一下，然后立刻催促夏侯婴拼了老命飞驰而去，终于捡回一条性命。

项羽灭亡以后，刘邦成了大汉帝国的皇帝。这一日，丁公前来拜见刘邦，看能不能混个一官半职。出人意料的是，刘邦一看到他，立即下令把他拿下，到军营中示众，并贴出公告："丁公做项羽的臣下而不能尽忠，使项羽失去天下的就是丁公！"

示众之后，刘邦斩杀了曾经对他有恩的丁公，并且告诫他的臣子："让后代做臣下的人不要仿效丁公！"

看到这里，很多人都会觉得刘邦的确不厚道，当初丁公手下留情，放了他一条生路，如今他称霸天下，连仇人都能封赏，对待自己的救命恩人却这样绝情，远远不如汉末的曹操对关羽。

那么，刘邦为什么要恩将仇报呢？

很简单：因为忠诚！

从刘邦的角度来说，忠诚是作为集团成员的首要因素，人才的好坏除了看能力，就是看品质德行了。

对于丁公被杀一事，司马光的解释是：夫进取之与守成，其势不同。

当群雄角逐的时候，民众没有固定的君主，谁来投奔就接受谁。待到贵为天子、四海臣服的时候，如果不树立规矩，致使身为臣子的人，人人心怀二心以图厚利，那么国家还能长治久安吗？

刘邦据大义而做出决断，使天下之人都清楚地知道：身为人臣却不忠诚的人，没有自己的藏身之处；心怀私人目的布施恩惠给他人的人，尽管救过自己的性命，依然按照礼义，不予宽容。

简单来说就是，打天下与坐天下的套路完全不一样，打天下是为了生存，因此招降纳叛要不拘一格。坐天下是为了发展，为后世的长治久安考量，因此需要上下一致、忠心不二。

丁公过去在项羽手下做事，和刘邦没有什么交往，他放刘邦不过是出于他自己的私心，这样的人做事目的性太强，也容易反复无常。眼看刘邦当了皇帝得了势，就想着依托过去的功劳混个一官半职，不料却被刘邦一眼看穿了他的这点小心思！在刘邦眼里，如果没有忠诚，能力再大也无足轻重。

对于小人的处理方式，刘邦和曹操类似，用则用之，用后杀之，不留后患。从这一点来看，丁公明显是打错了算盘。

韩信：成在疆场，败在官场

当刘邦在洛阳忙于迁都、处置项羽旧部等一系列繁杂事务时，韩信也踏上了衣锦还乡之路。

刘邦在定陶称帝后，韩信就离开了刘邦，直接从定陶南下去下邳（今江苏邳州市东）就国。下邳也是个大县，街巷繁华，但韩信魂牵梦绕的依旧是自己的家乡——淮阴。韩信生于斯，长于斯，虽然由于家道败落，自己在淮阴并不受人待见，但那里总归是自己的家乡。那里有舍饭相赠的漂母，他曾给漂母许下重诺：将来自己富贵后，必定会报答她！韩信是个正人君子，他一定要实现自己当初的承诺。

楚王韩信衣锦还乡，轰动了整个淮阴。

很快，淮阴县衙贴出了一则寻人启事，要求在本地寻找一个屠户、一个亭长、一个漂母。

韩信声名鹊起后，其事迹在当地广为流传，不多时，这三个与韩信有关系的人被送到了县衙。

最先受到接见的是漂母。当年迈的漂母看到那个伟岸的身影时，她没有看到高高在上的倨傲,而是一张满是泪水的面庞。

韩信跪谢道,当年若没有您的关照,就没有今日的韩信!赠饭之恩,永世难忘!一招手,仆从呈上一个木盘,上面全是珠宝首饰。

漂母却淡淡地看着他,摇头道:"你错了,大丈夫不能养活自己,我给你饭吃是可怜你,难道是希望你回报吗?孩子,你能在这个乱世之中活下来,我已经很欣慰了,我不求什么富贵,只要你好好活下去,就是对我最大的回报了!"

亭长进来了,韩信看着这位昔日的朋友,心中颇为复杂。那时的他三餐无以为继,有一段时间经常到这个亭长家蹭早饭,日子久了,亭长的妻子心生厌恶,一大早就起来做好饭菜和一家人吃光,只留给韩信一个冷灶台。一怒之下,韩信与他断绝了往来。此时此刻,在接见这个亭长时,韩信没有假以辞色,给了他几百个铜钱,冷冷道:"你是小人,做好事有始无终。"

最后进来的是当年曾欺侮过他的屠户。看着昔日的落魄青年如今摇身一变,成了大汉帝国的一方诸侯,屠户额头上的冷汗止不住地往外冒,心中满是懊悔。

不料,韩信却一脸平静地看着他,对身边众人说道:"这是个壮士,当年他侮辱我的时候,我难道不能杀了他吗?只是那样做没有意义,所以我才能忍受一时的侮辱而成就今天的功业。"不仅没有惩罚他,还让他出任楚国中尉。

当年的胯下之辱虽让韩信一时出丑,但是在经历了这么多年的腥风血雨后,他的内心早已趋于平静,仇恨早已释然。

远离朝堂纷争的韩信回到家乡,终于获得了片刻难得的清闲,但已迁都长安的刘邦显然并不打算就此放过他。每当想起远在楚国的韩

第十六章 翻云覆雨

信手上还有一支军队,刘邦就整宿睡不着觉,必须要想个法子,将他牢牢控制在自己手中!

这一天,项羽的昔日部将钟离眛走投无路,找到了韩信。两人是故交,朋友落了难,当然不能见死不救,他避开众人,将钟离眛悄悄接入府中。

可是,这世上没有不透风的墙。时日久了,钟离眛的消息还是泄露了。有人给刘邦写了一封密信,说韩信窝藏通缉犯钟离眛,意图谋反!

这还了得!刘邦立即召集诸将,商量应该如何处置韩信。诸将纷纷表示:"发兵收拾他,捉到就地活埋!"

退朝后,刘邦又问谋士陈平,陈平为人圆滑,不愿发表意见,就反问刘邦说:"其他人都怎么说?"

刘邦据实相告,陈平问:"陛下想想,您的将领中有能打过韩信的吗?"

刘邦回答:"没有。"

陈平又问:"你的兵能打过韩信的兵吗?"

刘邦回答:"不能。"

陈平告诉刘邦,陛下的兵不如人家,将不如人家,这个仗还怎么打?何况韩信身边还有个钟离眛,两个人联手,陛下根本没胜的把握。

刘邦一想也对,不能打,那怎么办?

陈平说道:"古时天子巡视四方,都有接见诸侯的习惯。陛下只要假装巡视云梦泽,并在陈县召见诸侯,韩信肯定不会有疑心,必定会亲自前来拜见陛下。到那时,陛下只需要派一名武士便可以擒获韩信!"

刘邦一听,办法不错,那就依计而行吧。

刘邦要到云梦泽出巡的消息很快就传到了韩信这里。听闻刘邦要来巡游,韩信隐约觉得大事不好,召集自己的手下商议如何应对。

有一人告诉他,陛下此次前来是为了钟离昧,只要将军把钟离昧交出去就没事了。

韩信犹豫不决,回去后将此事告诉了钟离昧。钟离昧指责韩信说:"汉王之所以不攻打楚国,就是因为我在你这里!没想到如今你却想拿我取悦汉王!如果我今天死了,你离死期也不远了!"

说罢,钟离昧拔出剑,含恨自杀。

事已至此,韩信只得提着钟离昧的人头去陈县拜见刘邦。一到陈县,就被武士给捆了起来。

韩信仰天长叹,果然像人们说的那样,"狡兔死,走狗烹;飞鸟尽,良弓藏;敌国破,谋臣亡"。如今天下已经平定,我本来就该被烹杀啊!

刘邦看着悲愤的韩信,只是淡淡地回了句:"有人举报你谋反!"

证据呢?你窝藏钟离昧,他的人头就是证据!

事实上,韩信并没有谋反的意图,刘邦没有抓到把柄,只是把他押解到长安,意图再明白不过——铲除异姓诸侯王,势在必行!

韩信在狱中被关了好几个月,始终找不出谋反的确凿证据,最后只得将他的爵位由"王"降为"侯",即由楚王降为淮阴侯。

虽然被封为淮阴侯,但韩信一直被限制在长安城内,不许回家乡。所谓的淮阴侯,在韩信眼里不过是一虚名而已。在长安城的日子里,韩信依然不被信任、不被重视,即便是在第二年,刘邦率大军亲征匈奴时，也没有带上他。

每当面对刘邦的时候，韩信心中总有些迷茫，他念念于刘邦曾经给他的温暖，却对眼前这位态度威严的老人感觉有些陌生。

在长安城，韩信一待就是数年，对于不甘于平庸的韩信而言，这无异于一场折磨。由于他是刘邦的头号猜忌对象，朝中大臣也很少与他来往。韩信只得整日守在家中，读读兵书，排遣心中的苦闷。

第十七章　北疆忧患

懂得隐忍，见得月明

当韩信在家中消磨时日时，外面的世界正在发生翻天覆地的变化。

让我们将视野移到北方辽阔的草原上。

在大汉帝国的北面，有一片茫茫的荒漠地带，称为大漠，那里居住着一个游牧民族——匈奴。他们人数稀少，但生命力异常顽强，他们和战国时期的李牧交战过，和西汉时期的卫青、霍去病交战过，和东汉时期的窦固交战过，直到南北朝时期他们的大部才被歼灭。

刘邦这一生，从不缺对手，当项羽倒下时，另一个更为强大的对手正在北方荒漠崛起。他的名字，叫冒顿。

早在春秋战国时代，匈奴就是中原华夏诸国的劲敌。战国晚期，赵国名将李牧出击匈奴，匈奴损失惨重，十万骑兵被歼灭，然后开始

第十七章　北疆忧患

衰落。秦朝建立后，蒙恬率三十万之众北伐匈奴，夺取河南地，继续修筑长城，以防止匈奴的反扑，此后"胡人不敢南下而牧马"，由此获得了数十年的和平。

秦末汉初，中原正值楚汉争霸，天下大乱，无暇北顾，被逐出大漠之北的匈奴在首领头曼单于的带领下，逐渐恢复了元气。当时在广袤的草原上，还有两个部落非常强大，一个是匈奴东部的东胡，另一个是西部的月氏。头曼单于的儿子冒顿单于，就在月氏充当人质。

头曼单于一天天老下去，他特别喜欢幼子，阏氏又不断在他耳边吹枕边风，想让自己的儿子取代冒顿的太子地位，老单于犹豫了。

头曼单于想出了一条毒计，他出动大军侵入月氏，故意激怒月氏人。月氏一看，刚送来人质就进攻，明显是个圈套啊，准备杀冒顿祭旗。危急时刻，冒顿拼死逃了出来，偷了匹马，穿越数百里蛮荒之地，一个人逃回了匈奴。

草原部落崇拜的永远都是以一当千的勇士，见冒顿平安归来，头曼心中生出几分愧疚。作为补偿，他将一支一万人的精锐骑兵交给冒顿，作为冒顿的亲兵。

冒顿没有任何怨言，面对强有力的父亲，他知道此时还不是反击的时候，唯有隐忍和蛰伏。

冒顿开始训练这支精兵，他设计了鸣镝，一种会发出声响的箭，然后命令道："响箭即是军令，只要响箭射出，众骑兵必须将手中的箭射向响箭的方向，违令者，斩！"

他先用自己的战马来考验骑兵。一次训练中，冒顿鸣镝射向了自己心爱的战马，左右之人有不敢射击的，冒顿立即杀了他们。这之后，他又把自己的宠妾推上祭台，鸣镝声起，数千支利箭刺穿了她的身体，冒顿照例将不敢放箭的骑兵斩首示众。最后一次，他把头曼单于的坐骑偷了出来，将手中的响箭射向单于的坐骑。这一次，没有人犹豫迟疑，万箭齐发。

冒顿知道，时机成熟了！

盛夏五月，正是狩猎的好时节。这一天，头曼单于带着自己的护卫队到草原上，准备一展身手。他却不知道，自己正是冒顿眼中的猎物。

当头曼单于策马驰骋，逐渐远离了自己的护卫队时，冒顿冷静地搭上鸣镝，向头曼单于射出。刹那间，千百支利箭直扑向头曼单于，将他射成了个刺猬。

冒顿终于坐上了单于的宝座，而此时的匈奴还面临着两面夹击的威胁。

当冒顿自立为单于的消息传到邻国东胡时，东胡也想来坐收渔翁之利，派使者到匈奴索要头曼在世时骑的那匹千里马。

冒顿手下纷纷说："那匹马是咱们匈奴最好的宝马，怎能轻易地送给东胡？"

冒顿却说："东胡和咱们是邻国，不该为了一匹马而伤了和气。"就把千里马送给了东胡王。

过了不久，东胡又来了一个使者，说想得到冒顿的一个宠妾，大臣们一听，个个义愤填膺："东胡王欺人太甚，竟然连单于的阏氏也要夺去，是可忍孰不可忍！请单于杀了来使，我们踏平东胡！"但冒顿却说："何必因为一个女人而破坏两国的邦交呢？"一转身，又把自己的宠妾送给了东胡人。

东胡王得到冒顿的阏氏后，愈发骄横起来，不时派兵骚扰匈奴的边境。

当时，在东胡和匈奴之间有一块广阔的荒凉之地，由于缺乏水草，没有人居住。东胡王又派使者去匈奴对冒顿说："你们匈奴人再不准到我们边界堡垒以外的那块空地，那片地以后归我们东胡所有。"

冒顿不出声，让大臣议论此事，有人说："那是一片废弃的土地，给不给东胡都可以。"

冒顿听了勃然大怒："土地是国家的根本，绝不能送给别人！"说完，下令把东胡使者及主张割让土地的大臣处死，然后立即整顿军马，集齐了三十万兵马攻打东胡。

自以为强大的东胡从来就不把匈奴放在眼里，所以在东胡和匈奴的边境上，东胡也从不设防。然而，当东胡人发现来势汹汹的匈奴骑兵时，一切都晚了。几乎在一夜之间，匈奴占领了东胡的土地，直捣王庭，杀死东胡王。

紧接着，冒顿将矛头调转方向，直指西部的月氏国。

曾几何时，月氏也是一支强大的部落，与匈奴、东胡三强鼎立于北方的荒原，而此时，匈奴的骑兵却已不是当年的样子，一场战争下来，月氏的军队全线溃败。

匈奴在接连拔掉了东胡与月氏两颗眼中钉后，经过一系列的征伐，建立了强大的国家。疆域东至辽河流域，西达葱岭（现帕米尔高原），南达秦长城，北抵贝加尔湖一带，其版图几乎可以与汉帝匡相媲美。然而，冒顿的胃口远不止此，他把目标瞄向了南方。

北方的匈奴与南方的大汉帝国，即将燃起三百年绵绵的烽火。

刘邦：从泗水亭长到歌动大风

玩什么都别玩自负

战争的机器很快运转起来了，冒顿集结了三十万控弦之士，对汉朝用兵。对于匈奴而言，这是倾国之兵。

匈奴兵锋南下，首当其冲的是北方韩国。韩国是汉帝国的封国，主政的是韩王信。这一年，匈奴对韩王信镇守的马邑（今山西朔县）发动了进攻。

面对气势汹汹、来去如风的匈奴骑兵，韩王信自知不是对手，一面紧急向刘邦求救，一面与匈奴暗中联系，要求与匈奴和谈。

明眼人都能看得出来，这是韩王信的缓兵之计，目的在于迟滞匈奴的进攻，为汉军的准备赢得时间。

可是，刘邦不这么想。

随着岁月的流逝，刘邦一天天衰老下去，对异姓诸侯王的不信任感也与日俱增。就在韩王信敷衍冒顿单于之际，早有军中的密探将韩王信秘密联络匈奴的消息告诉了刘邦。

接到密信，刘邦心中愈发不安。大战在即，韩王信却三番五次向匈奴派出信使，居心何在？

远在马邑的韩王信还在苦苦支撑，他没有等来援军，却等来了刘邦的使臣。使臣以皇帝的口吻，斥责韩王信心怀二志，与匈奴私自联络，意欲何为？

韩王信怒了！老子好歹也是韩国王室的后裔，正宗王族血统，你刘邦不过是泥腿子出身，有什么资格怀疑我？

愤怒的韩王信斩杀了汉使，打开马邑城门，投降了匈奴。匈奴骑兵在进驻马邑后,略作休整,随即大举南下,围攻太原,进逼晋阳。韩王信更是甘做急先锋,从晋阳南下,直达铜鞮(今山西沁县)。

刘邦坐不住了。这一年,新建的长乐宫刚刚落成,刘邦已经五十五岁了,垂垂老矣,他完全可以在宫中继续享受自己的晚年生活,将战事交给手下能征善战的将领们。

但是,他没有这样做。刘邦平民出身,他也喜欢那些美酒与美女,但可以不沉溺其中。即便年近六旬,他依然保持着旺盛的战斗精神。

刘邦亲率大军,直奔韩王信的所在地:铜鞮。

韩王信的兵团虽然推进速度很快,但论作战能力,不是刘邦的对手,刚一接触就被打败,韩王信一路向北狂奔,逃进了匈奴在代谷(今山西大同市东)的大本营。韩王信的部将勉强将打散的士兵收拢起来,然后向匈奴冒顿单于求援。

冒顿单于听闻汉帝国皇帝刘邦率兵亲征,不敢轻视,以左、右贤王率领一万骑兵紧急救援,在广武(今山西代县)至晋阳一带构筑了防御线。

汉军抵达晋阳城下,未及休整,随即对晋阳城展开猛攻。匈奴骑兵在北方战场上无往不胜,自以为神勇无敌,不料却在汉军面前碰了钉子,遭遇重创不说,还损失了一名高级将领。

汉军的前锋继续向前冲击,匈奴骑兵抵挡不住,向北撤退,一直退到了硰石。汉军的车骑部队紧咬不放,对匈奴军队再度发起强攻,迫使匈奴骑兵再尝败绩,继续向北逃窜。

就在汉军准备一鼓作气、继续追击之际,一股强大的寒潮席卷了北方大陆,草木凋零,天地间一片肃杀。汉军中有不少人皆被冻伤,战斗力大大下降。

是继续进攻,还是退兵等待来年开春再战?刘邦陷入了沉思之中。

就在此时,一条重要情报传到刘邦手中:匈奴的大本营就在代谷,由冒顿单于亲自驻守。刘邦急忙命人展开地图,他欣喜地发现代谷离汉军前锋不足百里!

这可是天赐良机!刘邦深吸一口气,匈奴在北方盘踞多年,是中原王朝在北部最强悍的对手,历史上只有名将李牧与蒙恬曾给予匈奴致命一击,如果能够在这一战中击败冒顿单于,必将严重挫伤匈奴的锐气,换来此后数十年的和平。

可万一,情报有误呢?

为了确定情报的真实性,刘邦连续派出了十拨侦察兵潜到代谷附近,侦察匈奴的军事部署和战斗力。

与此同时,驻扎在代谷的匈奴也截获了一份情报,刘邦的大军即将对匈奴大本营开展总攻,并且已经派出好几拨侦察兵前来查看虚实。

冒顿单于心中狂喜,他决定将计就计,将匈奴主力隐藏起来,营中只留下老弱病残防守。

刘邦派出的侦察兵陆续返回,带来的消息出奇地一致:匈奴的大本营中只有一些老弱病残,未发现主力部队。

刘邦心中充满狐疑,帐下将领们却早已按捺不住,纷纷请战。刘邦摇了摇头,他决定派出非常能干的娄敬潜入代谷,进行最后一次侦察。

娄敬原本是一名关西戍卒,颇有胆略。刘邦最初定都洛阳,娄敬有一次路过这里，认为定都洛阳大大不妥，进城后就穿着羊皮袄去见老乡虞将军，要求面见刘邦。

换作别的朝代，这种请求一般不会受到重视，提出这样要求的人不被人嘲笑就不错了。可草根出身的刘邦最大的特点就是接地气，只要你说得有道理，他都愿意采纳。

娄敬的请求得到了刘邦的许可。为了起码的形象考虑，虞将军要给娄敬换上一件光鲜的衣服，不料娄敬却说："我穿着丝绸衣服来，就穿着丝绸衣服去拜见；穿着粗布短衣来，就穿着粗布短衣去拜见，我是决不会换衣服的。"

刘邦倒是很大度，没有计较这些，第一次见面就问娄敬吃了吗。娄敬说没有，刘邦于是先赏他一桌子菜，让他吃完再谈。娄敬吃完饭，才开口问道："陛下建都洛阳，难道是要学习周朝吗？"

刘邦："没错。"

娄敬："陛下学不了周朝！"

刘邦一愣，这是为何？

娄敬："周朝靠德治天下，万民仰慕，所以才可以把洛阳作为都城。而今陛下起兵以来，历经多次战争，老百姓死伤无数，哪里能比得上周朝？"这种话如果换成心眼小的君主，娄敬的脑袋早搬家了。

然而，刘邦就是刘邦，他不会因为一句冒犯就大发雷霆，面对娄敬的质疑，他虚心请教道："那该怎么办？"

娄敬："把国都迁到关中，那里地势险要，易守难攻，遇到危急情况可以保全。"

刘邦有些犹豫，转而征求张良的意见。张良听完，表示认可，刘邦这才决定定都关中。

这一次，娄敬带着刘邦的指示，再一次深入代谷打探情况。同样的，他看到的也是老弱病残在营中值勤，无精打采。

然而，娄敬凭着超乎常人的嗅觉，敏感地意识到了这里面的不一样。两国交兵，从来都是炫耀居多，匈奴为何反其道而行之？这种示弱很显然是个圈套！

娄敬迅速南返，半路上却碰到了刘邦，汉军已经倾巢出动了。

刘邦是个不达目的绝不善罢甘休之人，他之前击败了不可一世的项羽，统一了天下，对自己的军事能力信心爆棚。加之一向看不上蛮夷之人，在这种不利汉军作战的天气和局势之下，仍然不想退兵歇战。

娄敬赶紧拦住刘邦："陛下速下令停止进军，匈奴有诈！"

刘邦吃了一惊，问道："你在代谷的大本营发现匈奴的主力部队了？"

娄敬答道："这倒没有。"

刘邦点了点头，道："既然没有发现，为何说匈奴有诈？"

娄敬："冒顿单于弑父继位以来，灭东胡、破月氏，南下吞并楼烦与白羊，占领河南之地，围马邑、降韩王，军力是何等强大！可是臣近窥其营地，发现只有老弱残兵，根本不可作战，现在汉匈两国开战，按常理，敌人一定会耀其兵威，壮其声势以鼓舞士气，但实际匈奴军队十分低调，看不到主力部队，可见其用意正是向我方示弱，以诱使我军进行攻击。他们的主力部队必定已经埋伏在某个地方，准备对我方实施伏击。故此，臣认为，决不可以贸然出击。"

不料，刘邦却根本没有耐心听娄敬分析，见他一意阻拦，怒道："你这儒生，今天竟敢妖言惑众，扰动军心，该当何罪？"一挥手，命手下人将娄敬抓了起来，投入广武监狱中，准备凯旋后再收拾他。

随后，刘邦带着大军，直奔虎穴！

学会选择，懂得适时放弃

刘邦此次出兵，分了两路，主力部队由周勃和樊哙率领，进击碻石以北，寻歼匈奴主力与韩王信的残部；自己率领夏侯婴与灌婴的部队一路北进，直奔匈奴的大本营代谷。

这一日，刘邦到达了平城，这里和代谷近在咫尺。平城附近有一座山，叫白登山，是一处制高点，上面有战国时赵国为抵御匈奴修建的城墙和防御工事，仍保存相当完好。

刘邦将部队驻扎在白登山上，带着护卫队登上最高处，眺望着远方。十月的北方气候寒冷彻骨，但好在这天天气不错，积雪在阳光的照耀下，闪烁着晶莹剔透的光芒。放眼望去，原野也披上了银色的盛装，山舞银蛇，原驰蜡象。

久违了，美丽的北国风光！

刘邦虽然是泥腿子出身，看不起儒生，但几年的战场历练也让他懂得了知识的重要性，戎马之余，自己也常常向张良请教，读了一些诗书。此情此景，让刘邦感到一种莫名的兴奋，他正要高歌一阕，不料却听到四周隐隐传来了马蹄声。

这马蹄声由远及近，越来越急，犹如鼓槌一样敲击着耳膜。刘邦循声望去，只见在白登山的周围，不知从哪冒出来千万匹战马，四蹄翻腾，长鬃飞扬。马背上都是身着胡装的匈奴骑兵，一个个高举着弯刀与弓箭，霎时间将白登山围得如同铁桶一般。

"不好，中计了！"刘邦眼前一黑，差点晕倒在地，心中突突乱跳。他急忙召集众将领，商议防御一事。所有的汉军士兵，都从匈奴的铁蹄声中感到了震撼与恐慌，连握矛的手都在微微颤抖。

那么围困白登山的匈奴有多少人呢？匈奴号称兵力有四十万，这数字多半是虚张声势，但对于山上的汉军绰绰有余。汉军这边有多少人呢？史书没有记载，但刘邦此次亲征，带了三十二万的军队，主力部队被周勃和樊哙带去追击匈奴主力和韩王信的残部，刘邦只带着一部分士兵突袭匈奴大本营，预计人数只有十万左右。

匈奴这方，冒顿单于望着山上飘扬的汉军旗帜，露出一丝贪婪的笑容。他已通过情报得知，汉朝皇帝刘邦就在山上，如果能活捉刘邦，必将重挫汉军的信心，这是何等辉煌的胜利。

没有片刻犹豫，冒顿单于立即下令对汉军展开猛攻，汉军兵团依托赵国遗留下来的防御工事，顶住了匈奴一轮又一轮的进攻。在坚固的防御工事面前，匈奴的骑兵优势完全施展不开，而且汉军所使用的劲弩射程远、威力大，其性能远远优于匈奴人的弓箭，匈奴人穿的兽皮甲胄在强悍的劲弩面前毫无抵抗之力。

匈奴骑兵将汉军围困了七天七夜，始终无法突破汉军的防御。满以为逮住猎物的冒顿单于，却撞上了啃不动的硬骨头。

匈奴人损失惨重，山上的汉军将士们也不好受。好几次汉军试着突围，都淹没在了匈奴的人潮中。眼看着军中的水源和粮食逐渐见底，刘邦的心愈发不安起来，周勃和樊哙的主力大部队到底在哪啊？

这一刻，他忽然很想念关中被削了军权的淮阴侯韩信。假使韩信在此，想必自己也不会沦落到这一步吧？

第十七章 北疆忧患

彤云密布，朔风渐起。雪愈发大了，绵密的雪花打得人睁不开眼。刘邦披着一件黑色的大氅，独自在室外徘徊着，忽然踩到一堆软绵绵的积雪，脚一软，几乎跌倒。一个身影疾步向前，一把扶住了刘邦。他回头一看，原来是谋士陈平。

"眼下汉军被围困于此，粮草将尽，突围无望，想我刘邦征战多年，难道要命丧于此不成？"刘邦喃喃说道。

陈平一抱拳，躬身道："陛下切不可失去信心，我有一计，可助陛下脱困。"

"哦？快快说来！"

陈平将自己的想法和盘托出，刘邦听罢连连称善。

入夜时分，单于最宠爱的阏氏的帐篷外，闪过一道黑影。

"什么人？"身边的侍女叫道。

帘子一闪，那道黑影闪进帐篷内，立马就跪下磕头。

"你是何人？"阏氏厉声问道。

"在下是大汉皇帝刘邦派来的密使，奉陛下差遣，向娘娘献上微薄之礼。"说着，从怀中取出一个锦盒，双手递上。

侍女接过锦盒，递给阏氏。

阏氏小心翼翼地打开锦盒，光彩熠熠的各色首饰珠宝出现在眼前，一看就是上品中的上品。

莎士比亚曾说，珠宝沉默不语，却比任何语言更能打动女人心。女人都对珠宝首饰天生没有免疫力，看到这些珍宝，阏氏嘴角露出了笑意。

"说吧，找我何事？"

密使说道："大汉天子被单于围困在山上无法脱身，愿意将国内最美的女人献于单于，以求脱困。"说完，从怀中取出一幅画，递给阏氏。

阏氏展开一看，确实是一位娇艳欲滴的美貌女子。一看到画中人，阏氏的醋劲儿就上来了，如果单于有了她，只怕是要见异思迁、喜新厌旧了。

这一晚，阏氏对冒顿单于说："你把汉朝皇帝干掉，汉朝那片土地你能吃得下来吗？那边不适合我们游牧民族居住，汉主刘邦也是有神灵护佑的，你还是放了他吧。"

令人惊讶的是，冒顿单于竟然答应了！

次日，汉军发现西南方向的包围圈上忽然出现了一个缺口，冷静的汉军拉满劲弩，护卫着帝国皇帝刘邦，在匈奴的马刀前稳稳撤退。而匈奴似乎并没有围攻的意思，只是目送着汉军缓缓离开。

险象环生的白登之战，便就此结束。"刘邦靠枕头风逃命"的说法也就流传起来，但事情真这么简单？

要知道，那位苦心设计了包围圈的匈奴冒顿单于，可不是什么爱美人不爱江山的模范丈夫。当年做王子时，为了训练精锐卫队，敢拿自己的老婆当箭靶子。如此冷血之人，怎能因为阏氏几句话，就吐出到嘴的肥肉？

事情一定没这么简单。

如果我们仔细分析当时的局势，很容易就能获得答案。

真实的情况是，刘邦在白登山只有一部分兵力，主力部队都在周勃和樊哙手上。匈奴猛攻七昼夜，依然无法突破守军的防线，而此时汉军的主力部队已经在赶往白登山的路上，即将在外围对匈奴形成反包围。《资治通鉴》在提到白登山之围时，有一句话："（高帝逃离白登后）至平城，汉大军亦到，胡骑遂解去。"《汉书》也提道："（周勃）后击韩信军于硰石，破之，追北八十里。还攻楼烦三城，因击胡骑平城下。"

由此可知，刘邦白登山突围后，一路向南，到达了离白登山不远的平城。而此时，汉军的主力兵团也已经到达了平城。

不得不说，冒顿单于非常明智。在白登山的七天七夜里，匈奴人虽然占据兵力优势，却也无法立即消灭包围圈中的汉军。周勃、樊哙率领的汉军主力步兵正在赶来救援的路上，本来约定前来会师的韩王信的军队也迟迟未到，这让冒顿单于更加疑虑，怀疑韩军可能在形势变动下再次反水。

而从眼下的情况来看，匈奴成功地将汉帝国皇帝困在了山上，汉军在匈奴人面前吃了大亏。如果继续耗下去，匈奴人也许有机会活捉刘邦，但这样一来，极有可能陷入汉军主力的反包围中。当冒顿单于下令打开一个缺口，看着刘邦的汉军落荒而逃时，他已经取得了这场心理战的胜利。

"坚持就是胜利"这句话是很多人从小听到大的，听多了看多了，以至于现在的我们都把"坚持"当成是一种理所应当，或者说成功者必备的品质。

然而，推崇坚持，并不等于不能放弃。比如职业选择，如果方向不对，继续坚持就等于继续错下去，股票市场也有及时止损的说法。这里面强调的都不是坚持，而是放弃。在追求成功的道路上，秉持着不放弃的精神是应该的，但在过程中适时放弃一些东西是一种策略，也是一种手段，是为了更好地实现目标而做的灵活应变。

第十八章　未央风云

管理者如何稳定人心

白登山之围，成了刘邦的一块心病，经此一役，匈奴对汉朝的战略优势正式形成。白登之战后第二年，匈奴再次入侵代地，刘邦的二哥代王刘喜弃国而逃。刘邦只好听从娄敬的建议，派出公主（由于吕后的反对，以宗室女子代替）嫁给冒顿单于，以每年奉送财物为条件向匈奴求和，用和亲政策换取双方边境的和平。

这是刘邦在内忧外患之下无奈的选择，这种屈辱的外交政策，直到汉武帝时才有所改变。

而此战之前，刘邦还遇到了一个难题：分封。

刘邦刚刚取得天下的时候，一口气册封了二十多个大功臣，那么谁是第一功臣呢？就在众人议论纷纷之时，刘邦一声不吭，将这个荣誉给了萧何。

第十八章　未央风云

得知这个消息,许多大臣纷纷表示不服。这些人多是行伍出身,跟随刘邦从沛县起兵,南征北战多年,身上旧伤未愈,又添新伤,从一个个小兵逐渐成长为经验丰富的一方将领。在他们看来,自己追随刘邦出生入死,这文弱的书生萧何从未领过兵打过仗,大多数时候都远离前线,独自躲在大后方,凭什么算第一功臣?

这一日,刘邦在朝会上说道:"近来听闻诸位对朕的分封多有不满,诸位知道朕为何封萧何为第一功臣吗?"

底下的人开始窃窃私语,只见樊哙站了出来,说道:"陛下,臣等披甲带兵,冲锋陷阵,多者身经百战,少者数十战。萧何没有汗马之劳,没有经历征战之苦,没有打过一次仗,只靠舞文弄墨,吐出主意,论功封赏时反而在我们之上,臣等不服!"

刘邦点了点头,目光扫过众人,开口道:"各位知道狩猎吗?狩猎时,追杀野兽、野兔的,是猎狗;而放狗追击,指示猎物方向者,是猎人。诸君只是能捕捉走兽,是有功之狗;至于萧何,发号施令,指示追踪目标,是有功之人。当年与项羽争夺天下时,要是没有萧何管理大后方关中,提供源源不断的军粮和士兵,哪有各位后来的屡败屡战?"

此言一出,群臣皆不敢言。

刘邦坐在龙椅之上,以一个帝王的心态审视群臣,将那些身经百战的武将比作"功狗",而把萧何比作"功人",此番比喻形象独特,又暗藏玄机。

虽然刘邦暂时堵住了悠悠之口,但时间长了,难免又有流言蜚语传了出来。也难怪,追随刘邦打天下的人那么多,其中表现突出、立了功的没有一千也有八百,这帮人凭什么跟你卖命?不就是指望着有一天你发达了,自己也能跟着分一杯羹吗?

可眼下,刘邦只封了自己身边的二十多位近臣,其余的人怎么分?如何分?天下就这么大,曹参、萧何、周勃、张良等人一封就是食邑一万户。照着这个程度分下去,肯定轮到下面人的时候,就没地可分了。随着时日的推移,越来越多的人加入议论中来,却总不见上面给个回复。

这一天,刘邦在张良的陪伴下在洛阳南宫散步,发现不远处很多将领东一堆、西一堆地坐在地上,激烈地议论着什么。刘邦颇感奇怪,就问张良:"那些人围在一起在议论什么?"

张良不假思索地回答:"陛下难道不知道吗?他们在谋划造反哪!"

刘邦吓了一跳,说道:"天下刚刚安定,现在是和平时代,放着好好的日子不过,他们为什么要造反呀?"

张良徐徐道来:"陛下,您以布衣之身获得了天下,贵为天子,所封的人都是萧何、曹参等与您亲近的故旧元老,而所杀的人都是您一直仇恨的人。现在,这些将军们都有军功在身,可是天下没有那么多地方可以分封,他们担心自己不能获得封地,同时也担心您计较他们过去的一些过失而诛杀他们,所以聚在一起商量着造反哪!"

刘邦面露忧虑之色,忙问道:"那怎么办呀?"

张良问:"陛下平时和谁的仇恨最大,而且是大家所熟知的?"

刘邦道:"肯定是雍齿了!这家伙很早就跟着我,常常背叛我。我早就想杀了他,只是这小子功劳很大,我没有什么理由,也不忍心杀他。"

张良眼睛一亮:"既然如此,我建议陛下赶紧封雍齿为侯,他们看到雍齿这样的人都能够获封，肯定心里就踏实了！"

刘邦一听就明白了，当天晚上便安排了一场酒宴，封雍齿为什邡侯，并安排丞相加快定功行封的步伐。

宴会结束后，不少功臣议论纷纷："连雍齿这么被皇帝痛恨的人都能封侯，我们就更没有问题了。"

张良的妙策道出了一条简单的问题：如何才能稳定人心？

作为公司的管理者，往往会遇到这样一种难题：在某些特定时刻，员工着急要福利，但是你没有时间，没有空间给他们分。怎么办？这个时候，你可以选择跟你关系不是特别好的，甚至跟你有过冲突的骨干员工，先给他们发一份福利，这样别人才能放下心来。

对于刘邦而言，要想保持天下太平，必须做到利益均衡，安抚好底下的文臣武将，而且要让人们感受到公平，不能仅仅照顾元老故旧，更不能根据自身的好恶随意奖罚，在人心未定的情势下更是如此！

韩信：锋芒太盛遭人妒

当那些昔日的功臣宿将日夜争功，在朝堂之上喋喋不休之时，独有韩信偏居长安城一隅，享受着难得的清静。

从昔日的齐王到后来的楚王，再到眼下的淮阴侯，韩信的地位一天天下降，对于功名利禄，他已经看破，他不想去争，也无力去争。尽管刘邦对他一直不信任，但韩信自始至终都没有与刘邦逐鹿问鼎的野心。要不然，早在武涉与蒯通游说时，韩信早已叛汉独立，与刘邦、项羽三分天下了,何必等到今日?

闲暇的时候,他会想起那段戎马倥偬的岁月,他见证了项羽的崛起,也亲手结束了项羽的军事生涯。能与这样一位天下敬仰的英雄正面对决,而且最后还赢了,此生足矣!

带着这份骄傲,韩信徘徊在长安街头,却找不到一个可以倾诉的人。萧何吗?对于韩信而言,他确实是一位伯乐。因为萧何,韩信摆脱了沉沦草野的命运,才有了后来的一切。他很感念萧何的赏识和提携,以为这是友情和欣赏,却不知,在萧何眼中,这只是自己为汉帝国延揽人才的手段而已。

这一日,韩信在长安街上漫无目的地走着,不知不觉逛到樊哙府前,他不由自主地停下了脚步。

早有府上的家丁将此事报告给樊哙,樊哙一听自己的偶像韩信在门前,连忙出门迎接,一见韩信,二话不说竟扑通跪了下来,激动万分地说道:"大王乃肯临臣!臣实不胜欣幸。"

面对樊哙的如此大礼,韩信竟有些受宠若惊,只得被樊哙邀请进府,两人畅聊一番。出了门,韩信回头看了一眼还在门前目送自己的樊哙,忍不住揶揄道:"想不到我这辈子竟沦落到与樊哙为伍,真是悲哀!"

刘邦偶尔也会想起这位功高盖世的大将军。对于韩信的闲置,刘邦也心有不甘,但他比任何人都更明白韩信身上所潜藏的巨大能量。韩信的优秀在于,他既长于从大局入手规划战略,又擅于从小处入手制定战术,他可以因地制宜、避敌锋芒,用最小的代价换取最大的胜利。如果说项羽是一头勇猛的雄狮,那韩信就是一只狡猾的狐狸。而狐狸,往往比狮子更让人防不胜防!

第十八章 未央风云

每当自己闲暇的时候,刘邦总会找来韩信,与他聊聊军事,听他对朝中的将领做一番点评。一次,两人在未央宫谈得兴致盎然时,刘邦问道:"以朕的能力,能统率多少兵马?"

韩信随口说道:"十万。"

"你呢?"刘邦反问道。

韩信一时没有反应过来,在这个气氛微妙的关头顺口说道:"我自然是越多越好。"

刘邦的笑容有些复杂:"既然你的能力这么大,怎么还会成为我的俘虏?"

韩信悚然一惊,这才意识到失言,惨然叹道:"陛下不善于带兵,却善于统御将领,这就是我被陛下俘虏的原因。况且陛下的能力是天赐予的,不是人力所能为之。"

在察觉到刘邦的不满后,韩信虽然急中生智赶紧恭维了刘邦一番,但垂垂老矣的刘邦显然对这个问题很上心,他知道韩信说的是真话,可在听惯了恭维的刘邦耳中,是那么的刺耳!

望着韩信离去时的背影,刘邦的眼中不经意地闪过一丝杀机。

从白登山回来后,刘邦一直闷闷不乐。这一战,虽然自己全身而退,但被冻死的汉军士卒不计其数,而且堂堂的大汉天子竟然被匈奴围困在山上七天七夜,每每想起,都让刘邦咽不下这口气。

回朝之后,刘邦拔擢一个叫陈豨的人为列侯,代替韩王信镇守北部边疆。临行前,陈豨去拜访韩信,毕竟韩信曾横扫北方,封为齐王,他对当地的内政和外务是最为熟悉的。陈豨上任之前拜访他,也在情理之中。

不料,就是这次正常拜访,却给韩信埋下了危机。

韩信被灭族之后，依据汉帝国发布的官方声明，陈豨拜会他时双方有一番密谈。

韩信拉着陈豨的手，屏退左右，仰天长叹："你想听听我的心里话吗？我有几句话想跟你聊聊。"

"一切听从大将军吩咐。"

"你管辖的地区，精兵集结，而你是陛下信任的大臣。如果有人告发你反叛，陛下一定不信；再次告发，陛下就会怀疑；第三次告发，陛下必定会亲自带兵去讨伐你。我愿意为你在京城做内应，助你取得天下。"

"我一定听从您的指教。"

这段官方声明很可疑，且不说密谈的内容是如何泄露的，单论两人的交情，虽然同朝为官，但碍于韩信的特殊身份，绝不至于好到可以说知心话的地步。将韩信与陈豨后来的反叛牵连到一起，很显然是汉帝国给他强加的罪名。

汉十年八月，陈豨发动叛乱，刘邦震怒，亲自带兵出征。为了确保万无一失，刘邦找来韩信，想带他一起出征，毕竟韩信的军事能力是举世公认的。不料，韩信却以生病为由，拒绝了刘邦的盛情邀请。

韩信不想谋反，但也不想再为刘邦卖命了。拒绝刘邦，是为了向刘邦表达无声的抗议。

不得已，年迈的刘邦只得再次亲征，而他心中对韩信的容忍也已经到了极限。

这之后，韩信的一位门客得罪了韩信，韩信将其逮捕并准备杀了他，不料那位门客的弟弟情急之下，跑到吕后面前密告韩信要谋反！

吕后慌了，此时刘邦出征在外，如果韩信要行不轨之事，谁能降服得了他？

只有一个人，萧何！

汉十一年，万物肃杀的冬天里，韩信落寞地度过了人生中的最后一个多月。

这一日，大雪纷飞，萧何忽然登门拜访，告诉韩信一个消息：边关传来捷报，陈豨已被俘获处死，吕后明晚将在宫中设宴招待群臣，希望韩信也能准时赴宴。

如果换作别人，韩信一准儿会拒绝，因为他已经远离朝堂很久了，可这次来请他的是萧何，他的伯乐、他的大恩人，韩信没法拒绝。

次日晚，韩信迎着大雪，独自一人出了门。

长乐宫前，韩信轻轻推开厚重的宫门，却发现里面空无一人。正在疑惑之际，四周突然冲出数十个全副武装的武士，二话不说将他捉住，拖进了旁边长乐钟室之中。

韩信挣扎着大叫道："臣得何罪，为何缚臣？"他艰难抬起头，赫然发现吕后脸若冰霜，就站在不远处。她声称陈豨叛乱期间，韩信密谋在长安城挑起内乱，与陈豨里应外合，意图颠覆大汉，论罪当斩，并诛三族。

韩信仰天悲叹："我后悔当初不听蒯通的计谋，以至于被一介妇人所欺，这难道不是天意吗？"

一切都是天意，一切都是命运，韩信就这样死在了吕后手中。当刘邦回朝得知韩信已被处死后，他的反应是"喜且忧"。刘邦欣赏韩信的才能，却又时刻忌惮着韩信；明知道韩信不会造反，却又心存万一，怕他造反。很明显，吕雉之所以敢动韩信，是因为她懂得刘邦的心思，为了避免那万一，她愿意替刘邦除去这块心病。至于韩信是不是真的谋反，并不重要。

事实上，韩信的命运正是他自己造成的。纵观韩信的一生，如同巨鲸，置身于浩瀚的海洋，劈波斩浪，一旦陷于浅海沙滩，便束手无策、一无所能。

张良：前半生拿得起，后半生放得下

从韩信被刘邦忌惮，到被吕后处死，张良淡然地看着这一切，无悲无喜，然后，转身离开。

如果我们剖析张良的一生，可以用两句话来概括：前半生拿得起，后半生放得下。

曾几何时，张良也是一名热血少年。他出身于六国贵族，弱冠之年国破家亡。复国，成了他最大的志向。

年轻的张良曾像项羽一样血气方刚，对暴秦恨之入骨，他最初的计划很简单，就是直接行刺秦始皇。

他找到一个不怕死的大力士，在博浪沙扔出大铁锥，击中了秦始皇的副车——秦始皇幸免于难，但对此事十分恼怒，下令全国缉捕刺客，他上了"全国通缉名单榜首"。

那一年，张良之名，威震天下。明人陈仁锡在提到博浪沙刺秦事件时，更是拍案叫绝："子房一锥，宇宙生色！"

张良选择了躲，这一躲，就是十年。再出山时，他已不再是当年那个热血少年，而是蜕变为运筹帷幄的羸弱书生。

第十八章 未央风云

鸿门宴上,觥筹交错,剑矢暗藏,危机四伏。项庄舞剑,意在沛公,谈笑间,张良通过一系列布局,巧妙助刘邦脱困。

暴秦灭亡,对张良来说,他前半生的目标已经完成了,后半生的目标只有一个:复韩。为了这个目标,张良奉韩王为主,在起义军中出谋划策,无时无刻不在面对血与火的考验。可惜,项羽一怒,砍了韩王的脑袋,也斩断了张良的希望。

此后的楚汉相争,已经背离了他的人生命题。他早该抽身离去,归隐山林。可是,他心中还牵挂着刘邦,那个知他懂他,始终敬重他的草莽英雄。

张良心中深知,这世间除了梦想外,还有恩义。

无数次,每当刘邦被项羽逼到绝境之时,张良总会挺身而出,殚精竭虑,帮刘邦厘清思路,破解困局。最终,垓下一战,项羽兵败身死,刘邦以胜利者的姿态,郊天祭地,正式称帝,国号为"汉"。

在本应思图荣华富贵的时候,张良却倦了。张良没有实现年轻时复国的理想,但是他有幸参与缔造了一个更伟大的帝国。于他而言,他的使命已经结束了。

开国一年内,功臣们为了争利益、争功勋,在朝堂之上喋喋不休,争得头破血流。曾经一起创业的小伙伴,为了利益已经争得像猎食的野犬,一个个面目可憎。张良越发看清了人性,也越发孤独。

刘邦登基的时候,张良被尊为"帝师",在大汉的朝堂之上,张良的功勋和地位不比萧何、韩信差多少,甚至在刘邦的心底,张良才是头号功臣。按理说,张良实至名归,他拿得起也受得起。可是这时候,张良却偏偏选择了放下。

或许是曾师从黄石公,或许是身缠病魔、体弱多疾,又或许是天生智慧，他比任何人更懂得"兔死狗烹，鸟尽弓藏"的哲理。

回顾一生，从贵族子弟到亡命江湖，从一介布衣为帝王师，位列侯，已达人生的极致，足矣。从此尽抛俗事，云游天下。

面对刘邦三万户的封赏，张良说了这样一段话："我家五世相韩，韩国灭亡之后，我不吝万金家财，替韩国向强秦报仇，令天下为之震动。如今以三寸不烂之舌为帝王之师，封万户，位列侯，已经做到了一个布衣所能够做到的极致，我已经心满意足。现在我只愿抛弃人间俗事，跟随赤松子去云游天下。"

刘邦不肯，执意要给他封赏，张良只得说，陛下与我是在留县相遇的，如果执意要封，那就把留县赏给我吧！

那么刘邦呢？他能理解张良的选择吗？

刘邦病危之际，吕后拉着他的手，急切地问道："萧何死后，由谁来接替他呢？"刘邦说曹参。

曹参之后呢？刘邦说："王陵可以在曹参之后接任，但王陵智谋不足，可以由陈平辅佐。陈平虽有智谋，但不能决断大事。"吕后又追问以后怎么办，刘邦轻叹说："以后的事，就不用你操心了。"自始至终，刘邦都没有提到张良，这位远离朝堂的智者。

在长安城的岁月里，张良托词多病，闭门不出。随着刘邦皇位的渐次稳固，张良逐步从"帝者师"退居"帝者宾"的地位，遵循着可有可无、时进时止的处事原则。在汉初刘邦翦灭异姓王的残酷斗争中，张良也极少参与谋划。

反观另外两位"三杰"，一位纠缠于功名利禄，锋芒太盛，背着谋反的骂名，被灭了三族；一位是天生的政客，尽管一生小心翼翼，也曾被刘邦怀疑，为求自保不惜自污名节，还蹲过监狱。唯张良功成身退，完美谢幕。

司马光是很赞赏张良的，他这样评价张良：

夫生之有死，譬犹夜旦之必然；自古及今，固未有超然而独存者也。以子房之明辨达理，足以知神仙之为虚诡矣；然其欲从赤松子游者，其智可知也。夫功名之际，人臣之所难处。如高帝所称者，三杰而已。淮阴诛夷，萧何系狱，非以履盛满而不止耶！故子房托于神仙，遗弃人间，等功名于外物，置荣利而不顾，所谓明哲保身者，子房有焉。

前半生拿得起，拿的是一份能力和责任，积极入世，敢于担待；后半生放得下，是建不世之功，立千秋之业，阅尽人间冷暖之后，放手的从容。

在名利场上，能在功成名就之后激流而退，不见疑君王，能惠及子孙，读史三千年，鲜有能及者。

唯有不懈奋斗，才是人生的常态

一场大雪，冻凝了朝阳的光，邈远了山峰的影，摧落了枝头的叶。这一年，刘邦已经六十岁了，他刚刚征伐陈豨归来。当上皇帝后，刘邦并没有因此过上太平日子，相反，在他剩余的岁月里，他人生的关键词仍然是忙碌和奔波。

至尊之位，给他带来了无上的荣耀和权威，却并没有给他带来舒适安心的生活。

这年正月，淮阴侯韩信被吕后和萧何联合设计，诱杀于宫中，夷三族。

三月，彭越也被夷三族，刘邦把他的肉制成肉酱，分赐各地诸侯。

至此，刘邦当初所封的异姓王中，除了长沙王吴芮因国力弱小而不被刘邦忌惮外，当初被封的七位诸侯王，只剩下淮南王英布一人。

当刘邦派来的使者来到淮南时，英布正在打猎，见了肉酱，魂飞魄散。眼看着这些诸侯王被刘邦一个个斩草除根，英布心中的恐惧可想而知，韩信和彭越相继被害，只怕自己也是时日无多了吧。

想到这里，英布终于坐不住了，他赶紧秘密部署军队，加强戒备。此时的英布还是以防御为主的，但是没曾想，刘邦那边还没动，自己这边先出岔子了！

事情的起因是这样的，英布有个宠姬因病去就医，医生刚好与中大夫贲赫住对门，贲赫便备下厚礼陪同那宠姬在医生家喝酒。英布得知后，怀疑贲赫与宠姬私通，想捉拿贲赫。贲赫觉察，急忙逃跑。

既然你想杀我，我何不先下手为强？贲赫一路逃向长安，向刘邦报告："淮南王英布有谋反的迹象，要趁他没动手前先下手剪灭祸患啊！"

好在萧何还是个明白人，对刘邦说道："英布没缘由不至于做这种事，万一是小人污蔑呢？不如先派人打探清楚再说。"刘邦深以为然，将贲赫关了起来，派人去调查淮南王英布。

如果是几年前，英布或许不会这么敏感，然而在韩信和彭越相继被处死后，英布按捺不住了。与其等着别人下手，不如自己先下手为强，反了！英布干脆一不做，二不休，砍了贲赫全家，而后公然造反。

为了鼓励将士,也为了给自己打气,英布召集手下众将,分析形势:"如今皇帝刘邦已经老了(此时的刘邦已经六十一岁),身体也不好,即使知道我们造反,也不可能亲自领军出战了。他手下的将领中,只有韩信、彭越本领最高,是将帅之才,但已经死在他手中。所以现在的汉军中,已经没有本领出众、让我们担心的将领了,这正是我们的好机会。只要大家同心协力,夺取万里江山指日可待,到时候我们共享荣华富贵。"

英布的话极大地提振了手下将领的士气,大家摩拳擦掌,跃跃欲试。

消息传到长安城,刘邦黯然一叹:"好啊,终于还是反了。"

多年的征战、平叛,早已耗尽了刘邦的精力,也给他留下了一身的伤病,他本想让太子刘盈带兵前去平叛,顺便锻炼一下这位未来的帝国接班人。

可刘盈才十五岁,去带兵打仗就是开玩笑。吕雉得知后,哭哭啼啼地去求刘邦:"英布是天下猛将,用兵很厉害。让太子率领桀骜不驯的武将们,肯定是打不过的。"

紧接着,吕雉说了一句让人心酸的话:"上虽苦,为妻子自强。"

意思是:老头子,我知道你不容易,但是为了老婆孩子,还是要再辛苦你一下。

刘邦还能怎么办?骂了一句,我就知道这孩子靠不住,还是老子自己去吧!咬咬牙,撑着一把老骨头又一次上了战场。

在刘邦当上皇帝后的这八年时间里,他一刻都没有闲过,几乎每年都有人起兵跟他作对,而他就像一个救火队员,到处扑火灭火。考

刘邦： 从泗水亭长到歌动大风

虑到他六十岁的高龄，不得不感慨，即使是皇帝，为了老婆孩子，为了江山稳固，还得继续奋斗打拼。

唯有奋斗，才是人生的常态。

刘邦带兵迎击英布，双方在蕲西对阵。得知刘邦亲征，英布倒是很意外，不过到了眼下这一步，后退是不可能了，只能硬着头皮继续上。

年老的刘邦站在阵前望去，远远看见了身披甲胄的英布，大声道："英布，你不好好做你的淮南王，何苦要造反？"

英布笑道："我也想尝尝做皇帝的滋味！"二人阵前相见，英布竟毫无惧色！

双方即刻开战。混乱中，一只冷箭直奔刘邦而来，刘邦躲闪不及，正中胸口，血流不止。

刘邦想起当年荥阳之战中，被项羽的冷箭射中的那一次，惊惧之余，怒火更盛。皇帝受伤，底下的将领们都吓坏了，这可是杀头的大罪啊，于是无不奋勇拼杀，希望将功补过。

也许是刘邦的亲征激励了汉军将士的血性，总之，这场战斗英布惨败，最终兵败被杀。

打败英布之后，刘邦顺路回了一趟老家沛县。

得知皇帝亲临，沛县上下无不振奋，家乡父老纷纷出城迎接。小地方出了大人物，又贵为皇帝，自当沾点喜气，同享荣光，以显示这里风水好，可以长面子。

元曲《高祖还乡》中，有这么一段调侃刘邦的对话：

你本身做亭长，耽几杯酒，你丈人教村学，读几卷书。曾在俺庄东住,也曾与我喂牛切草,拽坝扶锄。只通刘三谁肯把你揪扯住,白甚么改了姓、更了名、唤作汉高祖。

面对家乡父老的隆重接待,刘邦召集了沛县的父老子弟痛饮一场,还选了一百二十个年轻人,教他们唱歌。

喝到兴起处,刘邦亲自击筑,自写自唱了一首歌,这就是著名的《大风歌》:

> 大风起兮云飞扬,
> 威加海内兮归故乡,
> 安得猛士兮守四方!

古来帝王多才艺,且不论治国治军水平高低,情到深处时,不管悲情、柔情、豪情,总喜欢歌一曲、咏个诗、写个词。刘邦是泥腿子出身,文化不高,但在戎马之余,他也没忘努力学习。这首《大风歌》有胜利的欢喜,有游子归故乡的荣耀,也有事业未尽的遗憾。篇幅虽短,却气势磅礴,被后人誉为冠绝千古之作。

高中时,初读此诗,我为刘邦的意气干云和满腔豪情所感染,而如今再读此诗,我却读出了刘邦内心世界的孤独,忍不住泪流满面。

安得猛士兮守四方,是一种愿望,也是一种无奈:刘邦已经老了,可环顾左右,下有少不更事的孩子,身边还有日渐沧桑的妻子。每天醒来,四周都是需要依靠他的人,而他自己却没有一个可以依靠的人。放眼望去,帝国的边疆依然不稳,强悍的匈奴在北方伺机而动,国内各诸侯王各怀心思,日渐坐大。什么时候,才能歇歇呢?

任何时候，唯有不懈奋斗，才是人生的底色。

刘邦一曲歌罢，让年轻人都来唱这首歌，他自己则"慷慨伤怀"，一边闻歌起舞，一边泪流满面，不能自已。

一个迟暮的英雄，在自己的故乡翩然起舞，似在默默追怀自己漫长而壮烈的一生，不禁哭泣。

老骥伏枥，志在千里，烈士暮年，壮心不已。

动情之下，刘邦对沛县的父老说："游子悲故乡。我虽都关中，但我百年之后，魂魄依然会永远思念沛县。"随后，他下令沛县世代免赋税。

刘邦这一停留，就是十多天。这一天，刘邦要走了，家乡父老都哀求他再留几日。刘邦担心自己的大军粮草消耗太大，怕沛县负担不了，只得无奈拒绝。

接下来发生了感人的一幕，得知刘邦要走，沛县万人空巷，所有人都赶到城西来敬献牛、酒等礼物。刘邦大为感动，于是又停下来，搭起帐篷，和众人痛饮了三日。

三日后，刘邦动身前往长安。在沛县的这十多日，是他一生中为数不多的最快乐的日子。

借力者强，借势者智

回到长安城后，刘邦的病情越来越严重，几次医治都不见好。他知道自己大限将至，可他还是放不下他心爱的女人，放不下那个乖巧的儿子。

第十八章 未央风云

这个女人是戚夫人,这个儿子叫刘如意。

戚夫人是刘邦兵败彭城,在逃跑的路上得到的,凭借着年轻善舞和善解人意,她一点点占据了刘邦的心,成为他最宠爱的女人。戚夫人显然也没让刘邦失望,没过多久,就为他生下了一个男孩,取名如意。

吕雉是刘邦的原配,楚汉战争期间,吕雉曾被项羽扣押两年多,天天都有生命危险,直到楚汉议和之后才被释放。然而,当她千辛万苦回到刘邦身边的时候,却发现刘邦身边早就有了别的女人。这个女人远比她年轻貌美,更懂得如何讨刘邦的欢心。

一场女人之间的战争就此展开。而随着刘邦登上皇位后,这场后宫大戏愈演愈烈。

早年在关中的时候,刘邦就封了正牌夫人吕雉的儿子刘盈为太子,登基后,他又将戚夫人生的刘如意封为赵王。可是,戚夫人自恃得宠,开始有了政治野心。她经常在刘邦面前哭闹,要他改立自己的儿子刘如意为太子。

刘邦老了,跟多数的老年人一样,他特别喜欢幼子刘如意,宠爱的戚夫人又不断地在他耳边吹枕边风,希望自己的儿子能够取代刘盈的太子地位。刘邦犹豫了。

经过一番痛苦的心理挣扎,为了心爱的女人,刘邦终于下了狠心,准备牺牲刘盈,改立太子。然而,要废掉刘盈太子位,谈何容易?

一场围绕着太子之争的宫心计开始了。

公元前197年,刘邦不顾群臣的反对,突然宣布要废掉太子刘盈,立赵王刘如意为新太子。此言一出,群臣一片哗然,纷纷劝阻,但未能说服刘邦。御史大夫周昌原本口吃，盛怒之下说话更是结结巴巴："臣口不能言，然臣期期知其不可；陛下虽欲废太子，臣期期不奉诏。"这一结巴，反而把满朝文武百官都逗笑了，于是这件事暂且被搁在一边。

刘邦虽然一笑而过，却没有放弃废立的想法。尤其是击败英布回朝之后，刘邦预料自己的时间不多了，改立太子的心也越来越坚定。

这个时候就看出吕雉的手段了。当娇弱的戚夫人还在刘邦面前哭哭啼啼，给刘邦施压时，吕雉却比她看得更为长远。她知道，仅凭自己目前的能力，根本无法保护太子，如今之际，唯有向"谋圣"请教，帮助自己破局。

谁是吕雉眼中的那位"谋圣"呢？

张良！

说起来，自从刘邦登基后，张良已经远离朝堂很久了，他功成身退、一心修道，不想再参与朝堂的各种纷争，所以对于吕泽（吕后的哥哥）的恳请，张良一脸淡然："这事儿我帮不了忙。当初陛下打天下，多次处于危难之中，我给了几次计策，侥幸被陛下采纳，陛下吉人天相，才起了作用。现在天下初定，陛下有意重新废立太子，这是陛下的家事，我一个做臣子的，不方便出面干涉。"

吕泽百般央求张良，张良被他逼得没办法，只得给他出了一计："此事不可力争，不然会把事情越搞越糟。据我所知，当今陛下一直对'商山四皓'十分尊重，他们是秦朝末年隐居在商山的四大隐士，陛下本想将四人招来为官，但不想此四人洁身自好，藏匿山中，不愿受征诏。如想令太子不致被废，可卑辞厚礼请这四人出山。"

吕泽问："留侯的意思是请这四人辅佐太子，给太子造势？"

张良一笑。

这一天,刘邦在宫中设酒宴,太子在旁侍奉。

刘邦喝得有点儿高兴,四处打量,看到太子身后站着的四个人。这四人均为老者,相貌奇伟,气宇不凡,绝对不是一般人。

刘邦问太子:"此四人为何许人也?"

四人不卑不亢,上前自报家门,原来他们就是"商山四皓"。

刘邦听后大惊失色,多年来我一直征辟你们,你们都避而不见,如今为什么来追随太子呢?

四皓说:"陛下一向轻慢士人,动辄辱骂,我们都义不受辱,所以避而不见。如今听说太子仁孝,恭敬爱士,天下人都愿为太子效力,所以我们才来。"

刘邦听了之后,脸色一变,坐在那里良久才说出一句:"那就请四位好好辅佐太子吧。"

宴会散时,刘邦找到戚夫人,指着四位老者的背影说:"夫人,我本想改立太子,但那四人已经辅佐了太子,太子如今羽翼已成,难以改变,吕后今后要做你的主人了。"

戚夫人听了不禁低声抽泣。刘邦心里也很不好受,说:"给我跳支楚舞吧!"

伴着戚夫人曼妙的舞姿,刘邦即兴作了一首歌:

鸿鹄高飞,一举千里。

羽翮已就,横绝四海。

横绝四海,又可奈何!

虽有矰缴,尚安所施!

话里话外，都是对太子羽翼已成的无可奈何，刘邦唱着唱着，和戚夫人哭作了一团。

吕后最终保住了太子之位，在这场权力的博弈中，戚夫人完败。

吕后虽然是一介女子，但她性格刚强坚毅，刘邦出征，朝中名义上是太子留守，实际上是吕后监国，萧何辅政。刘邦当皇帝后几乎年年都在平定叛乱，吕后在朝中行使着皇帝的权力，已经知道了皇帝怎么当，权力怎样使。

她深知，政治就是一场博弈，即便是贵为天子的刘邦，也不能搞一言堂。借力者强，借势者智！在太子之争的过程中，戚夫人身边只有刘邦，除此之外没有任何支持者。反观刘盈这边，除了母亲、舅舅、姨夫之外，还有沛县所有的开国功臣，大家几乎是一边倒地支持他。吕雉不动声色地给太子造势，不断增加太子的筹码，直到最后，刘邦才猛然发觉太子羽翼已成，要想强行废立，谈何容易？

人生需要永不言败

刘邦病了，病得很重。

多年的征战生涯，刘邦已经疾病缠身，加上南征英布时又被流矢射中，旧伤加新病，让刘邦不堪重负。伤口的疼痛逐渐让刘邦丧失了治愈的信心，因此当吕雉为他找来良医时，他拒绝了。

他说："吾以布衣之身，提三尺剑而取天下，这难道不是天命吗？命是由上天决定的，即使扁鹊来了又有何用？"

说完，他赐给医者五十金，将他打发走了。

第十八章 未央风云

不同于历代帝王痴迷于追求长生之术，刘邦实在是一位独特的帝王。尽管在登基后，为了彰显自己受命于天的正统性和神圣性，刘邦不得不配合史官给自己的出生和成长添加了很多异象，但他内心始终清楚，自己只是一个出身农户的普通人，如果没有秦始皇死后的天下动荡，自己永远不会有出头之日。

是人，都会有生老病死，这是自然界的规律，谁也逃不掉。老子说，"天地不仁，以万物为刍狗"。荀子也说，"天行有常，不为尧存，不为桀亡"。自己又怎能逃避得了天命呢？

此时此刻，对于刘邦而言，只能恬然地享受生命的剩余时光了。这些天来，他总是回忆起许多往事，那一段段温馨、痛苦、激情燃烧、历久弥新而又弥足珍贵的回忆就像潮水一样涌来，那记忆是如此清晰，仿佛就发生在昨天。

他太疲累了！

那一年，他以亭长的身份为沛县押送徒役到骊山，为秦始皇修筑皇陵。路没走多远，犯人倒是跑了不少，他干脆一不做二不休，索性将这些犯人全放了。不过这样一来，自己就首先得变成逃犯，就这样，他和几个不愿意离开的追随者逃入了芒砀山泽中躲避官兵的追捕，踏出了改变命运的第一步。

那一年，他带着自己的队伍匆匆赶路，在留县遇到了风尘仆仆的张良。他见张良虽然貌似妇人，但举止文雅、彬彬有礼，于是将张良留下来，与自己攀谈数日。这一番促膝长谈，两人一见如故，互相引为知己。张良的谋略、见识及应变能力，令他折服，从此二人相互携手，共同筹划天下，张良有了一个好老板，自己也有了一个好帮手。

对于这位好帮手，自己始终态度恭敬，如果没有他在关键时刻的建言，自己恐怕早就输了。只是，自从自己登基后，就很少看见张良了，听说他抛却一切俗务，一心寻仙访道去了。哎，真是羡慕啊！

那一年，他第一次见到英雄霸气的项羽，出身高贵、长得帅气、才华出众，二十六岁就以主将的身份指挥了影响天下局势的巨鹿之战，并且在第二年成为威震天下的西楚霸王。当年近五十的自己还在为前途奔波时，项羽已经"醒掌天下权，醉卧美人膝"了，简直是人生赢家。

可是，那又如何？一帆风顺，不是完美的人生。项羽的人生经历过于顺利，缺少面对挫折的磨炼，在阅历上又不如自己。都说性格决定命运，而决定性格的则是阅历，一个人的成长经历决定了此人的命运。项羽在攻无不克的军事神话中养成了刚愎自用、独断专行的性格，而自己在屡战屡败的坎坷人生中养成了广开言路、从善如流的性格。在事关天下归属的决战时刻，项羽最终输给了自己……

一缕药香钻进了他的鼻孔中，他的意识时而清醒，时而陷入一片模糊。

还有卢绾呢？

卢绾是他最铁的兄弟，两人同年同月同日出生，又是邻居。他和卢绾从小一起长大，后来又一起上学读书，在同一个老师门下学习。这两小无猜的感情，好到能穿一条裤子，自然是不用多说的。当年自己还是布衣的时候，常常因为惹上官司而躲躲藏藏，即便如此，卢绾仍跟随在自己身边。对于这个最亲密的跟班，自己一直都没有亏待过他，东击项羽的时候，卢绾就官拜太尉。天下初定后，为了给自己的这位好哥们儿封个王，自己和朝中大臣没少斗心思。

可是眼下，卢绾在哪里？为什么不来看望我？

第十八章 未央风云

旁边的侍者告诉刘邦:"陛下您忘了?卢绾在北方燕国,早在您平定陈豨叛乱时,他就与匈奴暗中往来,意图造反呐!"

刘邦心中一阵失落,卢绾造反,证据确凿吗?

"陛下,前些时日,一些投降过来的匈奴人招供说,卢绾的使节张胜并没有被处死,他此刻就在匈奴王庭呢!"

刘邦喟然长叹:"卢绾果反矣!"

不行,自己辛辛苦苦打下的江山,绝不容许有任何人背叛。樊哙呢?寡人命樊哙以宰相身份率军攻打燕国,务必要活捉卢绾,押解到长安来见我,改封刘建为燕王!

当樊哙领兵出征的时候,卢绾带着自己的家属和亲信,跑到长城边上日夜等待着。刘邦是自己最好的哥们儿,自始至终,卢绾从没有想过背叛,但他也深知兔死狗烹是权力博弈的必然结局,与匈奴暗中联络不过是保全自己的权宜之计,他想等刘邦身体好了,自己去谢罪,或许自己的发小儿还能饶恕自己呢。

樊哙才走不久,就有人在刘邦的面前说樊哙的坏话,说樊哙串通吕后图谋不轨,意图杀害戚氏母子。

戚夫人是自己最喜欢的女人,刘如意是自己最喜爱的儿子,樊哙竟然如此胆大包天!他强撑着病体,找来陈平命他去杀樊哙。

陈平面临一个烫手的山芋。

刘邦现在就是一头受伤暴怒的狮子,对身边的所有人都充满疑虑。樊哙不是一般人,既是开国元勋还是皇亲国戚(樊哙是吕后的亲妹夫),刘邦已经奄奄一息了,而吕后在朝中的势力不可小觑。如果杀了樊哙,吕后能饶过自己吗?

陈平在途中跟周勃一商量,决定将樊哙押解进京,让刘邦亲自处理。

在生命的最后一刻,他都在憋着一口气,想收拾掉最后一个隐患。这既是一个垂暮帝王的悲哀,也是一个暮年帝王的壮心不已。

自己这辈子啊,与天斗、与地斗、与人斗,斗到最后,虽然最终变成了孤家寡人,却总算给子孙留下了一个还算太平的江山。这辈子,值了!

他又想起了吕雉。以前没有留意,后来才发现,这个女人的权力欲十分强烈,如今在朝中早已权势滔天,太子刘盈的地位已经稳固,只怕自己走后,戚夫人和刘如意的日子就不好过了。

可是,自己又能怎么办呢?没错,朕是一代帝王,貌似无比尊贵,却也不能事事如意,甚至很多事都控制不了。

一切已不可为,无所为,无力为。那就随它去吧!

想到这里,刘邦安然地闭上了眼睛。当吕后等人进去的时候,发现他在床榻上安静地睡着了——已经永远地睡着了。

四月,刘邦驾崩于长乐宫。

讣告一出,天下缟素……

卢绾听到刘邦驾崩的消息,在长城边上大哭一场,无奈地逃入了匈奴——唯一还能听他解释、给他机会的人已经不在了。机关算尽,伤害的永远是自己。

陈平听到刘邦驾崩的消息,连夜赶进皇宫汇报情况。吕后对陈平的办事能力称赞有加,再加上刘邦本来也托孤于陈平,于是封他为左丞相。

回顾刘邦的一生,我们能获得什么?

只有四个字:永不言败!

曾经有一篇文章，标题是：《年少只知项羽勇，中年方懂刘邦难》。

对比其他一流人物，刘邦几乎可以说是一穷二白，四十岁了还讨不到媳妇儿，在乡里被人瞧不起。

刘邦起兵时，已经四十七岁了，他的一生并不顺利，他遭遇过背叛、欺骗、失败、失意。可是，无论遇到什么挫折，在多么难的境遇下，他都没有放弃过。

半生戎马奔波，年到半百，还寸土未有。刘邦痛哭过，但是擦干泪，他又带着弟兄们迎难而上，即便对手是有万夫不当之勇的霸王项羽，他也从没有畏惧过。

连续的失败没有消磨掉他的雄心，就好像他早知道自己能成功一样。

如果不是拼命地坚持和努力，我们就不会在史书上看见这个名字了。他用超一流的努力和坚持，硬生生改变了自己不入流的命运，成为那个时代超一流的大人物，与秦始皇并列。

穷且益坚，不坠青云之志。

我想，这就是英雄吧！